顾颉刚与中国古史学的现代转型研究

汤莹 著

上海古籍出版社

图书在版编目（CIP）数据

顾颉刚与中国古史学的现代转型研究 / 汤莹著．

上海 ： 上海古籍出版社，2024．8． -- ISBN 978-7-5732-
1268-9

Ⅰ．K092．2

中国国家版本馆 CIP 数据核字第 2024UP0183 号

顾颉刚与中国古史学的现代转型研究

汤莹　著

上海古籍出版社出版发行

（上海市闵行区号景路 159 弄 1 - 5 号 A 座 5F　邮政编码 201101）

（1）网址：www.guji.com.cn

（2）E-mail：guji1@guji.com.cn

（3）易文网网址：www.ewen.co

上海惠敦印务科技有限公司印刷

开本 890×1240　1/32　印张 8.25　插页 2　字数 178,000

2024 年 8 月第 1 版　2024 年 8 月第 1 次印刷

印数：1—1,100

ISBN 978 - 7 - 5732 - 1268 - 9

K·3663　定价：58.00 元

如有质量问题,请与承印公司联系

目　录

引　言

一、问题的提出

在中国现代古史学上，1923 年是一个具有特殊意义的历史年份。在此之前，除个别"疑古"之士外，人们普遍相信传统古史学中的若干经典性观点。在古史方面，认为"自从盘古开天地，三皇五帝到如今"；在古代民族方面，认为古代民族出于一元；在古代疆域方面，认为地域向来一统；在古书方面，认为《今文尚书》是可信的，相信《尧典》即是尧时的记载。总之，"中国自古以来就是天然一统的"。

然而，就在这一年的 5 月，顾颉刚因"《尧典》中的古史事实与《诗经》中的古史观念相冲突"，[①]而在《与钱玄同先生论古史书》一文的"按语"中正式提出了"古史层累说"，认为中国古史是"层累地

---

① 顾颉刚：《答柳翼谋先生》，《顾颉刚古史论文集》第 1 卷，北京：中华书局，2011 年，第 318 页。

造成的"。① 此后,为了完善这一理论,顾颉刚又提出了推翻"非信史"的"四个标准",其中前两个"标准"分别是"打破民族出于一元的观念"和"打破地域向来一统的观念"。② 在相当大的程度上可以说,正是这一系列"疑古"论点的提出,使得顾颉刚成为了中国传统古史学的主要终结者。

　　而就在这一共识基本达成之后不久,学术界开始对顾颉刚的古史研究进行了求全责备式的批评,即其"只有破坏,没有建设"。③ 1924 年,李玄伯在《古史问题的唯一解决方法》一文中指出,顾颉刚"审别史料","将东周至于今对于古代的错点指穿,对古史研究尽力真算不少",但这个问题尚有待于解决。而"要想解决古史,唯一的方法就是考古学"。④ 1926 年,陆懋德在《评顾颉刚〈古史辨〉》一文中则认为,顾颉刚"惟知作故纸堆中之推求,而未能举出考古学上之证据,故辨论数十万言而未得结果"。⑤ 1927 年,王国维则批评说:"与其力辨古史之虚伪,不如从事发掘,研究地质或考古,去寻求古史的真相。"换句话说,"与其打倒什么,不如建立什么"。⑥

　　此外,还有一些学者对顾颉刚的古书考辨进行了类似的批评。

---

① 顾颉刚:《与钱玄同先生论古史书》,《顾颉刚古史论文集》第 1 卷,第 181 页。
② 后两个"标准"分别是"打破古史人化的观念"与"打破古代为黄金世界的观念"。参见顾颉刚:《答刘、胡两先生书》,《顾颉刚古史论文集》第 1 卷,第 202—204 页。
③ 顾颉刚:《古史辨第二册自序》,《顾颉刚古史论文集》第 1 卷,第 94 页。
④ 李玄伯:《古史问题的唯一解决方法》,《古史辨》第 1 册,海口:海南出版社,2005 年,第 219—220 页。
⑤ 陆懋德:《评顾颉刚〈古史辨〉》,《古史辨》第 2 册,第 267 页。
⑥《学术通讯·姚名达—顾颉刚》,《国立中山大学语言历史学研究所周刊》第 2 卷第 22 期,1928 年 3 月。

早在 1930 年前后,有人即直接批评说,顾颉刚们的考辨相当于"秦始皇的焚书",经其辨伪之后,已无书可读;①还有人认为,古书中的真材料,自应当取出应用;至于伪材料,则不必枉费气力研究。② 此外,还有部分学者对此进行了间接批评。其中,最有代表性的学者是冯友兰和陈寅恪,二人一致认为,古书真伪只是一个"相对问题",要在能够审定伪书的年代,然后据以说明此时代的思想。③ 简要言之,上述学者认为,顾颉刚的古书考辨,"只有破坏,没有建设"。

至 20 世纪 40 年代,学术界在对近代以来的中国史学进行回顾时,又对顾颉刚的古史学进行了类似的"盖棺论定"。1941 年,周予同在《五十年来中国之新史学》一文中认为,以顾颉刚为代表的"疑古"派,使用的史料"限于记载的书本",而研究方法则"带有主观的成见"。因此,这派学人的成绩主要在于"消极的破坏",而不是"积极的建设"。④ 1949 年,齐思和在《近百年来中国史学的发展》一文中则指出,顾颉刚的主要贡献在于指出了"史料的审查"这一"史学研究的第一步的基本工作",而"现在中国古史的研究早已

---

① 顾颉刚:《古史辨第四册序》,《顾颉刚古史论文集》第 1 卷,第 121 页。
② 顾颉刚:《古史辨第四册序》,《顾颉刚古史论文集》第 1 卷,第 103 页;顾颉刚:《中国上古史研究讲义》,《顾颉刚古史论文集》第 3 卷,第 90—92 页。
③ 冯友兰:《中国哲学史》上册,《三松堂全集》第 2 卷,郑州:河南人民出版社,2001 年,第 258—259 页;陈寅恪:《冯友兰中国哲学史上册审查报告》,《金明馆丛稿二编》,北京:生活·读书·新知三联书店,2001 年,第 280 页。有学者已指出,陈寅恪的这一观点,即是对"古史辨"的不点名批评,并且认为时至今日,陈寅恪对"古史辨"的批评,不仅没有失去时效,反而更加切中时弊,令人感慨"。参见桑兵:《"了解之同情"与陈寅恪的治史方法》,《社会科学战线》2008 年第 10 期。
④ 周予同:《五十年来中国之新史学》,朱维铮编校:《周予同经学史论》,上海:上海人民出版社,2010 年,第 381 页。

超《古史辨》时期,而进行着手各部门的建设工作了"。①

　　中华人民共和国成立之后,"中国进入了一个改天换地的新时代",中国史学界遂因这一时代的"改天换地"而发生了"翻天覆地"的变化。② 然而,学界对顾颉刚的批评并未因这一"改天换地"的时代变换而发生本质的改变,反而因其旧派学者的身份,开始变本加厉了起来。1952 年,童书业在《"古史辨派"的阶级本质》一文中批评说,"古史辨派""讲了几十年的古史,编著了厚厚的许多册书",但"除起了些消极的破坏作用外",完全没有摸到"古史的真相"。③ 与此同时,杨向奎在《"古史辨派"的学术思想批判》一文中则认为,顾颉刚不仅"没有解决任何古史问题,反而造成了混乱"。④ 1956 年,李锦全在《批判古史辨派的疑古论》一文中则指出,顾颉刚的"疑古论"虽然"对摧毁传统的古史系统起过一定作用",但问题在于,"这种从怀疑到怀疑的研究态度"无疑"给古史研究带来了混乱"。⑤ 总之,这时的学者不仅认为顾颉刚的古史研究没有建设,甚至还否定了其破坏的正面价值。

　　改革开放之后,历史学开始摆脱政治意识形态的羁绊,逐渐呈现出一些新气象。部分学者开始再次正面肯定顾颉刚古史研究的破坏价值,但依旧否定其古史建设的成绩。其中,最有象征意义的学者是杨向奎。1981 年,杨向奎在《论"古史辨派"》一文中一改此

---

① 齐思和:《近百年来中国史学的发展》,《燕京社会科学》第 2 期,1949 年 10 月。
② 参见王学典、陈峰:《二十世纪中国历史学》,北京:北京大学出版社,2009 年,第126 页。
③ 童书业:《"古史辨派"的阶级本质》,《文史哲》1952 年第 2 期。
④ 杨向奎:《"古史辨派"的学术思想批判》,《文史哲》1952 年第 2 期。
⑤ 李锦全:《批判古史辨派的疑古论》,《中山大学学报》1956 年第 4 期。

前的否定观点,认为顾颉刚的"破坏"对"后来建立科学的真实的古代史",是起过"积极作用"的。不过,杨向奎依旧认为,顾颉刚未能建设"可信的古史系统"。[①] 1988 年,刘俐娜在《顾颉刚与古史辨派》一文中则指出,"古史辨派"的工作"只是停留在对史料的整理方面",虽然"揭露了史料中作伪的部分,对推翻旧的古史系统起了积极作用,但对新的古史系统的建设却是力不从心"。[②]

至 20 世纪 90 年代,随着"走出疑古"思潮的到来,上述类似的评价愈演愈烈。1992 年,李学勤在《走出疑古时代》一文中强调说:"从晚清以来的疑古思潮基本上是进步的",这一思潮不仅一脚踢翻了"当时古史上的偶像",还打倒了经书的权威性。但问题在于,"它也有副作用",即"对古书搞了很多'冤假错案'"。[③] 1994 年,李学勤在《谈"信古、疑古、释古"》一文中"补充"说,"疑古"派的"根本缺点",在于"以古书论古书",因而"无法进行古史的重建"。[④] 2000 年,郑光在《夏商文化是二元还是一元》一文中甚至批评说,"疑古"派认为"东周以上无史","彻底破坏了传统的古史系统";此外,顾颉刚还提出打破"民族的一元观"和"地域的一统观"。这样一来,"古史被破坏殆尽,从而形成一种混乱局面"。[⑤] 此后,郭沂、田旭东等人在文章中表达了类似的观点。[⑥]

① 杨向奎:《论"古史辨派"》,《中华学术论文集》,北京:中华书局,1981 年,第 11—35 页。

② 刘俐娜:《顾颉刚与古史辨派》,《近代史研究》1988 年第 4 期。

③ 李学勤:《走出疑古时代》,《中国文化》1992 年第 2 期。

④ 李学勤:《谈"信古、疑古、释古"》,《原道》1994 年第 1 辑。

⑤ 郑光:《夏商文化是二元还是一元》,《考古与文物》2000 年第 3 期。

⑥ 参见郭沂:《从"疑古"走向"正古"——试论中国古典学的发展方向》,《孔子研究》2002 年第 4 期;田旭东:《〈古史辨〉及疑古学派之我见》,《西北大学学报(哲学社会科学版)》2003 年第 3 期。

　　直到当下，大部分学者只要一提到顾颉刚的古史学，依旧认为其只偏重于破坏，而建设不足。2016 年，黄海烈在《顾颉刚"层累说"与 20 世纪中国古史学》一书中指出，顾颉刚的古史研究虽然推翻了"旧古史系统"，但非常遗憾的是，其未能建立"新的古史系统"，以致整个上古史研究领域一直处于"茫昧无稽"的状态。①

　　由上可知，自"古史层累说"提出之后不久，直到当下，大部分学者已经达成了一个基本共识，即顾颉刚的古史学只偏重于破坏，而建设不足。因此，关于顾颉刚的学术定位，主要是中国传统古史学的终结者。

　　但我们的问题是，顾颉刚的古史学真的只偏重于破坏，而建设不足吗？

二、学术史回顾

　　其实，顾颉刚的古史学不仅在破坏方面做出了卓越的贡献，还在建设方面取得了较大的成绩。早在民国时期，即有学者意识到了这一点。1945 年，张好礼在《中国新史学的学派与方法》一文中指出，以顾颉刚为代表的"疑古"派的"贡献"，则是"属于古书的考证与整理"。关于这一点，诚如周予同在前引《五十年来中国之新史学》中指出的，"在古史的建设运动中，《古史辨》所做到的，仅是破坏的，不是建设的"。但是，"顾颉刚先生的贡献，并不仅在于《古史辨》"。"他在古史辨的破坏工作之外，尚有两种建设的工作"，分别是"民俗学及古地理学之研究"。其中，"从古地理学一方面下

──────────

① 黄海烈：《顾颉刚"层累说"与 20 世纪中国古史学》，北京：中华书局，2016 年，第 99 页。

手,以研究中国古史及民族史,这乃是建设的,不是破坏的;是属于科学的史学的,不是任何史观所能包容的"。总之,"这在新史学的运动中,乃是很值得特书的一件大事"。① 这一看法颇有见地,初步认识到顾颉刚古史学的双重面相。但该文问题在于,不仅未能认识到顾颉刚在古史研究和古书考辨方面的建设,而且未能意识到其古地理学和古代民族史研究的"建设"实有"破坏"的贡献。

改革开放之后,学界开始进一步为顾颉刚辩护。1982 年,杨宽在《顾颉刚先生和〈古史辨〉》一文中强调说,从神话学来看,顾颉刚"把古史传说还原为神话",一方面"破坏了伪古史系统",另一方面又"恢复了这些原始神话的史料价值"。因为,"这些神话原是原始社会信仰的产物,就可以用作研究原始社会的史料"。如此来看,"这种考辨古史传说的工作",不仅"属于破坏性质",还"具有建设作用"。此外,杨宽还指出,新中国成立之后,"顾先生长期努力于各篇今文《尚书》的校释研究"。而这一"校释研究"无疑属于"古史领域里的重大建设"。② 在杨宽看来,顾颉刚破坏伪古史的本身就是建设真古史,而其《尚书》整理工作则具有建设意义。

继杨宽之后,持类似观点的还有顾颉刚的一些弟子。其中最有代表性的是王煦华。1986 年,王煦华即在《〈古史辨〉派与先秦史研究》一文中强调说,顾颉刚的古史研究是"为立而破,是破中有立的"。③ 但遗憾的是,该文未能指出"破中有立"的具体所指。翌

① 张好礼:《中国新史学的学派与方法》,《读书青年》第 2 卷第 3 期,1945 年 2 月。
② 杨宽:《顾颉刚先生和〈古史辨〉》,《光明日报》1982 年 7 月 19 日。
③ 王煦华:《〈古史辨〉派与先秦史研究》,《文史知识》1986 年第 6 期。

年,王煦华在《顾颉刚古史论文集·前言》中进一步指出,顾颉刚"破坏不可信的伪古史",其目的并不是要"否定古代史",而是要"还伪古史的神话传说的真面目"。因此,抗战爆发之后,顾颉刚"在云南大学讲授中国上古史时,就把伪古史还原为神话传说,从《中国一般古人想象中的天和神》及《商、周间的神权政治》讲起"。但是,稍嫌遗憾的是,这一"用通俗体裁所编的讲义"并没有编完。此后,顾颉刚还在《中国古代史述略》这篇通俗文章中,不仅对"传说的古史和科学的古史的关系"进行了扼要的论述,还"在《茫昧的夏王国》和《商王国的成长和发展》两节中把传说的古史和科学的古史结合起来叙述"。① 与上述学者相比,王煦华的上述观点,要在指出顾颉刚不仅"破坏伪古史",还在《中国上古史讲义》《中国古代史述略》中"建设真古史"。但问题在于,其认为顾颉刚"没有做出重大的科学成就",这一判断无疑低估了顾颉刚这一建设的价值。

在王煦华的基础上,对这一认识进行阐述的是顾颉刚的两位女公子。1995 年,顾潮、顾洪在《顾颉刚评传》一书中回应说,"古史层累说"以及推翻"非信史"的"四个标准","完全可以反映出先生的疑古辨伪,其目的与结果仍在立信"。"以民族言,多元说可信;以疆域言,其说愈不近似秦、汉帝国领域者愈可信;以古史传说所含的神性与人性比例言,神性愈多人性愈少者愈可信;以美化的程度言,则愈美善快乐的愈为后出。"问题尚不止如此。"抗战初期先生在云南大学作《上古史讲义》",该讲义"将当前的古史研究系

---

① 王煦华:《前言》,《顾颉刚古史论文集》第 1 卷,第 9—10 页。

统化",撰写范围"包括了民族、疆域、政治、社会、宗教、学术等方方面面"。要而言之,这部讲义是"先生总结自己多年来上古史研究所得,对古史系统进行全面建设的一个尝试"。①该书的这些意见,不仅指出顾颉刚的"四个打破"本身就是一种"建设",还对《中国上古史讲义》的价值进行了客观的评估。

此后,对顾颉刚古史学进行辩护的还有一些"顾学"研究者。其中,最值得一提的是刘俐娜。1999年,刘俐娜《顾颉刚学术思想评传》一书首先指出,在"伪史料"的处理上,顾颉刚有着"独到的见解",认为如果"换一种眼光和角度",那么,"伪史料"的史料价值就等于"真史料"。然后,她简要地对顾颉刚在《古史辨第三册自序》中提出的"伪书移置说"进行了介绍。最后,刘俐娜强调说:"对伪史料的认识",不仅是"顾颉刚在史料整理和研究中的一个重要观点",还是其进行"古史研究中的一个重要内容"。总之,在史料学领域,"伪书移置"这一观点有着重要的意义。②此后,刘俐娜在《论顾颉刚的史料学思想》一文中再次对这一观点进行了阐述。③

2005年,刘俐娜在《抗日战争时期顾颉刚的史学思想》一文中又指出,到了抗战时期,顾颉刚的古史研究发生了"一个重大的调整",即由"破坏伪史"到"整理古史系统"。当然,抗战爆发之前,顾颉刚即"有此意识",打算编纂一部包括"新系统的古史"在内的一部讲义,但"书没编成"。直到1938年到了云南大学后,才"真正有

① 顾潮、顾洪:《顾颉刚评传》,南昌:百花洲文艺出版社,2015年,第69、135页。
② 刘俐娜:《顾颉刚学术思想评传》,北京:北京图书出版社,1999年,第261—262页。
③ 参见刘俐娜:《论顾颉刚的史料学思想》,《史学史研究》2003年第2期。

计划系统地研究和整理古史系统",即编纂《中国上古史讲义》。在编纂这部讲义的过程中,顾颉刚不但"找到了研究古史的新思路,还认识到古史知识可以发挥更多的社会价值"。[1] 与王煦华、顾潮的观点相比,这一观点的主要价值在于指出,受抗战的影响,顾颉刚的古史研究由"破坏伪史"转向"整理古史系统"。但问题在于,顾颉刚并非是编纂《中国上古史讲义》之时才找到了"研究古史的新思路",而只是将之前的"思路"进行了系统的实践。

此外,认识到顾颉刚的古史研究中有建设的,还有一些先秦史研究专家。2006 年,沈长云在《古史辨派的史学遗产与中国上古史体系的建设》一文中指出,以顾颉刚为首的"古史辨派"的史学遗产,主要有四个,其中之一是"对进步史观积极追求与接纳的态度"。进言之,由"进化史观出发,顾颉刚直窥见旧古史系统的弊病",其提出的推翻"非信史"的"四个标准","抓住了旧古史观的要害"。还有一个则是"注重历史与考古研究的结合"。其中,最能体现顾颉刚"对考古材料把握的论文",是其在抗战期间撰写的《中国古代史述略》。当然,作者在文中仍坚持认为,以顾颉刚为首的"古史辨派"最后并没有建设出"新的古史体系"。[2] 但实际上,其举出的《中国古代史述略》即是顾颉刚的上古史建设。此外,周书灿在《"层累"说与古史重建》一文中强调说,"层累说"在相当大的程度上经受住了新出土文献的验证,该说在未来的中国古史学建设的道路上得到进一步的丰富发展。[3]

---

① 刘俐娜:《抗日战争时期顾颉刚的史学思想》,《史学史研究》2005 年第 3 期。

② 沈长云:《古史辨派的史学遗产与中国上古史体系的建设》,《史学集刊》2006 年第 4 期。

③ 周书灿:《"层累"说与古史重建》,《南都学坛(人文社会科学学报)》2010 年第 6 期。

　　除上述大陆学者之外，认为顾颉刚的古史学中有建设的，还有一些港台学者。较早认识到这一点的是许冠三。1986 年，许冠三在《新史学九十年》第六章"顾颉刚：始于疑终于信"中指出，"对于现代史学的贡献"，顾颉刚其实"是破立相当的"。具体而言，"尽管在《古史辨》的风头上，他的古史学曾被人讥之为：破而不立，论而不断"，但 20 世纪 40 年代以后，其古史研究则"由破多于立徐徐移往破立兼顾"，《史林杂识》即是反映这一转移的最佳例证。至最后二十年，"则完全以立为宗"，《尚书》诸篇校释译论和《周公东征史事考证》，"都是这一时期的代表作"。①

　　持类似态度的还有龚鹏程。2007 年，龚鹏程在《中国史读本推荐序》中指出："顾颉刚虽在民俗、传说、歌谣、历史地理等各方面都有建树，但成名主要在编《古史辨》，因此往往予人古代史研究专家之印象。而且疑古成名，认为三皇五帝并非信史，大禹之史亦多由传说层累堆积而成，引起许多非议，有些人虽赞成其拨开历史迷雾的事功，却也不免批评他'有破坏而无建设'。"但其实，"顾颉刚对中国史是有通贯理解及论述能力的，不只能考古，亦能述今；不只能破坏，也能建设。《现代初中教科书本国史》就是一个证明"。"写这部书时，顾颉刚还没编《古史辨》，也还没提出'古史层累说'，但而后一些基本观念，却早蕴于此。且此书通贯古今，具有通史的识见，足钤后来者批评之口。"②

　　由上可知，关于顾颉刚的古史学及其评价，上述学者均有着一

---

① 许冠三：《新史学九十年》，长沙：岳麓书社，2003 年，第 207 页。
② 龚鹏程：《推荐序》，顾颉刚、王钟麒：《中国史读本》，北京：中国工人出版社，2007年，第 7—8 页。

定的"了解之同情",认为其不仅有破坏,还有建设,并就此进行了初步的阐述。

此外,学术界还有一种声音,即认为顾颉刚的古史学不仅有破坏,还有建设,但其进行建设之时,却放弃了之前的破坏立场。1981年,余英时在《顾颉刚的史学与思想补论》一文中说:"顾先生晚年的学术生命虽然远比不上中年时代那样光芒四射,但是就他个人思想意境而言,则颇有家丞秋华与庶子春华之异。即以《史林杂识》与《古史辨》相较,已可见前者是思想成熟过后者的作品,从勇猛的'疑古'转而为审慎的'释古'了。"①此后,余英时又在《未尽的才情——从〈日记〉看顾颉刚的内心世界》中对这一观点进行了阐述。②

此后,持类似观点的学者还有彭明辉。1995年,彭明辉在《历史地理学与现代中国史学》一书中指出,"就学术发展的轨迹而言,顾颉刚由古史考辨到研究古代地理沿革,确有其明显的线索可循"。而这一"明显的线索",是"由疑古走向审慎释古"。③

除了港台及海外学者之外,持类似观点的还有部分大陆学者。2013年,孙喆在《顾颉刚的民族观与民族自信》一文中指出,顾颉刚于1923年在《答刘、胡两先生书》中提出推翻"非信史"的"四个标准",其中第一项为"打破民族出于一元的观念"。在顾颉刚看

---

① 余英时:《顾颉刚的史学与思想补论》,《现代学人与学术》,桂林:广西师范大学出版社,2006年,第400—401页。
② 参见余英时:《未尽的才情——从〈日记〉看顾颉刚的内心世界》,《顾颉刚日记》第1卷,台北:联经出版事业股份有限公司,2007年,第24—25页。
③ 彭明辉:《历史地理学与现代中国史学》,台北:东大图书股份有限公司,1995年,第148页。

来，"中国各族起源是多元的，各自有其发展演变的内在逻辑"。但是，抗日战争全面爆发之后，顾颉刚的民族观念便发生了"根本性变化"。尤其到了 1939 年，顾颉刚在《中华民族是一个》中"再次修订了自己的民族观"，不仅"否定了其先前提出的中国有五个种族的说法"，还"否认了汉族为中国主体民族及汉文化为主流文化的观点"，从而最终形成了"中华民族是一个"的观念。[①]

2015 年，葛兆光在《徘徊到纠结——顾颉刚关于"中国"与"中华民族"的历史见解》一文中指出，顾颉刚于 1923 年提出了推翻"非信史"的"四个标准"，对于"中国"一统和"中华民族"同源提出了尖锐的质疑。但是，随着抗日战争的爆发，这一观点"很快逆转"。而受这一民族危机的影响，顾颉刚先是在与史念海共同撰写的《中国疆域沿革史》中"把历史论述从说明原本并不是一统的中国，变成了强调中国大一统疆域的合法性"；之后则撰写了《中华民族是一个》，捍卫了中国在民族上的统一性。总之，在葛兆光看来，抗战时期的顾颉刚"逐渐放弃了古代中国人种不出于一源、疆域不应是一元的疑古立场，而开始转向论证一个'中国'和一个'（中华）民族'"。[②]

但事实上，上述认识存在一定的偏差。简要言之，顾颉刚在进行古史"建设"或转向"释古"之时，并未放弃之前的"破坏"观点与"疑古"立场。不过，上述学者指出的——顾颉刚的古史学不仅有

[①] 孙喆：《顾颉刚的民族观与民族自信》，《中州学刊》2013 年第 5 期；孙喆、王江：《边疆、民族、国家：〈禹贡〉半月刊与 20 世纪 30—40 年代的中国边疆研究》，北京：中国人民大学出版社，2013 年，第 98—105 页。

[②] 葛兆光：《徘徊到纠结——顾颉刚关于"中国"与"中华民族"的历史见解》，《书城》2015 年第 5 期。

破坏,还有建设的这一观点,还是值得肯定的。

由上可知,过往学术界已经认识到,顾颉刚的古史学不仅有破坏,还有建设,并就此展开了初步的论述。这些论述无疑为后之研究者展开进一步的研究,提供了一定的支撑。

不过,上述研究成果至少还存在以下几个问题。第一,在研究思路与观点上,虽然认识到顾颉刚的古史学不仅有破坏,还有建设,但未能进一步将其置于中国古史学的现代转型历程中进行客观的定位。第二,在研究框架与内容上,将顾颉刚的古史学分为古史研究和古书考辨,较少关注古代民族研究和古代疆域研究,更未能将这四部分作为一个整体进行探讨;而且,这些研究成果基本停留在初步认识的阶段,有的甚至仅仅一笔带过,而未能进一步就此展开系统的专题研究。第三,在研究方法上,基本上采取的是就研究议题论研究议题的方法,未能对其中议题的渊源流变进行考察与分析。第四,在研究资料上,主要利用的是顾颉刚的论著、日记、读书笔记、书信,而未能进一步参考其他大量与之相关的资料。可以说,正是这些问题的存在,使得大多数人依旧认为顾颉刚的古史学只偏重于破坏,而建设不足,甚至衍化得更加扑朔迷离。因此,关于顾颉刚古史学及其学术评价问题,尚存在较大的开拓空间以及辨正的必要。

三、本书思路与创新点

鉴于上述情况,本书拟在过往研究的基础上,从学术史角度对顾颉刚的古史学及其学术评价问题进行一次系统的再探讨。

第一,在研究思路与观点上,将顾颉刚古史学置于中国古史学的现代转型历程中进行考察与估定,明确提出顾颉刚不仅是中国传统古史学的主要终结者,还是现代古史学的初步建立者。

第二,在研究框架与内容上,率先建构一个"四位一体"的顾颉刚古史学体系,认为顾颉刚古史学不仅包括狭义的古史研究与古书考辨,还应该包括古代民族研究与古代疆域研究。① 当然,本书并非是对这四个方面的全面探讨,而是从中择取出若干关键性古史学观点与著作,进行专题性质的实证分析与考察。② 具体而言,在古史研究上,顾颉刚不仅提出了颠覆传统上古史系统的"古史层累说",还通过撰写《中国上古史讲义》初步建立了真实的上古史;在古代民族研究上,顾颉刚不仅提出了打破"民族出于一元论"的"古代民族不出于一元论",还建构了"中华民族是一个"理论;在古代疆域研究上,顾颉刚不仅提出了打破"地域向来一统论"的"古史

---

① 1980 年,顾颉刚接受中华书局的建议,计划将自己一生所写的文章,编成文集。具体操作,是由其弟子王煦华"拟定目录,分类编辑",由顾颉刚"亲自审定"。该文集当时计划出八册,顺序则是按照顾颉刚研究古史四个方面的主要贡献来编排的,其中第一册为有关创立"层累地造成的中国古史"观的论述;第二至四册为"古史传说及夏、商、周至春秋的史实考辨";第五、六册为"古代民族和疆域的探索";第七、八册为"古书的真伪、内容和著作时代的考订"。(王煦华:《前言》,《顾颉刚古史论文集》第 1 卷,第 21—22 页。)此后,"古史辨派"学人杨宽曾明确指出:"众所周知,《古史辨》的主要贡献在于对古代史料的辨伪。辨伪的范围涉及古书、古人、古地和古史传说等四个方面。这四个方面是相互关联的。"(杨宽:《顾颉刚先生和〈古史辨〉》,《光明日报》1982 年 7 月 19 日。)今按《顾颉刚古史论文集》,上述认识并非虚言。因此,本书即按照顾颉刚的"夫子自道"以及杨宽的观点,从古史研究、古代民族研究、古代疆域研究以及古书考辨等四个方面建构了一个"四位一体"的顾颉刚古史学体系。

② 在某种程度上,学术的核心内容就是学说。参见张立文:《总序》,张立文主编:《中国学术通史(先秦卷)》,北京:人民出版社,2004 年,第 5 页。

地域非向来一统论",还撰写了"检讨历代疆域盈亏"的《中国疆域沿革史》;在古书考辨上,顾颉刚不仅提出了《尧典》非尧时真实记载的"今文《尧典》成于汉武帝时"之说,还建设性地提出了"伪书移置说"。要而言之,这四个研究领域,环环相扣,紧密相连,共同构成了一个完整的顾颉刚古史学体系。

第三,在研究方法上,采取"辨章学术,考镜源流"的学术史研究方法。学术史是历史的一部分,故学术史的方法来源于"历史的方法"。在中国现代学术史上,最早对这一"历史的方法"做出过最精要、最通俗的阐述的是胡适。简要而言,此法"从来不把一个制度或学说看作一个孤立的东西",而是将其看作"一个中段",一头是其"所以发生的原因",一头则是"自己发生的效果"。而此法的应用,不但可以"处处指出一个制度或学说所以发生的原因"及其"历史的背景",从而了解其"在历史上占的地位与价值";更可以"处处拿一个学说或制度所发生的结果",对其"本身的价值"进行评判。① 在一定意义上,将这一"历史的方法"应用到学术史研究上,即是学术史的方法。具体到本书所论,此法要在不把顾颉刚提出的一系列古史学论说与刊出的数种著作"看作一个孤立的东西"而对其进行简要的归纳与总结,而是要对这些论说与著作提出或编纂的缘起与背景、学术渊源、基本内涵以及影响与意义进行系统的分析与考察,进而对其在学术史上的价值与地位进行客观的估定。

第四,在研究资料上,重视史料搜集,尽可能地"扩张研究的资

---

① 参见胡适:《杜威先生与中国》,《胡适全集》第 1 卷,合肥:安徽教育出版社,2003年,第 361 页。

料"。在中国现代学术史上,最早对史料的搜集进行过简要阐述的依然是胡适。在《中国哲学史大纲》中,胡适即指出,"哲学史的史料,大概可分为两种",一种是"原料",即"各哲学家的著作";一种是"副料",即"凡古人所作关于哲学家的传记、轶事、评论、学案、书目"。在相当大的程度上,根据这些史料,即可以"求出各位哲学家的一生行事、思想渊源沿革和学说的真面目"。① 这一关于哲学史史料的分类不仅具有很大的合理性,还适应于其他研究领域。然而,这一做法依旧存在一定的问题空间。最新的研究成果表明,除了"原料"与"副料"之外,还有一种介于二者之间的史料,即学人在论著、日记、读书笔记、书信等"原料"中提到的文献。② 因此,本书拟在充分掌握顾颉刚及相关学人的论著、日记、读书笔记、书信等"原料"以及其他学者所作的关于顾颉刚的传记、评论、回忆等"副料"的基础上,尽可能地把史料的搜集范围扩大到顾颉刚及其相关学人在论著、日记、读书笔记、书信等"原料"中提到的文献。而根据这一史料的扩充,不仅能够挖掘出一些尘封已久但又十分重要的学术事实,还可以进一步证实、修正甚至推翻若干过往的研究成果。

　　总而言之,本书主要以"顾颉刚的古史学是否只偏重于破坏"为基本问题导向,从古史传说研究、古代民族研究、古代疆域研究以及古书考辨等四个方面,建构出一个"四位一体"的顾颉刚古史

---

① 参见胡适:《中国古代哲学史》,《胡适全集》第 5 卷,第 205—208 页。
② 关于这一史料学的方法论,最有自觉的学者是美国学者江勇振。参见(美)江勇振:《舍我其谁:胡适·前言》第 1 部,台北:联经出版事业股份有限公司,2011 年,第 6 页。

学体系,然后采取"辨章学术,考镜源流"的学术史研究方法,对其中的若干关键性议题进行实证考察与分析,以期得出这样一个结论,即顾颉刚不仅是中国传统古史学的主要终结者,还是现代古史学的初步建立者。

第一章
从疑古到重建：顾颉刚与古史传说探索

在顾颉刚古史学体系中，古史传说研究占据着核心位置。一般认为，顾颉刚最主要的古史研究成果即是"古史层累说"。因为此说一经提出，彻底颠覆了"自从盘古开天地，三皇五帝到如今"的传统上古史系统。但问题是，人们还普遍认为，顾颉刚的古史传说研究偏重于破坏传统上古史系统，而建设不足。因此，顾颉刚被视为是传统上古史系统的主要终结者。

但事实上，这一认识存在一定的偏颇。顾颉刚的古史传说研究宗旨不仅在于破坏传统的上古史系统，而是想百尺竿头更进一步，建设一个真实的上古史系统。问题尚不止如此，顾颉刚还在《中国上古史讲义（云南大学）》中将这一研究宗旨进行了实践。因此，在中国古史研究领域，顾颉刚不仅是传统上古史系统的主要终结者，还是真实上古史系统的初步建立者。

第一节　集疑古之大成："古史层累说"
的建立及影响

在中国现代古史学上,1923 年是一个具有划时代意义的学术年份。在这一年的 5 月 6 日,顾颉刚在《与钱玄同先生论古史书》一文的"按语"部分提出了著名的"古史层累说"。此说一经问世,便彻底颠覆了"自从盘古开天地,三皇五帝到如今"的传统上古史系统。而这一颠覆,不仅意味着中国传统古史学的终结,更标志着中国现代古史学的发端。因此,"古史层累说"是如何建立的,就成为一个学术界集中讨论的学术课题。[①]

从学术渊源的角度来讲,顾颉刚之所以能够建设这一革命性学说,不仅有赖于本土学者的"疑古"成果,还在于汲取了西方汉学的"疑古"学术资源。[②] 但问题在于,顾颉刚是如何了解到这些"疑古"成果,进而提出"古史层累说"的,过往学界则语焉不详,缺乏充足的证据。因此,本章首先拟在过往研究的基础上对这一革命性学说的提出过程、学术凭借以及学术影响进行一番再探讨。

---

① 其中较有新意的专题论文有：李锐：《经史之学还是西来之学："层累说"的来源及存在的问题》,《学术月刊》2009 年第 8 期；李长银：《"层累说"起源新论》,《清华大学学报(哲学社会科学版)》2014 年第 5 期；赖国栋：《再论"层累说"的来源——兼谈历史与故事的距离》,《史学理论研究》2013 年第 2 期。

② 其中较有代表性的论文有：王煦华：《试论顾颉刚的疑古辨伪思想》,《中国哲学》第 17 辑,1996 年 3 月；李孝迁：《域外汉学与古史辨运动》,《中华文史论丛》2013 年第 3 期；李长银：《西方汉学与"古史辨运动"》,《史学理论研究》2017 年第 2 期。

一、"辨伪事"与"古史层累说"的形成

在中国古代，只要"一提到中国的古史系统"，一般首先想到的就是"三皇五帝"，然后则是"三王五霸"。这个传统的上古史系统，"已经建设了二千多年"，可以说"深入人们的脑髓了"。[①]　不过，在顾颉刚看来，这一系统并不能成立，因为"古史是层累地造成的"。当然，这一深刻认识并非是一蹴而就的，而是有一个形成过程。

根据《古史辨第一册自序》，顾颉刚于 1920 年 11 月末即开始正式走上了"疑古"之路。而就在两个月之后，顾颉刚在写给胡适的信中便表示，自己在年假里弄了几天的"伪史考"，"觉得很有些新意"。其中"黄帝"的形象变迁即是一例。在《封禅书》中，黄帝是秦国所奉的"上帝"之一；但到了战国之时，就变成了"人帝"。此后，根据《世本》的记载，黄帝则成为了"中国人公共的祖先"。[②]　由此可见，顾颉刚在走上"疑古"之路后不久，即意识到了"古史是层累地造成的"。

1921 年 10 月，顾颉刚又有了新的发现。顾颉刚在一则读书笔记中说："盖古人之事，虽无所知，而谈说之士，必欲装饰之为戏剧中人物。"比如，"舜在孔子时，只是一个无为而治的君主。《论语》上，问孝的很多，孔子从没有提起过舜"。但是，到孟子时，舜"便成了一个孝子"，不仅说他五十而慕，瞽瞍焚廪、捐阶以及不告而娶，"更商量瞽瞍犯了罪他要怎么办"。由此而言，这时的舜已经成为"惟一的子道模范人物"。而推论此中缘由，或是"战国时《尧

---

① 顾颉刚：《三皇考》，《顾颉刚古史论文集》第 2 卷，第 20 页。
② 顾颉刚：《致胡适：论伪史及辨伪丛刊书》，《顾颉刚古史论文集》第 7 卷，第 240 页。

典》已流行了"。于是,时人因其中的"父顽、母嚚、象傲,克谐以孝"这一记载,"化出这许多话来"。①

　　至 11 月 5 日,顾颉刚还就这一"发现"与钱玄同进行了交流。② 两天之后,自觉"前天的信意有未尽",又给钱玄同写了一封信。信中主要补充了伯夷、叔齐的类似例子,即《论语》上称伯夷、叔齐凡四次",一是"不念旧恶,怨是用希";二是"求仁而得仁,又何怨";三是"饿于首阳之下,民到于今称之";四是"不降其志,不辱其身"。根据"这四语的意义","伯夷、叔齐颇似只是隐士"。但是,"后来造伪史的人看得'饿'字太着实了,以为一定是饿死,于是造出'义不食周粟'的一段故事来"。此后,"这件故事越说越多,于是夷、齐只成了殷朝的忠臣,没有《论语》中'逸民'的气息了"。③

　　问题尚不止如此。在这封信中,顾颉刚还将上述具体认识提升到了方法论的层面,即"把古史分析开来,每一事列一表,每表分若干格,格上纪事以著书之时代为次,看他如何渐渐的转变,渐渐的放大,或一不留心便忘记了的地方,使得作伪之迹无可遁形"。④

　　1922 年春,《现代初中教科书本国史》的编纂加快了"古史层累说"的形成。当时,顾颉刚打算"把《诗》《书》和《论语》中的上古史传说整理出来,草成一篇《最早的上古史的传说》",不久之后便发现了一个大疑窦——"尧、舜、禹的地位的问题"。于是,顾颉刚

---

① 顾颉刚:《舜故事与戏剧规格》,《顾颉刚读书笔记》第 1 卷,北京:中华书局,2011年,第 256—257 页。

② 参见顾颉刚:《致钱玄同:论孔子删述六经说及战国著作伪书书》,《顾颉刚古史论文集》第 7 卷,第 260 页。

③ 顾颉刚:《论尧舜伯夷书》,《古史辨》第 1 册,第 57 页。

④ 顾颉刚:《致钱玄同·六》,《顾颉刚书信集》第 1 卷,北京:中华书局,2011年,第 537 页。

便初步建立了一个假设，即"古史是层累地造成的，发生的次序和排列的系统恰是一个反背"。①

当然，这一认识只是自己的"意想"，外界并不知晓。直到1923年2月，顾颉刚在接到钱玄同的一封"论经部的辨伪"的信之后，将自己"一年来所积的古史见解写出了一个大概"。数月之后，由于迟迟未得到答复，顾颉刚又将这封书信中"讨论古史的一段文字"刊登在《努力周报》所附月刊《读书杂志》上。② 值得一提的是，顾颉刚在这封信前面专门加了一个"按语"。而就是在这个"按语"中，顾颉刚表示，自己"想做一篇《层累地造成的中国古史》，把传说中的古史的经历详细一说"。而这篇文章有三个意思：第一，"时代愈后，传说的古史期愈长"；第二，"时代愈后，传说中的中心人物愈放愈大"；第三，在古史的探讨上，即使"不能知道某一件事的真确的状况，但可以知道某一件事在传说中的最早的状况"。③ 此即著名的"古史层累说"。

由上可知，早在顾颉刚走上"疑古"之路后不久就意识到了"黄帝"的"层累"现象。之后，经过两年多的持续思考，其才正式提出了"层累地造成的中国古史"说。总之，"古史层累说"之形成，不是一蹴而就的，而是经历了一个长期深入思考的过程。

二、本土学者的"疑古"论与"古史层累说"的建立

承前所述，近代以前，传统上古史系统被建设得十分牢固。但

---

① 顾颉刚：《古史辨第一册自序》，《顾颉刚古史论文集》第1卷，第45页。
② 顾颉刚：《古史辨第一册自序》，《顾颉刚古史论文集》第1卷，第47页。
③ 顾颉刚：《与钱玄同先生论古史书》，《顾颉刚古史论文集》第1卷，第181页。

是,依旧有一些本土学者意识到其中有问题。根据现有资料,顾颉刚之所以能够提出"古史层累说",首先即是受到了这些本土学者的启发。大体来讲,这一本土学术资源主要分为两个部分,一是宋代学者的"疑古"论,二是清代学者的"疑古"论。

首先,宋代学者的"疑古"论。早在1938年,"古史辨派"的重要成员杨宽在《中国上古史导论》一书中指出:"层累造成之古史观,最为近人所称道,然此说不自今日发之,先儒已多有见及者。"所谓"先儒",即包括宋代学者欧阳修和刘恕。[①] 1996年,顾颉刚的弟子王煦华在《试论顾颉刚的疑古辨伪思想》一文中对二者的学术关联进行了类似的阐述。[②] 不过,二人的阐述至少存在两个问题:第一,在内证上,未能指出二者的学术关联并非是一种直接承继的关系;第二,在外证上,未能就此提供充足的证据。因此,有必要对这一学术关联进行一番再探讨。

有宋一代,最早对古史进行怀疑的是欧阳修。欧阳修曾在《帝王世次图序》中提出了"君子之学,不穷远以为能"的观点,即"尧、舜、禹、汤、文、武,此六君子者,可谓显人矣。而后世犹失其传者,岂非以其远也哉?是故君子之学,不穷远以为能,而阙其不知,慎所传以惑世也"。具体而言,孔子之时,"周衰学废,先王之道不明,而异端之说并起"。于是,孔子"乃修正《诗》《书》、史记,以止纷乱之说,而欲其传之信",故"略其远而详其近,于《书》断自唐虞以来,著其大事可以为世法者而已",至于"三皇五帝君臣世次,皆未尝道者,以其世远而慎所不知也"。孔子既殁,异端之说复兴,先王之道

---

① 杨宽:《中国上古史导论》,上海:上海人民出版社,2016年,第26—27页。

② 参见王煦华:《试论顾颉刚的疑古辨伪思想》,《中国哲学》第17辑,1996年3月。

中绝，奇书异说充斥盛行，其言又往往托之于孔子，"至有博学好奇之士，务多闻以为胜者，于是尽集诸说，而论次初无所择，而惟恐遗之"，司马迁《史记》最为典型。"以孔子之学，上述前世，止于尧、舜，著其大略，而不道其前。迁远出孔子之后，而乃上述黄帝以来，又详悉其世次，其不量力而务胜，宜其失之多也。"之后，欧阳修依据《史记》所本的《大戴礼》《世本》等材料，排列出《史记》的帝王世次图，发现其中错谬百出。最后，欧阳修不禁发出了这样的感叹："呜呼！尧、舜、禹、汤、文、武之道，百王之取法也。其盛德大业见于行事，而后世所欲知者，孔子皆已论著之矣。其久远难明之事，后世不必知。不知不害为君子者，孔子皆不道也。夫孔子所以为圣人者，其智知所取舍，皆如此。"①

承前所述，"古史层累说"的第一个意思是"时代愈后，传说的古史期愈长"。对比之下，这一意思与欧阳修的上述观点基本一致。当然，欧阳修对古史的怀疑，尚是出于"崇圣"的心理，并未摆脱"考信于六艺"的观念，但并不能因此而否认二者之间的学源关系。

不过，要想证实这个问题，除了上述内证之外，还须补充必要的外证。早在 1920 年 12 月 29 日，胡适就在写给顾颉刚的信中说："选辨伪的文字，似不能不有一个截止的时期。不然朱熹集里也有许多辨伪文字，苏轼也有，欧阳修也有，究竟录不录呢？"之后，胡适自问自答说："我想断自宋濂，下迄姚继恒。宋濂以前，如柳宗元、朱熹之流，可在序或跋里论《订疑学小史》时带叙到他们，似乎

---

① ［宋］欧阳修：《帝王世次图序》，李逸安点校：《欧阳修全集》第 2 册，北京：中华书局，2001 年，第 591—592 页。

很够了。"①不过,顾颉刚并没有完全接受胡适的意见,并未将《辨伪丛刊》的范围断自宋濂,而是向前延长到《韩非子》。而《欧阳修集》就是其中的一种。② 由此来看,顾颉刚之所以能够提出"古史层累说",最早可以追溯到欧阳修的"疑古"观点。

继欧阳修之后,对古史提出质疑的代表性学者是刘恕。具体而言,刘恕在《通鉴外纪》第一卷《包牺以来纪》的文末指出:"六经惟《春秋》及《易象》《象》《系辞》《文言》《说卦》《序卦》《杂卦》,仲尼所作,《诗》《书》,仲尼刊定,皆不称三皇五帝三王。"此外,"先秦之书,存于今者",诸如《周书》《老子》等,"皆不言三皇五帝三王"。进言之,"《论语》《墨子》称三代,《左氏传》《国语》《商子》《孟子》《司马法》《韩非子》《燕丹子》称三王,《谷梁传》《荀卿子》《鬼谷子》《亢仓子》称五帝……惟《文子》《列子》《庄子》《吕氏春秋》《五经纬》始称三皇,《鹖冠子》称九皇"。但是,"案《文子》称墨子,而《列子》称魏文侯,《墨子》称吴起,皆周安王时人,去孔子没百年矣"。而今《鹖冠子》"称剧辛,似与吕不韦皆秦始皇时人,其文浅意陋,非七国时书"。"《庄子》又在《列子》后,与《文》《列》皆寓言,诞妄不可为据。"但遗憾的是,"秦汉学者宗其文词富美,论议辨博,故竞称三皇五帝,而不究古无其人,仲尼未尝道也"。③

前已指出,"古史层累说"的第一个意思是,"时代愈后,传说的古史期愈长"。对照之下,这一意思与刘恕的上述观点几乎如出一辙。当然,刘恕的观点仍以"仲尼之言"为是,并未摆脱传统的束

---

① 胡适:《致顾颉刚(12月29日)》,《胡适全集》第23卷,第281页。
② 参见顾颉刚:《致胡适·二二》,《顾颉刚书信集》第1卷,第310页。
③ 〔宋〕刘恕:《通鉴外纪》第1卷,上海:商务印书馆,1932年,第15—19页。

缚,但决不能因此而否定二者之间的学源关系。

除了上述内证之外,这里还有必要补充一下外证。一般来看,《通鉴外纪》是一部典型的"伪史"。[①] 不过,这并不是说,"伪史"就一无是处。在顾颉刚看来,《通鉴外纪》等书虽不能提供"辨伪"的资料,但可以提供"伪史"的资料。因此,当顾颉刚开始走向"疑古"之路的时候,便写信给自己的爱人殷履安女士,让她寄来一部《通鉴外纪》。[②] 而顾颉刚再次读了《通鉴外纪》之后,之前的想法应该出现了一定的变化。由此来看,顾颉刚之所以能够提出"古史层累说",与刘恕的上述"疑古"之论存在一定的学术关联。

如上所述,早在宋代,欧阳修、刘恕等人就对传统的上古史系统提出了尖锐的质疑。而根据相关资料,顾颉刚之所以能够提出"古史层累说",与欧阳修、刘恕等人"疑古"论密不可分。

其次,清代学者的"疑古"论。其中,最有代表性的学者是崔述。关于崔述与顾颉刚的学术关联,顾颉刚早在《与钱玄同先生论古史书》中就有着明确的提示,即自己二年来"蓄意要辨论中国的古史,比崔述更进一步"。[③] 而既然要"比崔述更进一步",要在有选择性地承袭崔述的学术遗产。不久之后,胡适在《古史讨论的读后感》中便将这一层关系说得十分清楚了。胡适首先说,"层累说"的"这三层意思都是治古史的重要工具","这个见解起

---

① 1926年,顾颉刚在《古史辨第一册自序》中即指出:"许多伪史是用伪书作基础的,如《帝王世纪》《通鉴外纪》《路史》《绎史》所录。"顾颉刚:《古史辨第一册自序》,《顾颉刚古史论文集》第1卷,第37页。

② 参见顾颉刚:《致胡适·一二》,《顾颉刚书信集》第1卷,第294页;顾颉刚:《致殷履安·一六一》,《顾颉刚书信集》第4卷,第324页。

③ 顾颉刚:《与钱玄同先生论古史书》,《顾颉刚古史论文集》第1卷,第180页。

于崔述"。① 之后,便转引了崔述的如下观点:"孔子序《书》,断自唐虞,而司马迁作《史记》乃始于黄帝。""近世以来……乃始于包牺氏,或天皇氏,甚至有始于开辟之初盘古氏者。"②自此之后,二者之间的这一关联就不再成为什么秘密了。

除了崔述之外,清代"敢于疑古"的代表性学者还有梁玉绳。③ 梁玉绳在《史记志疑》中指出:"孔子删书肇于唐、虞,系《易》起于包、炎。史公作《史》,每祖述仲尼,则本纪称首不从《尚书》之昉二帝,即从《易》辞之叙五帝……宋罗泌《路史前纪》复有初三皇、中三皇。凡斯众说,半归诬诞,总以年代悠远,莫由详定,自应削而不记……至若《史》之首黄帝,不过误仍《大戴记》……殊不知三皇之事若存若亡,五帝之事若觉若梦,况皇、帝以前之荒邈乎?"④承前所述,"古史层累说"的第一个意思是,"时代愈后,传说的古史期

---

① 参见胡适:《古史讨论的读后感》,《胡适全集》第 2 卷,第 104 页。
② [清]崔述:《考信录提要》,顾颉刚编订:《崔东壁遗书》,上海:上海古籍出版社,1983 年,第 13 页。探本追源,崔述的"疑古"论并非是独得之秘,而是源自欧阳修。比如,崔述在《考信录提要》的"时代与识见"中指出:"二帝、三王之事,备载于《诗》《书》……顾自秦火以后,汉初诸儒传经者各有师承,传闻异词,不归于一,兼以战国之世,处士横议,说客托言,杂然并传于后,而其时书皆竹简,得之不易,见之亦未必能记忆,以故难于检核考正,以别其是非真伪。"直到宋代,"名儒迭起,后先相望,而又其时印本盛行,传布既多,稽核最易,始多有抉摘前人之误者"。其中,"以文以辨之"的宋儒,较有代表性的就是著有《帝王世次图序》的欧阳修。([清]崔述:《考信录提要》,顾颉刚编订:《崔东壁遗书》,第 2 页。)又如,崔述在该书"黄帝以后诸帝通考"中首先引用了《大戴记帝系篇》的记载,然后指出:"其后司马迁之《五帝本纪》、皇甫谧之《帝王世纪》因之。世之学者莫不信之。"直到宋代,"欧阳永叔《帝王世次图序》及《后序》,始辟其谬"。然后,崔述对欧阳修的这两篇"疑古"之作进行了详细的转引。([清]崔述:《补上古考信录》,顾颉刚编订:《崔东壁遗书》,第 44—45 页。)
③ 参见傅斯年:《故书新评〈史记志疑〉三十六卷》,欧阳哲生主编:《傅斯年全集》第 1 卷,长沙:湖南教育出版社,2003 年,第 120—122 页。
④ [清]梁玉绳:《史记志疑》,北京:中华书局,1981 年,第 1—2 页。

愈长"，对照之下，二者的立意存在一致之处。

这里需要进一步指出的是，早在 1921 年 3 月，顾颉刚即拟定了一个《辨伪丛刊》的总目。这个《辨伪丛刊》分为甲、乙两编，其中甲编"辨伪事"，乙编"辨伪书"，而梁玉绳的《史记志疑》被列为甲编第七集。[①] 直到晚年，顾颉刚在《我是怎样编写〈古史辨〉的?》一文中还回忆说：《史记》中仍然记载有许多与史实不符的古代神话传说，梁玉绳在《史记志疑》中已经发现了很多。"崔述和梁玉绳虽生于同时，可是那时交通不便，各不相知，也就各不相谋。"[②] 由此来看，顾颉刚之所以能够提出"古史层累说"，在一定程度上受到了梁玉绳《史记志疑》的启发。

由上可知，早在宋代，欧阳修、刘恕等人即对传统上古史系统提出了怀疑。迄至清代，崔述、梁玉绳等人则进一步推动了这一怀疑思潮。而根据现有资料，顾颉刚在走上"疑古"之路的时候，便对上述学者的"疑古"论有所了解。因此，从本土学术的角度来讲，顾颉刚之所以能够提出"古史层累说"，与欧阳修、刘恕、崔述、梁玉绳等人"疑古"之论密不可分。

三、西方汉学家的"疑古"论与"古史层累说"的建立

近代以来，中国学术即进入中外交汇的时代。[③] 根据现有材料，除了本土学者的"疑古"论之外，顾颉刚之所以能够提出"古史

① 参见顾颉刚：《致胡适·二二》，《顾颉刚书信集》第 1 卷，第 309 页。
② 顾颉刚：《我是怎样编写〈古史辨〉的?》，《顾颉刚古史论文集》第 1 卷，第 156 页。
③ 参见桑兵：《国学与汉学——近代中外学界交往录》，北京：中国人民大学出版社，2010 年，第 1—2 页。

层累说",还有赖于汲取了域外汉学中的相关研究成果。

早在民国时期,程憬、杨宽等人即有所认识。[①] 数十年之后,当代学者根据上述文献的提示,进一步对沙畹、夏德的生平与学术进行了简要的介绍,认为"夏德是胡适古史观念形成的来源之一,胡适又催生了顾颉刚疑古观点的形成"。[②]

不过,上述研究成果虽然在一定程度上挖掘出了顾颉刚"疑古"思想的西方汉学渊源,但具体到"古史层累说",却仍然存在较大的开拓空间。进言之,顾颉刚提出的"古史层累说"是否与沙畹、夏德的"疑古"论有一致之处,尚有待于证明。此外,顾颉刚在提出"古史层累说"之前,是否接触过沙畹、夏德的"疑古"论,同样需要证据。因此,关于西方汉学与顾颉刚"古史层累说"之间的学术关联,有必要在过往研究成果的基础上进行一次再探讨。

"对于中国历史一学,法人实居其首。"[③]在20世纪初叶,学人公推法国汉学家沙畹为一代大师。沙畹,法国人,1865年生于巴黎。1888年毕业于巴黎高等师范学院。1889年,以法国驻华使团译员的身份来华。来华后,"最初的研究对象,为在中国古代具有极多神话的泰山"。[④] 1893年,"任法兰西大学汉学教授、学士院会员"。就职之后,"乃以其精勤博学及百折不回之精神,译注中国司

---

① 参见程憬:《古史的研究》,《社会科学丛刊》第2卷第1期,1935年5月;杨宽:《中国上古史导论》,第8、35页。

② 参见李孝迁:《域外汉学与古史辨运动》,《中华文史论丛》2013年第3期;又参见李长银:《西方汉学与"古史辨运动"》,《史学理论研究》2017年第2期。

③ (德)海尼士,王光祈译:《近五十年来德国之汉学》,《新中华》第1卷第17期,1933年9月。

④ 韩奎章:《德国人汉学的研究》,《东方文化月刊》第1卷第1期,1938年1月。

马迁之《史记》"。1907 年，"经西伯利亚再游华，访满洲、兴京、清陵、通化等处，寻求碑文"。沙畹不仅治学广泛，"于儒、佛、道、景诸宗教，以及两汉石刻、雕塑，均有深湛研究"，而且著述丰富，曾译义静《西域求法高僧传》，与列维共译《西游记》及宋云《乌仗那及犍陀罗纪行》，与伯希和共译《敦煌本摩尼教经典》，又著有《中国雕刻术》《中国北部考古学图谱》，辑《西突厥史料》。不过，沙畹"一生绝业，为注译《史记》"。① 其"绪论之精审，及其批评与解释之详备，实为中国古史上绝好之注疏。近代作家，不能出其右"。② 因此，此书一出，即成汉学界盖世之名作，"非惟为欧人汉学伟著，于华人之读《史记》者，亦不无裨益"。③

尤为值得关注的是，沙畹在该书《序论》第四章中说："被记录下来的有关模范帝王尧、舜人王的传说，似乎建立在一个可疑的对称的系统上。他们的事迹在最古老的儒家经典《诗经》中没有被提及，而且，他们的历史中的多数细节与周代的礼仪和政治组织相悖。"又说："关于禹，他被认为完成了治水的工程，这本来可以被认为是几代人不断努力的结果。在《书经》中，被称为'禹的贡献'，我们或许可以区别古史地理与混入了想象而产生的王权传说。尧、舜、禹，这三个令人敬畏的神话幻影，如果有人想把他们作为具体的人来看待的话，便不再具有任何真实性了。"④更值得关注的是，

① 梁绳祎：《外国汉学研究概观》，《国学丛刊》第 5 期，1941 年 12 月。
② K. S. Latourette，王庸译：《大战开始后七年间西洋之中国史研究》，《史地学报》第 3 卷第 8 期，1925 年 10 月。
③ 梁绳祎：《外国汉学研究概观》，《国学丛刊》第 5 期，1941 年 12 月。
④ 转引自 F. Hirth, The Ancient History of China, New York: Columbia University Press, 1908, pp. 55 - 56.

沙畹还在《序论》的"结论"部分将上述观点提升到了一个新的高度,即"最古老的文本"仅回溯到并不"十分遥远的过去",但后世的作者则大胆地设想着"洪荒远古"。①

沙畹之后,至 20 世纪初,"美国国势鼎盛,远东研究之兴味,日趋浓厚",德籍汉学大师夏德等遂"相继归化","为美国汉学界之重镇"。② "夏德本德人,一八七〇年二十五,始供职于中国海关,其间一八七八至八八任职上海统计局,一八八六至八七并为英国皇家亚细亚学会华北支部总裁,前后留华二十五年,一八九五去职归国。一八九〇法人考狄创刊《通报》于莱顿,夏德为文于创刊号,避地明兴,读内曼遗籍。一九〇二年应美人聘为哥仑(伦)比亚大学第一任汉学教授,供职十五年,年八十余而卒。"夏德不仅治学范围广泛,于中国上古史、中西交通史、匈奴史、中国艺术史以及近代汉语,皆有深入研究;而且著作等身,"自一八六九出版学位论文,迄一九一七年由美国东方学会揭布《史记·大宛列传》英译,撰著达百余种"。具体而言,有《中国古代史》《大秦国全录》《清代画家杂记》《文件字句入门》,又与柔克义共同译注《诸蕃志》,等等。③

其中,其最为学界关注的著作之一是《中国古代史》。"此书一九〇八年由美国哥仑比亚大学出版部印行,凡八章,由盘古至秦之统一,乃夏氏在哥仑比亚大学之讲义。"④这里有必要指出的是,该书虽然系讲义,但被公认为"是西人讲中国古史最早的名著"。而

---

① 马骥:《沙畹之〈司马迁史记导论〉:评价与摘译》,《国际汉学》2017 年第 2 期。
② 梁绳祎:《外国汉学研究概观(再续)》,《国学丛刊》第 7 期,1942 年 2 月。
③ 梁绳祎:《外国汉学研究概观(再续)》,《国学论丛》第 7 期,1942 年 2 月;程龙:《德国汉学家夏德及其中国学研究》,《社会科学辑刊》2011 年第 5 期。
④ 梁绳祎:《外国汉学研究概观(再续)》,《国学丛刊》第 7 期,1942 年 2 月。

该书"最大的贡献"是"认为周以前的历史都属半神话的，不可凭信"。①

尤为值得注意的是该书的第二章。在该书第二章第一节中，夏德首先指出，"尧和他的继任者舜可能是中国史上最受欢迎的人物"。"他们的历史被记录在《书经》和《史记》中。"然后，便转引了理雅各关于《尧典》的翻译。而对于《尧典》中关于天文地理的记载，夏德简要地介绍了两种观点。其中一种是，"《书经》的原始文本一定被后世解释者窜改过。而且，这个后期编辑的叙述一定是根据自己当时掌握的天文学知识"。在第二章第四节中，夏德首先指出，"在《书经》中，涉及这个最令人关注的文件是《禹贡》。在《禹贡》中，禹将自己的帝国划分为九州"。之后则间接转引了毕瓯的观点，即这是不可靠的。此外，在第三章中，夏德在讨论桀、纣的时候，还转引了前引沙畹的观点。② 总之，在夏德看来，尧舜禹只是神话的幻影，并非实有其事。

承前所述，顾颉刚在《与钱玄同先生论古史书》一文的"按语"部分中指出，"古史层累说"的第一个意思是，"时代愈后，传说的古史期愈长"。这里有必要补充的是，顾颉刚在"按语"中还对这一意思进行了具体的阐述，即"周代人心目中最古的人是禹，到孔子时有尧、舜，到战国时有黄帝、神农，到秦有三皇，到汉以后有盘古等"。在正文部分，顾颉刚将这个意思说得更明白了，即根据《诗经》，"东周的初年只有禹"；而根据《论语》，"东周的末年更有尧、

---

① 雷海宗：《夏德——〈中国上古史〉》，《社会学刊》第 2 卷第 4 期，1931 年 7 月。

② F. Hirth, *The Ancient History of China*, New York: Columbia University Press, 1908, pp. 29 – 30, 36 – 38, 55 – 56.

舜";而根据《论语》之后的《尧典》《皋陶谟》《禹贡》等篇,"尧、舜的
事迹编造得完备了"。总之,"时代越后,知道的古史越前;文籍越
无征,知道的古史越多"。[①]

经过文本对比,顾颉刚"古史层累说"的第一个意思与沙畹、夏
德的"疑古"论基本一致。而问题的关键在于,早在顾颉刚提出"古
史层累说"之前,沙畹、夏德等西方汉学家便对中国古史提出了质
疑,尤其是沙畹还触及了古史的"起源问题"。因此,我们有理由推
定,顾颉刚之所以能够建立"古史层累说",或有可能受到了西方汉
学研究成果的启示。

当然,若想证实二者之间的学术关联,除了上述文本比对的内
证之外,还需要进一步提供必要的外证。根据现有资料,顾颉刚是
否直接阅读过沙畹、夏德的著作,还需要进一步考证,但其很有可
能通过间接方式受到了二者的启发。这一间接方式主要分为以下
两种。

首先,间接转述。更准确地说,是通过胡适的转述。1915 年 9
月,胡适从康奈尔大学转学到哥伦比亚大学之后,师从著名哲学家
杜威,主修哲学,副修政治理论与汉学。而胡适之所以选择将汉学
作为副修之一,正是出于夏德的"提议与邀请"。是时,夏德应邀出
任哥伦比亚大学教授。按理来说,夏德是当时西方汉学界的领军
人物之一,其《中国上古史》和《大秦帝国录》"深受学术界的重视",
但让人想不到的是,其"在哥大却苦闷不堪",因为"他简直没有学
生"。而胡适"倒乐于接受他的邀请",将"汉学"作为两门副修之

[①] 顾颉刚:《与钱玄同先生论古史书》,《顾颉刚古史论文集》第 1 卷,第 181—186 页。

一。① 由此来看，胡适不仅对夏德的《中国上古史》较为了解，还通过夏德的教授了解到了西方汉学研究情况。

除夏德外，胡适了解的还有沙畹的《史记》研究。早在 1943年，王静如就曾指出："恰当法国汉学完成一种学科的时候，在1911 年以后，中国民主政府成立，同时中国学界也革新，走向近代化的途径。无疑的一切学术也要受到西方的影响。"至 1923 年，"北大《国学季刊》创刊，第一期有胡适先生所草之宣言。其内容虽先述清代考据家之不可厚非，然至终则主张须再加增改为以下之方法不可"。第一，"研究问题，须有历史的眼光"；第二，"对于资料，须作系统的整理"；第三，"扩大眼光，以作比较的研究"。而"胡先生学问渊博，治学素具科学方法，吾人不必谓其必受法国汉学的熏染，但沙畹、伯希和之著作，氏颇阅览。当亦不无影响"。② 当然，胡适是否如王静如所断言，在 1923 年之前便直接"阅览"过沙畹的著作，尚不可考。不过，承前所述，夏德在《中国上古史》中曾大量征引沙畹的《史记》研究，而夏德的"汉学"课程必定会提及沙畹的研究。因此，关于沙畹的观点，胡适应该是并不陌生的。

更为相关的是，熟悉"顾学"的人都知道，顾颉刚之所以能够走上"疑古"的道路，胡适起到了不可替代的引导作用。因此，我们有理由推论，顾颉刚很有可能通过胡适的转述，了解到了沙畹、夏德的"疑古"论，进而提出了"古史层累说"。

其次，间接文本。根据现有资料，顾颉刚最迟在 1918 年便通

① 胡适：《胡适口述自传》，《胡适全集》第 18 卷，第 243 页。
② 王静如：《二十世纪之法国汉学及其对于中国学术之影响》，《国立华北编译馆馆刊》第 2 卷第 8 期，1943 年 8 月。

过间接文本知道了沙畹。承前所述，沙畹曾两次来华，与中国学术界、教育界人士颇有来往，故其于 1918 年 1 月过世之后，中国人士"哀悼不置"。同年 10 月，《东方杂志》"内外时报"栏目即推出了一则消息——"夏樊纳博士作古纪闻"。此则消息对沙畹的生平与学术进行了简要的介绍。其中有言："夏樊纳，法之著名文学家也。……君既专志于汉学，凡子史丛编，罔不披览，而于司马迁所撰《史记》一书，尤爱不释手。从事编译，昕夕揣摩，纵他事蝟集，从未将是书屏去片刻，不啻寝馈于斯焉。是书之已译而发刊者，凡五卷，乃天不假年，未竟其功，飘然长逝，惜哉。"①

此外，同年 6 月，法国公使柏卜在北京大学的邀请下，"演说法华亲善之意"。在演说之前，蔡元培"致开会词"，②其提到：中国学院之中国学家沙畹曾到中国留学，回国后"在法国学院讲授中国学术"，并于数月前在法国巴黎大学召开法华协会。会上，沙畹发表演说，"阐明中国儒术之优点"，"尤足引起吾人特殊之感情"。③ 之后，由柏卜演说，其提到："著名博学家 CHAVANE 近日已归道山，谅诸君子亦必久耳 CHAVANE 其名，盖其人学极淹博，性尤谦逊，在欧洲一生精于演讲贵国历史美术文学，宣扬贵国名誉不遗余力。如此之人，天夺其寿，实我中法两国之不幸。""吾等所最祈祷者，愿有多数法国人员步其遗尘，时来贵校交换智识。"④

今按蔡元培的"开会词"和柏卜的演说译文，相继刊登在《北京

---

① 《法国著名汉学家逝世纪闻》，《东方杂志》第 15 卷第 10 期，1918 年 10 月。
② 《法公使莅本校演说纪事》，《北京大学日刊》第 161 号，1918 年 6 月 12 日。
③ 《法公使莅本校演说纪事（续）》，《北京大学日刊》第 162 号，1918 年 6 月 14 日。
④ 《法公使莅本校演说纪事（续）》，《北京大学日刊》第 163 号，1918 年 6 月 15 日。

大学日报》第 161 至 163 号上。而顾颉刚此时正就读于北京大学，并密切关注该报的动态。具体而言，自 1918 年 5 月下旬起，刘半农即开始在《北京大学日刊》连续刊登自己编订的"歌谣选"。此举引起了顾颉刚的注意，"颇觉得耳目一新"。是年 6 月，顾颉刚因自己的妻子吴征兰病危，不得不休学返回苏州老家，状态一度颇为"颓废"。但《日刊》每天寄来，于是顾颉刚开始搜集自己家乡的吴歌，"聊以遣日"。经过一番搜集之后，顾颉刚认识到"歌谣和小说戏剧中的故事一样，会得随时随地变化"。此后，顾颉刚则对"古史有了特殊的了解"。① 今按，《北京大学日报》第 161 至 163 号上，均刊登了刘半农编订的《歌谣选》。至于《东方杂志》则是顾颉刚时常翻阅并收藏的杂志。② 因此，顾颉刚有很大可能阅读过前述《北京大学日刊》与《东方杂志》上关于沙畹生平与学术的信息。而通过阅读这两篇文献，顾颉刚即对沙畹的生平与学术有一定的了解。

与了解沙畹相比较，顾颉刚通过间接文本接触到夏德的时间要稍微晚一点。根据《古史辨第一册自序》，顾颉刚是在 1922 年春编纂《现代初中教科书本国史》的过程中初步提出了"古史层累说"。按照当时的设想，顾颉刚打算编纂出一部"成为一家之言"的著述。③ 不过，根据《顾颉刚日记》，顾颉刚在编纂的过程中至少参考了两种文献，分别是李泰棻的《中国史纲》和柳诒徵的《中国文化史》讲义稿。④ 因此，考察"古史层累说"的学术渊源，有必要对这

① 顾颉刚：《〈吴歌甲集〉自序》，《顾颉刚民俗论文集》第 1 卷，北京：中华书局，2011 年，第 25 页；顾颉刚：《古史辨第一册自序》，《顾颉刚古史论文集》第 1 卷，第 32—36 页。
② 参见顾颉刚：《致教育部清理战时文物损失委员会》，《顾颉刚书信集》第 3 卷，第 259 页。
③ 顾颉刚：《古史辨第一册自序》，《顾颉刚古史论文集》第 1 卷，第 44 页。
④ 参见顾颉刚：《顾颉刚日记》第 1 卷，北京：中华书局，2011 年，第 235、240 页。

两种文献进行一番按图索骥的工作。

今按《中国史纲》,李泰棻在书中两次提到夏德的《中国古代史》。具体而言,李泰棻在第五篇"西周"中讲到"成王后之列王"时说"西王母究属何人,是为一大疑案"。"西人著述,间有合理者,然亦揣测,未必即是。"所谓"西人著述"即包括夏德的《中国古代史》。此外,李泰棻在第六篇"春秋时代"中讲到老子的著作时指出:"《老子》上下两篇,自汉以来,莫不信其为老子著作,然亦有疑之者。"崔述即谓为"杨墨之徒之所伪托",但此说不能征信。此外,"西人之讲《老子》者,亦多怀疑,且有完全视为伪托者。惜不多读其书,无从辨起"。所谓"西人",即包括夏德。[①] 与梁启超相近,柳诒徵在《中国文化史》讲义中也数次提及夏德。[②] 其中,最值得关注的是第十章"治水之功"中的一处,其强调说:"西洋历史家,于禹之治水极为怀疑。"而所谓西方历史家,即包括夏德在内。进言之,夏德在《中国上古史》中转引了"爱多阿尔比优氏"之说,即"此等具有怪力之禹,殆非人间之人也"。[③] 要而言之,李泰棻和柳诒徵不仅都曾阅读过夏德的《中国古代史》,还较为重视该书中的"疑古"论。而此时的顾颉刚已经走上"疑古"的道路。因此,我们认为,顾颉刚在编纂《现代初中教科书本国史》的过程中很有可能通过上述两种文献间接注意到了夏德的《中国上古史》,尤其是该书中提到的"疑古"论。

根据上述调查取证,顾颉刚在正式提出"古史层累说"之前,便

---

① 李泰棻:《中国史纲》第1卷,武学书馆,1922年,第133—134、206页。

② 参见柳诒徵:《中国文化史》上册,北京:中国人民大学出版社,2012年,第5、67、271页。

③ 柳诒徵:《中国文化史》上册,第67—68页。

通过间接转述与间接文本的方式接触到了沙畹、夏德的"疑古"论。因此，我们认为，顾颉刚之所以能够提出"古史层累说"，在一定程度上是受到了西方汉学研究的启示。

四、"古史层累说"与传统上古史系统的颠覆

当然，"古史层累说"的提出，不仅在于顾颉刚汲取了中外"疑古"成果，还在于其运用了进化史观和"历史演进的方法"。因此，此说提出之后，便在当时的学术界受到了广泛的关注，产生了一定影响。简要言之，此说不仅得到了"疑古"派的肯定，还对其他学派产生了很大的影响。① 因此，"古史层累说"堪称"史学上的中央题目"。②

不过，较之这种初始影响，我们更关注的是该说在中国现代古史学上的原始意义。

第一，该说之提出，彻底颠覆了传统的中国上古史系统。最先意识到这一点的是钱玄同。1923 年 6 月，钱玄同在《答顾颉刚先生书》中表示，"古史层累说""真是精当绝伦"。而自己此前便以为尧、舜二人不存在。因此，"中国底历史应该从禹说起"。但是，"今读先生之论，证以《长发》和《閟宫》两诗，方知连禹这个人也是很疑的了"。③ 与钱玄同观点相类似，胡适在对《古史辨》第一册进行介绍时指出，继崔述之后，顾颉刚"拿了一把更大的斧头"，把禹以前的中国古帝王都送到了"封神台"。因此，"古史层累说"一个中心

---

① 参见李长银：《"史学上的中央题目"："古史层累说"再探讨》，《社会科学论坛》2019年第 5 期。

② 傅斯年：《与顾颉刚论古史书》，《傅斯年全集》第 1 卷，第 446 页。

③ 钱玄同：《答顾颉刚先生书》，《钱玄同文集》第 4 卷，北京：中国人民大学出版社，1999 年，第 235—236 页。

学说"已替中国史学界开了一个新纪元"。①

除钱玄同、胡适等"疑古"派之外,就连持批评态度的学者对这一破坏的价值也没有异议。1926 年 12 月,陆懋德在《评顾颉刚〈古史辨〉》一文中认为:"顾君之书虽未求得结论,而三千年以前之尧舜禹者,其存在已受其影响,而其地位已感其动摇。"②1928 年 5 月,曹养吾在《辨伪学史》一文则指出,顾颉刚"从怀疑伪书到伪史,从禹以及尧舜以前古帝王全体"。其"推翻层累堆积的古伪史"一句东壁先生含有是意而未明出诸口号提出之后,神农、黄帝、禹等一座一座伟大的神像——被推倒了。③

第二,该说之提出,为后之学者研究古史开了无数法门。最早认识到这一点的是胡适。1924 年 2 月,胡适在《古史讨论的读后感》一文中指出,"古史层累说"不仅是顾颉刚"讨论古史的根本见解",还是"根本方法"。上自"尧舜禹的故事",下迄"周公的故事","都可以做这个方法的实验品"。总之,"古史上的故事"都可以用"历史演进的方法"去研究。④

继胡适之后,持类似看法的还有傅斯年。1926 年,傅斯年在写给顾颉刚的信中指出,"古史层累说"可谓是"史学的中央题目"。除了禹之外,诸如"尧、舜、神农、黄帝、许由、仓颉等等,都仔细照处理禹的办法"进行处置。此外,诸如"商汤、周文、周公,虽然是真的人,但其传说也是历时变的"。总之,"古史层累说"不仅是"古史学

---

① 胡适:《介绍几部新出的史学书》,《胡适全集》第 13 卷,第 61 页。
② 陆懋德:《评顾颉刚〈古史辨〉》,《古史辨》第 2 册,第 277 页。
③ 曹养吾:《辨伪学史》,《古史辨》第 2 册,第 292 页。
④ 胡适:《古史讨论的读后感》,《胡适全集》第 2 卷,第 103—106 页。

的新大成"，还是"一切经传子家的总锁钥"。①

由上可知，"古史层累说"提出之后，不仅彻底颠覆了传统的上古史系统，还为后之学者研究古史开了无数法门。因此，该说可以说是中国现代古史学上的一个革命性学说。

第二节　走向重建：《中国上古史讲义》的编纂与意义

在中国现代古史学上，自顾颉刚正式提出"古史层累说"之后，如何重建真实的上古史就成为一个不得不解决的棘手问题。这里需要讨论的是，顾颉刚在对传统上古史系统进行破坏之后，有没有百尺竿头更进一步，着手建立一个新的上古史系统，学界对此尚存在较大的分歧。其中，相当一部分学者认为，顾颉刚只侧重于"消极的破坏"，而未能从事"积极的建设"②，甚至可以说完全没有摸到古史的"真相"，反而造成了"混乱"③。但还有一部分学者则为

---

① 傅斯年：《与顾颉刚论古史书》，欧阳哲生主编：《傅斯年全集》第1卷，第446—449页。

② 参见周予同：《五十年来中国之新史学》，朱维铮编校：《周予同经学史论》，第381页；刘俐娜：《顾颉刚与古史辨派》，《近代史研究》1988年第4期。

③ 参见童书业：《"古史辨派"的阶级本质》，《文史哲》1952年第3期；杨向奎：《"古史辨派"的学术思想批判》，《文史哲》1952年第3期；李锦全：《批判古史辨派的疑古论》，《中山大学学报》1956年第4期；杨向奎：《论"古史辨派"》，《中华学术论文集》，北京：中华书局，1981年，第11—35页；郑光：《夏商文化是二元还是一元》，《考古与文物》2000年第3期；郭沂：《从"疑古"走向"正古"——试论中国古典学的发展方向》，《孔子研究》2002年第4期；田旭东：《〈古史辨〉及疑古学派之我见》，《西北大学学报（哲学社会科学版）》2003年第3期；黄海烈：《顾颉刚"层累说"与20世纪中国古史学》，第99页。

顾颉刚进行了辩护,认为其不仅"破坏伪古史",还在《中国上古史讲义》《中国古代史述略》等作品中"建设真古史"①。那么,究竟哪一种观点更符合历史的真相呢?

根据现有资料,前一种观点有失偏颇,后一种观点则能够成立。但需要进一步指出的是,持后一种观点的学者未能就此展开专题研究,以致在认识上并不完善,甚至存在一定偏差。比如,有学者认为,顾颉刚到云南大学之后,编纂了《中国上古史讲义》,才"找到了研究古史的新思路"②。但其实,顾颉刚只是将此前的"思路"付诸系统的实践。又如,有学者认为,顾颉刚"在云南大学讲授中国上古史时,就把伪古史还原为神话传说",但"没有作出重大的科学研究"③。这无疑是一种低估的判断。因此,本章接下来拟以顾颉刚在云南大学编纂的《中国上古史讲义》为研究对象,系统考察这部讲义的成书过程、基本特征以及影响与意义,进而重新估定顾颉刚在中国现代古史研究领域中的地位。

一、从疑古到重建

有学者认为,抗战之后,顾颉刚将古史研究方向由"破坏伪史"调整为"整理古史系统"。1938 年,顾颉刚到了云南大学之后,开始"真正有计划系统地研究和整理古史",编纂了《中国上古史讲

---

① 参见王煦华:《前言》,《顾颉刚古史论文集》第 1 卷,第 10 页;顾潮、顾洪:《顾颉刚评传》,153—154 页;刘俐娜:《论顾颉刚的史料学思想》,《史学史研究》2003 年第 2 期;李政君:《1940 年前后顾颉刚古史观念转变问题探析》,《史学理论研究》2019 年第 4 期。
② 刘俐娜:《抗日战争时期顾颉刚的史学思想》,《史学史研究》2005 年第 3 期。
③ 王煦华:《前言》,《顾颉刚古史论文集》第 1 卷,第 9—10 页。

义》，从而"找到了研究古史的新思路"①。这一观点并不准确。其实，早在1938年以前，顾颉刚即开始"真正有计划系统地研究和整理古史"，其编纂的《中国上古史讲义》则是将此前的思路进行了具体的实践。因此，有必要对《中国上古史讲义》的成书过程进行一次细致的梳理。

众所周知，破坏伪史是顾颉刚古史研究的真正起点。1923年5月6日，顾颉刚在《努力周报》所附月刊《读书杂志》第9期上发表《与钱玄同先生论古史书》，表示要做《层累地造成的中国古史》，对"传说中的古史的经历"进行详细的阐述。这篇文章包括三个意思：第一，"时代愈后，传说的古史期愈长"；第二，"时代愈后，传说中的中心人物愈放愈大"；第三，在古史的探讨上，即使"不能知道某一件事的真确的状况，但可以知道某一件事在传说中的最早的状况"②。诚如顾颉刚晚年回忆的，此文一经问世，宛如"轰炸中国古史的一个原子弹"③，彻底颠覆了"自从盘古开天地，三皇五帝到如今"的传统上古史体系。

此后，顾颉刚在破坏伪史的道路上越走越远。尤其到了1927年10月，顾颉刚任教于中山大学，开设了一门"中国上古史"。需要指出的是，这门课程是校方在其还未抵达学校之前便排上的，"而且选课的人也选定了"。情急之下，顾颉刚"只得不编讲义而专印材料，把许多人的零碎文字钞点出来，约略组成了一个系统"。但是，经过一年的讲授，顾颉刚虽然搜集了不少的材料，但其自觉

---

① 刘俐娜：《抗日战争时期顾颉刚的史学思想》，《史学史研究》2005年第3期。
② 顾颉刚：《与钱玄同先生论古史书》，《顾颉刚古史论文集》第1卷，第181页。
③ 顾颉刚：《我是怎样编写古史辨的？》，《顾颉刚古史论文集》第1卷，第164页。

不仅没有能力"把这些材料系统化",而且不能注意到上古史的各个方面。因此,到了第二学年开始的时候,顾颉刚便停开了这门课程①。至 1929 年 9 月,顾颉刚转教于燕京大学。与中山大学相近,学校又事先为其安排了一门"中国上古史研究"。不过,这一次由于"有了以前一年的预备,不致像那时般发慌"②,而是有条不紊地对"中国上古史中的天子诸侯继承的旧系统"进行了讲授③。最后,经过两年的讲授,顾颉刚编成了一部较为系统的《中国上古史研究讲义》。至此,《层累地造成的中国古史》的写作基本告一段落④。

　　值得一提的是,就在《中国上古史研究讲义》基本完工之际,顾颉刚在《古史辨第二册自序》中强调说,自己不是一个"上古史专家",并不担任"真实的上古史",而只是一个"战国秦汉史家",只打算作成一个"中古期的上古史说"⑤。但此说并非定论。根据现有文献,顾颉刚的学术志业不仅在于打破"旧系统的上古史",还在于建设"新系统的上古史"。1933 年是这一建设的真正起点。是年 10 月,顾颉刚在燕京大学与北京大学同时开设了"春秋战国史"一门课。但在讲授的过程中,顾颉刚没有直接从"春秋"讲起,而是以"亚洲的形势"为讲课起点,故直到学期结束,才讲到"周民族之崛起"⑥。因此,现存的《春秋战国史讲义》实际上是一部未竟的《中国上古史

---

① 顾颉刚:《中国上古史研究讲义·自序一》,《顾颉刚古史论文集》第 3 卷,第 79 页。
② 顾颉刚:《中国上古史研究讲义·自序一》,《顾颉刚古史论文集》第 3 卷,第 79 页。
③ 顾颉刚:《中国上古史研究讲义·自序二》,《顾颉刚古史论文集》第 3 卷,第 92 页。
④ 1988 年 5 月,王煦华指出:"这部《中国上古史研究讲义》实际上就是一部《层累地造成的中国古史》。"王煦华:《中国上古史研究讲义·前言》,《顾颉刚古史论文集》第 3 卷,第 74 页。
⑤ 顾颉刚:《古史辨第二册自序》,《顾颉刚古史论文集》第 1 卷,第 95 页。
⑥ 参见顾颉刚:《顾颉刚日记》第 3 卷,第 91—148 页。

讲义》。而正是这部通俗讲义的编写，为顾颉刚编纂之后的《中国上古史讲义》打下了坚实的基础。

1935 年 10 月，顾颉刚在北京大学又开设了"春秋史"一门课。与此前的"春秋战国史"一课不同，这一次顾颉刚没有从头讲起，而是以"周王室"为起点，然后讲授了"鲁之国际关系""鲁国与王朝之关系""鲁国之内乱""鲁国之内政"等鲁国的具体情况。但是，由于当时"人事过繁"，顾颉刚编写的讲义仅"节录《春秋》《左传》原文，以类相从"，并加上了"按语"，而未能将其"组织成文"①。不过，这一做法还是为此后的写作做了准备。

其实，这一"组织成文"的工作很快就落到了实处。1936 年 9 月，顾颉刚在燕京大学与北京大学同时开设"春秋史"。与上次相同的是，顾颉刚当时依旧"人事过繁"，但不同的是，这一次编写讲义得到了其弟子童书业的倾力帮助②。因此，截至 1937 年 5 月，师徒二人即编成《春秋史讲义》正编与附编各一部。其中，正编从政治史的角度对春秋时期的大事件进行了叙述，附编则从社会史的角度对这一时期的经济情形、社会风俗、政治制度以及宗教学术的情况进行了叙述。可以说，这是一本简明扼要的春秋史讲义。

1937 年抗日战争的全面爆发进一步加快了之后的编纂工作。"七七事变"之后，因"以办通俗读物编刊社，宣传民族意识于下层民众"，顾颉刚被日本人列为"欲捕者之名单"中第二名③，故不得

---

① 顾颉刚：《春秋史讲义》，《顾颉刚古史论文集》第 4 卷，第 134 页。
② 童书业：《春秋史自序》，《童书业著作集》第 1 卷，北京：中华书局，2008 年，第 7 页。
③ 参见顾颉刚：《西北考察日记》，《宝树园文存》第 4 卷，北京：中华书局，2011 年，第 413 页；顾颉刚：《顾颉刚日记》第 3 卷，第 667、690 页。

不被迫离开北平。不久之后，又应邀到西北考察。至 1938 年 1 月，顾颉刚接到吴晗的来信，获悉云南大学决定聘任自己，"并不强任事务"，而且"该校已与英庚款会接洽增加讲座经费"①。与此同时，顾颉刚又考虑到"彼时昆明地点不算重要，迁来机关甚少，喜其清净可以治学，兼以交通方便，亦易接眷"，于是决定接受聘任②。是年 10 月，顾颉刚抵达昆明，任云南大学教授，开设"中国古代史"一门课。根据《顾颉刚日记》，该课自 12 月 9 日起开课，每周五上课，一次两小时，从"古人想象中的世界"开始讲起，至翌年 6 月 2 日结课，终于"战国的造伪与辨伪"，共计上课十六次③。在这近六个月的教授过程中，顾颉刚一边讲，一边编写讲义，最后编成一部约九万言的《中国上古史讲义》。

值得指出的是，该书第一章"中国一般古人想象中天和神"的主旨本于《中国上古史（中山大学）》和《中国上古史研究讲义》中关于《楚辞》与《山海经》的部分；第二章"商周间的神权政治"至第五章"周人的崛起及其克商"，则基本照搬了《春秋战国史讲义》中第七章"商民族的成长和发展"至第九章"周民族的崛起西方"；第七章后半部分"渐渐衰亡的周王朝"的主旨和资料基本源于第一份《春秋史讲义》的第一章"周王室"；第八章"齐桓公的霸业"至第十章"楚庄王的霸业"，则基本改编自第二份《春秋史讲义》的第二章"春秋以前的列国世系"至十二章"楚的强盛与狄的衰亡"。要而言之，《中国上古史讲义》可以说是在此前数部讲义基础之上编纂而

---

① 顾颉刚：《顾颉刚日记》第 4 卷，第 9 页。
② 顾颉刚：《致张维华》，《顾颉刚书信集》第 3 卷，第 117 页。
③ 参见顾颉刚：《顾颉刚日记》第 4 卷，第 171—236 页。

成的作品。

由上可知，自 1923 年起，顾颉刚便正式从事中国上古史研究，而截至 1939 年，其不仅陆续编纂出了旨在打破"旧系统的上古史"的《中国上古史讲义（中山大学）》与《中国上古史研究讲义》，此后又在此基础上编纂了要在建设"新系统的上古史"的《春秋战国史讲义》《春秋史讲义》以及《中国上古史讲义（云南大学）》。而其中的《中国上古史讲义（云南大学）》即是其建设"新系统的上古史"的集成之作。

二、重建的旨趣、路径与形式

那么，顾颉刚在《中国上古史讲义》中是如何进行上古史重建的呢？已有研究者根据顾颉刚的自述，对这一问题有所涉及，但或由于论题所限，未能展开详细讨论①。下面，我们将从以下几个方面对此进行归纳与总结。

第一，在编纂旨趣上，该讲义旨在唤起民族精神。一般认为，顾颉刚的学术旨趣旨在"为学问而学问"。1926 年 6 月，顾颉刚编著出版《古史辨》第一册，其在该书《自序》中强调说："在学问上则只当问真不真，不当问用不用②"。但实际上，顾颉刚并不排斥致用。1939 年 5 月，顾颉刚在《我为什么要写"中华民族是一个"》中回忆说，自己在十七年之前曾为商务印书馆编纂《现代初中教科书本国史》，便"不愿意随便钞书完事"，而是想在这部历史教科书中

---

① 参见顾潮、顾洪：《顾颉刚评传》，第 153—154 页；刘俐娜：《抗日战争时期顾颉刚的史学思想》，《史学史研究》2005 年第 3 期。

② 顾颉刚：《古史辨第一册自序》，《顾颉刚古史论文集》第 1 卷，第 22 页。

"给予中学生一些暗示",从而增进他们对于中华民族前途的自信力①。

　　这里要进一步指出的是,这一学术旨趣在"九一八事变"之后变得越来越强烈。1932 年 12 月 25 日,顾颉刚在写给谭惕吾的信中强调说:"编辑通俗的历史以唤起民族精神,编辑通俗的地理以唤起建设事业之要求,这件事蓄志十年,今更觉其需要,当尽力求其实现。如果编得好,十年之内亦可收效。"②1936 年 6 月,顾颉刚在《拟由本会设立中国通史编纂处案》一文中则呼吁,要编纂一部中国通史,唤起民众"爱国家爱民族之热忱"③。1937 年 7 月 31 日,顾颉刚在日记中表示,自己要"闭门却扫,读二十四史,广罗各种常识",编撰中国通史。而此书撰成,必可"加强国民之自信力","即使中国暂亡,犹得为光复旧物之一助"④。1939 年 6 月 30 日,顾颉刚在日记中再次表示,自己要担负起"时代的责任",撰写普通民众能读的中国通史,以增强国民责任感⑤。由此来看,唤起民族精神是顾颉刚当时编纂中国史的要义。

　　这一旨趣在《中国上古史讲义》中得到了充分的贯彻。顾颉刚在该讲义中指出,商族起自"渤海和黄河的西岸","因为他们的国家后来成为东方最大的王国,作诸小国的共主,所以称他们的全盛期为'商朝'"。周族立国在今陕西中部,"起初不过是一个部落,经

① 顾颉刚:《我为什么要写"中华民族是一个"》,《宝树园文存》第 4 卷,第 109 页。
② 顾颉刚:《致谭惕吾·一一》,《顾颉刚书信集》第 2 卷,第 263 页。
③ 顾颉刚:《拟由本会设立中国通史编纂处案》,《宝树园文存》第 2 卷,第 203 页。
④ 顾颉刚:《顾颉刚日记》第 3 卷,第 673—674 页。
⑤ 顾颉刚:《顾颉刚日记》第 4 卷,第 244 页。

了三四百年的经营，居然成为西方最强大的国家"。等到"武王和周公两度克商，连带灭了许多商的与国，降服了许多独立国家，封建了许多兄弟和姻亲，呼唤灵通，如臂使指，造成一个统一的局面"。但是，周家的全盛时代只有短短的一段，"从此以后就在长期的衰弱里挨延下去了"。尤其到了平王四十九年，便进入了王室衰微与异族入侵的春秋时代。好在，春秋时代的霸主提出"尊王"与"攘夷"的口号，一方面"维持王朝固有的秩序"，一方面"帮同诸夏之国去抵抗异族的侵略"①。不过，稍嫌遗憾的是，该讲义仅写到《楚庄王的霸业》，但根据之前的第二份《春秋史讲义》，春秋时代结束之际，"上古的许多不同的种族"已经混合而成立了一个整个的"中华民族"。而之后"战国时代的历史只是继续完成春秋时代的工作的"。直到秦始皇即位后，"废去封建制度，确立郡县制度，这就造成了中国的第一个统一的国家"②。简要言之，该讲义主要以"中华民族与文化之形成为其中心论题"③，以此来激起读者"爱护民族文化的热忱"④。

第二，在研究路径与方法上，该讲义运用了"以周秦归周秦"的史学方法。在现代古史研究领域，顾颉刚是具有方法自觉的学者之一⑤。早在1924年3月，顾颉刚在《我的研究古史的计划》中表

① 顾颉刚：《中国上古史讲义（云南大学）》，《顾颉刚古史论文集》第3卷，第468—523页。
② 顾颉刚：《春秋史讲义》，《顾颉刚古史论文集》第4卷，第339—343页。
③ 顾颉刚：《顾颉刚日记》第4卷，第244页。
④ 顾颉刚：《中国上古史讲义（云南大学）》，《顾颉刚古史论文集》第3卷，第477页。
⑤ 许冠三即将顾颉刚视为"新史学九十年"进程中"方法学派"代表性学者之一，并对其方法系统进行了归纳与总结。参见许冠三：《新史学九十年》，第203—207页。

示,自己接下来的第一学程要"读魏晋以前史书"。其中,"两汉的伪书伪史便须经过一番化学的分析工夫"。分析之后,"汉归汉,周秦归周秦",然后,古史才能得到"切实的整理"[①]。至1946年6月,顾颉刚在《中国古代史料概述》中进一步指出,清代段玉裁曾说过:"以周还周,以汉还汉。"此论极富有"历史观念"。因此,"我们应该把这些史料,用以周还周,以汉还汉的方法,将它详细的分析出来,放入各个适合的时代,才可在研究历史时不致发生谬误"[②]。由此而言,顾颉刚非常强调"以周秦归周秦"的史学方法来研究古史。

这一史学方法在《中国上古史讲义》中有着集中体现。具体而言,顾颉刚在讲义中主要依据《山海经》《楚辞》,叙述了"中国一般古人想象中的天和神";主要依据甲骨文的记载与研究成果以及《尚书》与《诗经》的一部分,叙述了商王国的始末及神权政治;主要依据《尚书》与《诗经》的一部分,叙述了周人的崛起及德治学说;主要依据《春秋》和《左传》,叙述了春秋时代的历史。简而言之,顾颉刚将上古史的相关史料,放入到了各个适合的阶段,从而在一定程度上建设了一个真实的上古史。

不过,民俗学方法的嵌入则是其中的特质所在。这一点,集中地体现在该讲义第一章"中国一般古人想象中的天和神"之中。顾颉刚在第一章中根据《山海经》和《楚辞》指出,"在我们的观念中,大都以为神是没有形象的,天是不能一步一步走上去的"。但是,"在古人的想象里便不这样",而是"以为天上的神过的就是人间的生活,天上的神和地下的人彼此都有交通的办法"。地下的人是从

---

① 顾颉刚:《我的研究古史的计划》,《顾颉刚古史论文集》第1卷,第292—293页。

② 顾颉刚:《上古史研究》,《顾颉刚古史论文集》第7卷,第300页。

地面上最高的地方——昆仑山一直往上走去。当初，"人和神本都是互相往来而且是杂乱不分的，只为蚩尤造反才把这条道路截断了"。但是，"人和神虽说断绝了往来，地面上却尽多杂居的神"。天帝之山有上帝，峚山上有喝玉膏的黄帝，钟山有钟山之神，槐江之山上有英招，大泽有隐居的后稷之神，住在诸毗山上的槐鬼离仑。上帝和鬼神的生活同凡人一样，喜欢吃东西，谈恋爱。比如，上帝丹朱与周昭王的房后生了穆王，楚怀王梦见巫山之神的女儿向他荐枕席。于是，这些神们还有了家属。比如，帝俊的妻子羲和生了十个太阳，另一个妻子常羲生了十二个月亮；帝舜的妻子登比氏生了两个女儿，一个叫宵明，一个叫烛光。这样来看，"我们现在看成自然现象的，在他们那时都认为有神掌管，这些神大都是天上的贵族"①。当然，这些"天"和"神"在事实上是不确的，但在"一般古人的想象中"是有这回事的。

　　根据该章的注释，正文内容主要依据的是《山海经》与《楚辞》。顾颉刚指出，前人都是以史实的眼光来看《山海经》，认为记载的都是"荒唐之言"，但如果改用民俗学的眼光，则可知该书中记载的奇怪故事非常接近民众的想象。与此相近，《天问》一篇就像民间的"对山歌"，其中"所举古事，为神话与传说之总汇"②。要而言之，以民俗学的眼光来看，《山海经》与《天问》保留了大量的神话传说，而这些神话传说在一定程度上即是"社会情状的反映"③。因此，顾

---

① 顾颉刚：《中国上古史讲义（云南大学）》，《顾颉刚古史论文集》第 3 卷，第 445—450 页。

② 参见顾颉刚：《中国上古史讲义（中山大学）》，《顾颉刚古史论文集》第 3 卷，第 27—28 页。

③ 顾颉刚：《崔东壁遗书序一》，《顾颉刚古史论文集》第 7 卷，第 60 页。

颉刚即主要根据《山海经》和《楚辞》的记载,讨论了"中国一般古人想象中的天和神",重建了商周以前神话与传说中的中国上古史。

此外,能够体现这一民俗学方法的,还有该讲义中关于商、周两个种族起源的认识。首先,在该讲义的第四章"商王国的始末"中,顾颉刚根据《诗经》的《玄鸟》《长发》篇等文献,指出"商朝是我们的有史时代的开头"。"据商人自己说,他们这个种族是上帝降下来的。古时白茫茫一片洪水淹没了这个世界,禹费了大气力治平之后,地面上就有一个兴盛的国家,叫作有娀氏,他们的国君生了两位美丽的姑娘,大的叫简狄,小的叫建疵。"有一天,她们到河里洗澡,然后简狄抢吞了燕子下的一个五彩的卵,就怀了孕。后来,她生下一个儿子,取名叫契,就是商人的始祖。① 此后,在该讲义第五章"周人的崛起及其克商"中,顾颉刚根据《诗经》的《生民》篇,指出据周人说:"古时有一个女子唤姜嫄,她的德行为上帝所赏识。她诚心祭祀,祈求上帝赐给她一个儿子。有一天,她在野地里走路,瞥见路上留着很大的脚印,一时高兴,踏在上面走过去,就觉得肚子里怀了孕。足月之后,很顺利地产下一个男孩。"这个男孩就是稷,就是周人的始祖②。

其实,早在 1924 年,顾颉刚在《我的研究古史的计划》中就以周人的起源来谈过应用民俗学来解释古代史话的意义。比如,"《大雅·生民篇》中说姜嫄生后稷由于'履帝武',这原是一段神话,很可能且极平常,但自古至今终不曾给他一个适当的地位"。

---

① 顾颉刚:《中国上古史讲义(云南大学)》,《顾颉刚古史论文集》第 3 卷,第 468 页。
② 顾颉刚:《中国上古史讲义(云南大学)》,《顾颉刚古史论文集》第 3 卷,第 477—478 页。

如果用了民俗学的眼光，"这种故事，在事实上是必不确的，但在民众的想象里是确有这回事的"。最后，顾颉刚表示，自己打算在1938年到1940年做这项工作时，"能处处顺了故事的本有的性质去研究，发见他们在当时传说中的真相"①。由此而言，顾颉刚在《中国上古史讲义》中对商、周两个种族起源的阐述，正是将十多年前的民俗学认识付诸学术实践之中。

第三，在编纂形式上，该讲义采用了正文与附文并行的方式。正文与附文是现代著作不可或缺的组成部分。早在1922年4月，顾颉刚在《中学校本国史教科书编纂法的商榷》一文中提出，编纂教科书，不仅要有"主文"，"供给一般中学生之用"，还要有附文，"供给教员及高才学生的公同参考"②。此后，《本国史》的编纂，即将这一认识进行了实践。至顾颉刚编纂《中国上古史讲义》时，继续强调了这一正文与附文并行的重要性。1939年7月，其在《浪口村随笔序》中回忆说，自己当时教授中国上古史，正文采取了通俗体裁，为了让读者不困于"考证之语"；同时又"摘取人我研究成果"作为附文，"备有志治史者之寻省"③。

今按《中国上古史讲义》，上述事后说辞并非虚言。初步统计，

① 顾颉刚：《我的研究古史的计划》，《顾颉刚古史论文集》第1卷，第294—295页。
② 顾颉刚：《中学校本国史教科书编纂法的商榷》，《宝树园文存》第3卷，第33页。探本追源，这一体例的设计，是受到了胡适的指导。1921年7月25日，胡适给顾颉刚写信，希望其答应商务印书馆的邀请，编纂《中国历史》，至于体例则可以参照王云五的《西洋史》。而所谓《西洋史》的体例，即"用威尔逊《美国史》的办法，本文极少而附注极多"，其中"附注或为传记，或引原料，或为详论，供教员的参考，及高才学生的研究"。参见胡适：《日记（1919～1922）》，《胡适全集》第29卷，第383—385页；顾颉刚：《致胡适·四一》，《顾颉刚书信集》第1卷，第366—367页。
③ 顾颉刚：《浪口村随笔序》，《顾颉刚读书笔记》第16卷，第8页。

该讲义约计九万字，正文约计六万字，附文约计三万字，约占总字数的三分之一，可谓是极为详瞻。更值得一提的是，其中的第六章"周室的封建及其属邦"，约一万一千字，正文只有五千字，附文则多达六千字。而且，附文部分又种类齐全。用顾颉刚的话说，"附文的种类，为传记、原文、论议、考证、注释等"①。今按该讲义，除"传记"外，其他种类均在讲义中有所体现。要而言之，诚如有学者认为的，"注与正文，合之则双美，离之则两伤，决不分而为二"②。《中国上古史讲义》即很好地诠释了这一点。

此外，该讲义在叙述风格上采用了浅显易懂的白话文。新文化运动之后，大部分历史教科书开始采用白话文。而若想完全采用白话文，有时候需要经过一道翻译古书的程序。但是，"翻译古书真不容易，因为原义太难弄清楚而解释又太纷歧了"③。比如，与上古史密切相关的《诗》《书》，"为人人诵习之书"，但就连王国维都表示，二书"于六艺中最难读"，自己"于《书》所不能解者殆十之五，于《诗》亦十之一二"④。因此，时人指出："近人编的历史，对于上古部分，往往夹杂原文，诘屈聱牙，难读得很。"⑤

《中国上古史讲义》的编纂，则在一定程度上有效地解决了这一棘手的问题。其中，《尚书》翻译就是一个最有代表性的例证。早在 1922 年 5 月，顾颉刚为《本国史》起草《盘庚迁殷》一课，便将

① 顾颉刚：《中学校本国史教科书编纂法的商榷》，《宝树园文存》第 3 卷，第 33 页。
② 齐思和：《书评：童书业著〈春秋史〉》，《燕京学报》第 32 期，1947 年 6 月。
③ 顾颉刚：《盘庚中篇今译》，《顾颉刚古史论文集》第 9 卷，第 6 页。
④ 参见王国维：《与友人论〈诗〉〈书〉中成语书》，《观堂集林》，石家庄：河北教育出版社，2003 年，第 32 页。
⑤ 潘正铎：《评〈春秋史〉》，《益世报（上海）》，1947 年 6 月 6 日。

《盘庚》翻译成了白话文①。而当时的具体打算是，"殷代历史，课文是盘庚迁殷的一件事，就用《盘庚》中篇译成一篇演说词。附文也是一篇首尾完整的文字，就了这篇课文，推论当时的神权政治，君与人民及贵族的地位，都城所以屡迁之故，以及刑罚的严酷等"。② 不过，现存的《本国史》虽然有"君位世袭和神权政治"一章，但并未见《盘庚》的译文。而《中国上古史讲义》的编纂，则将当年的打算基本落到了实处。比如，该讲义第二章为"商周间的神权政治"，文中则专门转述了其当时翻译的《盘庚》译文、1925年翻译的《金縢》译文，以及临时翻译的《多士》。而关于这些译文，学术界几乎一致认为，不仅"谨严""确切"，而且"文从字顺""明白畅晓"③。当然，除了《尚书》之外，该讲义还将其他古书中的记载直接或间接地翻译成了白话文。要而言之，《中国上古史讲义》是一部浅显易懂的白话作品。

综上所述，顾颉刚《中国上古史讲义》的编纂，不仅充分开示了学以致用的编纂宗旨和"以周秦归周秦"的史学方法，还采用了正文附文并行的编纂体裁与浅显易懂的叙述风格。因此，该讲义可说是一部内在学术性与外在可读性"双美"的中国上古史著作。

三、重建的影响与意义

从学术史的角度来讲，一部较有学术价值的作品问世之后，会

---

① 参见顾颉刚：《顾颉刚日记》第1卷，第235—236页。
② 顾颉刚：《致胡适·五五》，《顾颉刚书信集》第1卷，第383页。
③ 参见曾广烈：《盘庚上篇今译》，《学术世界》第1卷第5期，1935年10月；李镜池：《盘庚今译之商榷》，《文澜学报》第3卷第1期，1937年3月；朱自清：《古文学的欣赏》，《文学杂志》第2卷第1期，1947年6月。

产生一定的学术影响。有学者指出,《中国上古史讲义》还在编纂的过程中,就遭到了时人的批评①。时人认为,该讲义"写的是小说"。对于这一批评,顾颉刚则回应说,自己"正要写成一部小说,本不稀罕登大雅之堂"②。至于其他反响,或受材料限制,则尚无考察。因此,关于该讲义的影响,尚需进一步调查取证。

其实,对该讲义的批评并不止此。1939 年 5 月 8 至 9 日,顾颉刚起草了一万余言的《秦晋的崛起与晋文公的霸业》,然后即将该章拿给徐旭生阅览。徐旭生认为,该章"平铺直叙,无剪裁"。为此,顾颉刚还专门于是月 14 至 15 日对该章进行了修改,不过由于其"生性贪多,终未能多芟削"③。由此而言,该讲义虽然写得深入浅出,但还是遭到了一些善意的批评。

然而,该讲义问世之后,获得更多的是支持。1940 年末,《文史杂志》编者卢逮曾向顾颉刚征稿。当时,顾颉刚"病驱支离,实不能握笔作新东西,只得捡出旧讲义塞责"④。1941 年 3 月,该讲义第四章"商王朝的始末"即在《文史杂志》上刊出。截止到 1944 年 1 月,连载到第八章"齐桓公的霸业"。值得一提的是,《文史杂志》的编者在该刊第一卷第二期写了"编辑后记",指出"《商王国的始末》是颉刚先生用通俗体裁所写中国史的第一章",而《中国上古史讲义》则是一部"深入浅出、趣味丰富的"中国史⑤。由此来看,该

---

① 参见顾潮、顾洪:《顾颉刚评传》,第 154 页;刘俐娜:《抗日战争时期顾颉刚的史学思想》,《史学史研究》2005 年第 3 期。
② 顾颉刚:《中国上古史讲义(云南大学)》,《顾颉刚古史论文集》第 3 卷,第 477 页。
③ 顾颉刚:《顾颉刚日记》第 4 卷,第 230—232 页。
④ 顾颉刚:《中国上古史讲义(云南大学)》,《顾颉刚古史论文集》第 3 卷,第 477 页。
⑤ 编者:《编辑后记》,《文史杂志》第 1 卷第 2 期,1941 年 3 月。

讲义得到了《文史杂志》的认可。

不仅如此，该讲义的部分章节刊出之后，还受到了学术界的关注与赞誉。1947 年 3 月，吴景宏在《治平》发表了一篇题为《中国史学界人物及其代表作》的文章，文中开列了"中国通史方面之作者及其代表作"，其中有言："齐鲁国学研究所，由顾颉刚教授主持甚久，似侧重史学。顾氏自《古史辨》陆续刊行以来，风头极健，为疑古派之一大师。近编白话通史，已陆续分刊《文史杂志》等。"①今按"白话通史"，即是《中国上古史讲义》。以此观之，该讲义被认为是当时较有代表性的一部"白话通史"。

不过，与上述的批评与认同相比，我们更关注的是学人对该讲义的进一步发挥。承前所述，自 1938 年 12 月起，顾颉刚即开始在云南大学讲授"中国上古史"。这里要补充的是，自翌年 1 月 14 日起，顾颉刚便开始正式作《古人想象中的天和神》；截止到 3 月 10 日，相继写成"商周间的神权政治""德治的创立与德治学说的开展""商王国的始末""周人的崛起及其克商""周室的封建及其属邦"。而自 3 月 20 日起，顾颉刚则开始参考胡厚宣的《卜辞中所见之殷代农业》、吴其昌的《甲骨金文中所见的殷代农稼情况》等论文，起草"商周的生产"。但直到最后，此章仍旧没有写成，故至 3 月 25 日，顾颉刚便开始起草"渐渐衰亡的周王国"②。由此来看，按照顾颉刚的计划，"周室的封建及其属邦"一章之后，还有一章讲述商周经济情形的"商周的生产"。以此类推，在叙述完春秋战国的大事之后，则需要写上讲这一时代经济情形的一章。因此，《中国

① 吴景宏：《中国史学界人物及其代表作》，《治平》第 1 卷第 2 期，1947 年 3 月。
② 参见顾颉刚：《顾颉刚日记》第 4 卷，第 188—211 页。

上古史讲义》可以说是一部在结构安排上并不完整的作品。

　　童书业《春秋史》的出版，则稍微弥补了这一缺憾。1936 年 9 月，童书业秉承顾颉刚的"宗旨"，"着笔"编纂了《春秋史讲义》。至 1940 年夏，顾颉刚致信童书业，要求其"替齐鲁大学撰写《春秋史》"。童书业则回信说："《春秋史讲义》的体裁尚好，当年写的时候也曾用过一番力，如把它就此废弃，未免可惜；不如就讲义修改，另撰考证，这样可兼收普及和专门之效果。"顾颉刚再次致信，同意了这一建议。是年冬，童书业即"着手修撰"，直到 1941 年 6 月"勉强竣事"①。至 1946 年 11 月，《春秋史》"作为齐鲁大学国学研究所专著汇编之五"，由开明书店出版发行。

　　值得一提的是，将《春秋史讲义》与《春秋史》对照之后，不难发现，二者之间的"体例次序"发生了"变更"。承前所述，《春秋史讲义》分为正编与附编，正编为政治史部分，附编为社会史部分。但实际上，"政治史中也须讲到社会，社会史中也须讲到政治"②。因此，童书业在编纂《春秋史》时即不再将两部分分开，而是将二者沟通了起来，简要言之，即将讲义附编十章改编为二章——"从西周到春秋时的经济和社会情形"与"从西周到春秋时的政治制度和宗教学术"，然后作为第二、三章置于第一章"西周史略"之后。对于这一"体例次序"的变更，虽然有学者认为，这种"置文化制度史于政治史之前，究不若依史家成法"③，但较之将二者分开的做法，这一"变更""将政治与文化打成一片，使读者能够融

---

① 童书业：《春秋史自序》，《童书业著作集》第 1 卷，第 7 页。
② 顾颉刚：《春秋史讲义》，《顾颉刚古史论文集》第 4 卷，第 346 页。
③ 齐思和：《书评：童书业著〈春秋史〉》，《燕京学报》第 32 期，1947 年 6 月。

会贯通"①。与《中国上古史讲义》相比，《春秋史》专门对"从西周到春秋时的经济和社会情形"进行了叙述，可以说在结构设计上更加完整。

不过，较之上述的批评、支持与修订，我们更关注《中国上古史讲义》在中国现代古史研究上的价值与意义。有学者认为，顾颉刚在云南大学讲授中国上古史，目的是"把古史还原为神话传说的真面目"，但此时并"没有作出重大的科学研究"②。这一价值判断无疑过低。还有学者则认为，该讲义是顾颉刚"对古史系统进行全面建设的一个尝试"③。此论较为中肯，但问题是未能进一步指出其尝试的具体意义。因此，关于该讲义的古史研究意义，仍有必要进一步探讨。

承前所述，顾颉刚在《与钱玄同先生论古史书》的"按语"中提出了著名的"古史层累说"，彻底颠覆了"自从盘古开天地，三皇五帝到如今"的传统上古史系统。此后，如何重建真实的上古史就成为学术界必须解决的重大课题。在当时，主要有两条路径，一种是借助考古学的研究成果，一种是利用社会学的学说。在一定程度上，这两条路径均存在合理之处，前者利用甲骨文可以建设真实的殷商一代的历史，后者则可以解释古史中的传说。但在顾颉刚看来，"有许多古史是考古学上无法证明的"④，"解释它的也无非是

①　潘正铎：《评〈春秋史〉》，《益世报（上海）》，1947 年 6 月 6 日。

②　王煦华：《前言》，《顾颉刚古史论文集》第 1 卷，第 10 页。

③　顾潮、顾洪：《顾颉刚评传》，第 154 页。

④　顾颉刚：《古史辨第二册自序》，《顾颉刚古史论文集》第 1 卷，第 94 页。

锻炼"①。因此,若想建设商周以前的历史,有必要寻找其他路径。

而"应用民俗学"即是顾颉刚寻找到的一条新路径②。具体到《中国上古史讲义》,顾颉刚在讲义的第一章即主要依据《山海经》和《楚辞》,讨论了"中国一般古人想象中的天和神"。其中,《山海经》一书,"前人但知用史实之眼光以观,则满纸皆荒唐之言,万无足信之理,不若《尧典》《皋陶谟》之合于理想之典型",但"今日受时势之启示,知改用民俗学之眼光以观之,则其所言之奇怪之故事较之煊染德化之色采者自为接近民众之想象"。因此,"欲知古代之民众信仰及其神话传说,此书诚一鸿宝"。与此相近,"《天问》一篇,盖战国时楚人对于宇宙及古事之疑问,或设问而求同歌者之解答者,如今民间之'对山歌'",其中"所举古事,为神话与传说之总汇"③。要而言之,以民俗学的眼光观之,《山海经》与《天问》可谓是保留了大量的神话传说。而这些神话传说在一定程度上即是社会情形的反映④。如此一来,《中国上古史讲义》即将商周以前的历史有效地建设了起来。

综上所述,顾颉刚的《中国上古史讲义》问世之际,虽然遭到了徐旭生等人的批评,但更多的声音还是认可与好评,而童书业则在

① 顾颉刚:《我的研究古史的计划》,《顾颉刚古史论文集》第 1 卷,第 294 页。

② 参见顾颉刚:《我的研究古史的计划》,《顾颉刚古史论文集》第 1 卷,第 294 页;顾颉刚:《古史辨第一册自序》,《顾颉刚古史论文集》第 1 卷,第 52 页;顾颉刚:《中国上古史研究讲义·自序一》,《顾颉刚古史论文集》第 3 卷,第 78 页。

③ 参见顾颉刚:《中国上古史讲义(中山大学)》,《顾颉刚古史论文集》第 3 卷,第 27—28 页;顾颉刚:《中国上古史研究讲义》,《顾颉刚古史论文集》第 3 卷,第 115—124 页;顾颉刚:《上古史研究》,《顾颉刚古史论文集》第 7 卷,第 307—317、385—387 页。

④ 顾颉刚:《崔东壁遗书序一》,《顾颉刚古史论文集》第 7 卷,第 60 页。

此基础上撰写了著名的《春秋史》。而最值得关注的是，该讲义还开辟了重建真实上古史的崭新道路。因此，我们认为，在中国现代古史研究领域，顾颉刚不仅是传统上古史系统的主要终结者，还是真实上古史系统的初步建立者。

余　论

行文至此，本章已经基本完成对顾颉刚古史研究的专题再探讨。简要言之，经过长期的思考，顾颉刚于 1923 年在《与钱玄同先生论古史书》中提出了"古史层累说"；其之所以能够提出这一革命性学说，不仅在于继承了本土学者的"疑古"研究成果，还在于汲取了域外汉学家的"疑古"资源。因此，这一集"疑古"之大成的学说问世之后，便彻底颠覆了"自从盘古开天地，三皇五帝到如今"的传统上古史系统。此后，顾颉刚继续致力于推翻"非信史"工作，并逐渐转向真实上古史的重建。尤其到了抗战全面爆发之后的 1938 年，顾颉刚讲学云南大学，在之前讲义的基础上编纂了一部《中国上古史讲义》。该书以民俗学的眼光，运用"以周秦归周秦"的科学方法，初步重建了真实的中国上古史。由此而言，在中国古史研究领域，顾颉刚不仅是传统上古史系统的主要终结者，还是真实上古史系统的初步建立者。

不过，我们最后还有必要讨论这样一个问题，即顾颉刚在重建中国上古史的时候，是否放弃了之前的"疑古"立场。早在 1943 年，傅斯年即认为其"变节"，并无不调侃地说："君在学业上自有千秋，何必屈服！"①此外，钱穆在《八十忆双亲　师友杂忆》一书中则回忆说，此时的顾颉刚于"早负盛誉之《古史辨》书中所提问题"，不再"提及"，而"其晨夕劬勤，实有另辟蹊径，重起炉灶之用心"。② 据傅斯年、钱穆的观察，此时顾颉刚的古史研究，已经放弃了此前的"疑古"立场，而开始"另辟蹊径"。

　　近 40 年之后，这一类似的问题再次被提出。1981 年，余英时在《顾颉刚的史学与思想补论》一文中说："顾先生晚年的学术生命虽然远比不上中年时代那样光芒四射，但是就他个人思想意境而言，则颇有家丞秋华与庶子春华之异。即以《史林杂识》与《古史辨》相较，已可见前者是思想成熟过后者的作品，从勇猛的'疑古'转而为审慎的'释古'了。"③此后，余英时又在《未尽的才情——从〈日记〉看顾颉刚的内心世界》中对这一观点进行了阐述。④

　　但事实上，上述认识存在一定的偏差。1943 年，顾颉刚在《日记》中就做出了即时回应，即"今日时代系五四时代之反动，他日必将有对今日之反动"。此后，"虽不发表，仍当继续工作，至能发表时而揭开，深信必可以解世人之惑，释老友之疑也"。⑤ 如此来看，顾颉刚不仅未放弃《古史辨》中的问题，还表示"当继续工作"。当然，这是"据"，而非"证"，故要想彻底解决这一问题，还得进一步调

①　顾颉刚：《顾颉刚日记》第 5 卷，第 179 页。

②　钱穆：《八十忆双亲　师友杂忆》，《钱宾四先生全集》第 51 册，台北：联经出版事业股份有限公司，1998 年，第 250 页。

③　余英时：《顾颉刚的史学与思想补论》，《现代学人与学术》，桂林：广西师范大学出版社，2006 年，第 400—401 页。

④　参见余英时：《未尽的才情——从〈日记〉看顾颉刚的内心世界》，《顾颉刚日记》第 1 卷，台北：联经出版事业股份有限公司，2007 年，第 24—25 页。

⑤　顾颉刚：《顾颉刚日记》第 5 卷，第 179 页。

查取证。

就本章所论，顾颉刚之所以要编纂《中国上古史讲义（云南大学）》，目的之一就在于重建真实的上古史，但这并不意味着其放弃了之前的"疑古"立场。承前所述，这份讲义的前四章，章目如下："中国一般古人想象中的天和神""商周间的神权政治""德治的创立和德治学说的开展"以及"商王国的始末"。由此来看，顾颉刚虽然以"应用民俗学"重建了商以前的"历史"，但依旧不承认"夏王朝的存在"。[①]

问题尚不止如此。该讲义继续以"古史层累说"分析了一些古史现象。简要言之，在该讲义的第二、三章，顾颉刚指出，商周间的政治思想存在一个转变，即由"神权政治"到"德治学说"。而自从周公以德治立国，又经过许多年的演变，不仅使得古代名人都受到了"德的洗礼"，还使得大量的古史故事涂上了"德的粉饰"，如"文王伐崇"的故事，由"打灭"变成了"情愿投降"；"禹攻三苗的古史"，由"征讨"变成了"自来归化"；"汤伐夏"的故事，由汤把桀"放逐"到南巢，变成了桀被迫迁到南巢。但问题是，"这种德化的古史零碎发生的太多了，如果一个人有一个人的方式，那么几个人的故事合在一块也就容易互相冲突，所以有人以为这些有名的古人应当有一贯的主张才好，于是想出一个方法把他们联串了起来"。这个办法，即是"每隔五百年光景一定有一个圣人起来，做了新王"，于是就有了"尧、舜、禹、汤、文、武、孔子"的"道统"。[②] 总之，在顾颉刚看来，"古史是层累地造成的"。

---

① 顾颉刚：《中国上古史讲义（云南大学）》，《顾颉刚古史论文集》第3卷，第452—465页。
② 顾颉刚：《中国上古史讲义（云南大学）》，《顾颉刚古史论文集》第3卷，第464—466页。

　　当然,对于上述问题,目光敏锐的学者已经有所认识。但我们的问题,依旧是"扶得东来西又倒"。这些学者因看到,顾颉刚在编纂《中国上古史讲义》之时,其古史观念没有发生根本性的变化,又否认了其宏观旨趣——由"破坏"到"建设"的转变。[①]

　　实际上,通过本章的考察,顾颉刚在编纂《中国上古史讲义》之时,并非如部分学者认为的,已放弃了之前的"疑古"立场;也非当前学者认为的,其依旧徘徊在传统上古史的破坏阶段;而是以"古史层累说"为中心理论,在"疑古"的前提下初步"重建"了真实上古史。总而言之,在中国现代古史研究上,顾颉刚不仅彻底颠覆了传统的上古史体系,还在此基础上初步建立了真实的上古史体系。

---

① 参见李政君:《1940 年前后顾颉刚古史观念转变问题考析》,《史学理论研究》2019年第 4 期。

第二章
从破"一元"到立"一个"：顾颉刚与古代民族探讨

古代民族研究是顾颉刚古史学体系的重要组成部分。这一研究工作与其古史研究密不可分。1923 年 6 月，为了进一步完善"古史层累说"，顾颉刚又提出推翻"非信史"的四个标准。其中第一个标准即是"打破民族出于一元的观念"。此后，顾颉刚继续研究古代民族问题。尤其到了抗战全面爆发之后的 1939 年，为了挽救民族危亡，顾颉刚又建设性地提出了"中华民族是一个"理论，从而捍卫了中国在民族上的统一性，有效地增进了中华民族的"团结情绪"。

一般认为，顾颉刚提出的"古代民族不出于一元论"，是"一种科学的探讨"，但未能还原出真实的民族起源情况。至于之后提出的"中华民族是一个"，学术界一般认为，其在提出这一建设性理论之际，便放弃了之前的"古代民族非出于一元"的"疑古"观点。但实际上，上述观点均存在一定的认识偏差。首先，"古代民族不出于一元论"，换个角度看即是建设了"民族起源多元论"。其次，"中华民族是一个"理论是以这一"古代民族不出于一元论"为前提建设出来的民族理论。总之,正是这两个破立兼顾的民族理论之建立,才使得顾颉刚不仅成为了传统民族理论的破坏者,还成为了现代民族理论的建立者。

第一节　各有始祖:"古代民族不出于一元论"的建立及影响

在中国古代民族研究上,顾颉刚首先扮演了一个"破坏"旧说的角色,从而打开了"重建"新说的可能。其中,最能体现这一角色定位的,是其于1923年提出的"古代民族不出于一元论"。此论提出之后,不仅摧毁了传统的"民族出于一统论",还为并世学者建设"民族起源多元论"提供了基础性条件。关于这一论点的具体所指,过往研究者几乎无人不知,但对于此论是如何被建立起来的以及此论问世后产生的影响,却所知不详。因此,本章首先拟对这一论点的来龙去脉进行一次初步的学术考察。

一、"古代民族不出于一元论"的提出

作为牢不可破的传统观念,"古代民族出于一元论"在中国典籍中有着清晰的记载。比如,《尚书·尧典》载:"曰若稽古帝尧,曰放勋,钦明文思安安,允恭克让,光被四表,格于上下。……正月上日,[舜]受终于文祖。……二十又八载,帝乃殂落。……月正元日,舜格于文祖,询于四岳,辟四门,明四目,达四聪。……帝曰:

'弃,黎民阻饥,汝后稷,播时百谷。'……契,百姓不亲,五品不逊,汝作司徒,敬敷五教在宽。"①

又如,《孟子·滕文公上》中有言:"当尧之时,天下犹未平,洪水横流,泛滥于天下,草木畅茂,禽兽繁殖,五谷不登,禽兽逼人,兽蹄鸟迹之道交于中国。尧独忧之,举舜而敷治焉。舜使益掌火,益烈山泽而焚之,禽兽逃匿。禹疏九河,瀹济漯而注诸海;决汝汉、排淮泗而注之江,然后中国可得而食也。……后稷教民稼穑,树艺五谷,五谷熟而民人育。……使契为司徒,教以人伦,父子有亲,君臣有义,夫妇有别,长幼有叙,朋友有信。"②

用顾颉刚的话说,上述记载即把商人的始祖契、周人的始祖后稷与在商、周两族祖先之前的伟人禹,以及两个"人帝"——尧和舜,还有一个似乎是秦人的始祖益,"归到一条线上"。③

至司马迁作《史记》,"古代民族出于一元论"得到了进一步的巩固。根据《五帝本纪》和《夏本纪》的记载,颛顼是黄帝之孙,帝喾是黄帝之曾孙,尧是帝喾之子,舜是黄帝的八世孙,禹是颛顼之孙、黄帝之玄孙。而根据《殷本纪》和《周本纪》的记载,殷人始祖契和周人始祖后稷,都是帝喾之子、黄帝的五世孙。根据《秦本纪》《楚世家》《越王勾践世家》《赵世家》等记载,秦人的始祖女修是帝颛顼之苗裔,楚人的先祖出自帝颛顼,越王勾践的先祖为禹之苗裔,赵

---

① 〔汉〕孔氏传,〔唐〕孔颖达疏:《尚书正义》,〔清〕阮元校刻:《十三经注疏》上册,北京:中华书局,1980 年,第 118—130 页。

② 〔汉〕赵氏注,〔宋〕孙奭疏:《孟子正义》,〔清〕阮元校刻:《十三经注疏》下册,第 2705 页。

③ 顾颉刚:《中国上古史研究讲义》,《顾颉刚古史论文集》第 3 卷,第 99—100 页。

人的先祖与秦同祖。① 总之，自古以来，各个民族都同祖黄帝。

自《史记》问世之后，这一观点逐渐变得根深蒂固，甚至一直延续到近代。1904 年，夏曾佑在《最新中学中国历史教科书》中指出："黄帝以前，君统授受之制不可知，黄帝、少昊、颛顼、喾、挚、尧、舜、禹八代，则同出于一族，而不必传子，是无定法也。"至于商之先祖契，其"母曰简狄，为帝喾次妃。契为舜司徒，封于商，姓子氏"；"周之先姚曰姜嫄，有邰氏女，为帝喾次妃"；而"秦之先，帝颛顼之苗裔，曰女修"。② 1917 年，王国维在《殷周制度论》一文中则说："殷以前无嫡庶之制。黄帝之崩，其二子昌意、玄嚣之后，代有天下。颛顼者，昌意之子。帝喾者，玄嚣之子也。厥后虞、夏皆颛顼后，殷、周皆帝喾后。有天下者，但为黄帝之子孙，不必为黄帝之嫡。"③ 由此而言，直到近代，"古代民族出于一元论"依旧是一个未被更易的论点。

然而，有部分问题意识较强的学者已经认识到了其中的不妥之处。顾颉刚即是其中较有代表性的一位。1923 年 5 月 6 日，顾颉刚在《努力周报》所附月刊《读书杂志》发表了著名的《与钱玄同

① 参见［汉］司马迁：《史记》第一、五、六册，北京：中华书局，1982 年。
② 夏曾佑：《中国古代史》，石家庄：河北教育出版社，2003 年，第 23—27、154 页。
③ 王国维：《观堂集林》，第 232 页。不过，值得指出的是，此文虽然在于"阐明殷商时代社会的真相"，但产生的后果却是打破了"夏、商、周三代王统道统相承之传统的观念"。比如，周予同早在 1941 年就已指出，王国维"研究古史"，"原在阐明殷商时代社会的真相，但给予古史学以巨大的影响的，却在打破夏、商、周三代王统道统相承之传统的观念。因为据古文学派的解释，商周两朝是同父异母的两个兄弟的子孙所建立"。但是，到了王国维，"他根据地下的新史料以与纸上的旧史料相比较，以为殷、周的典章制度都不相同，显然的是两个系统"。于是，王国维的弟子徐中舒撰《殷周文化之蠡测》一文，"直言殷、周系两种民族"。"甚至于胡适、傅斯年也都受这种见解的影响。三代王统、道统想承之传统的观念到此已完全由动摇而推翻了。"周予同：《五十年来中国之新史学》，《周予同经学史论》，第 383 页。

先生论古史书》。而就是在这篇文章中,顾颉刚初步表达了"古代民族不出于一元"的想法。具体而言,"自西周以至春秋初年,那时人对古代原没有悠久的推测"。关于商民族,《商颂》记载:"天命玄鸟,降而生商";与此相近,关于周民族,《大雅》记载:"厥初生民,时维姜嫄。"以此观之,无论是商民族,还是周民族,都仅是"认定一个民族有一个民族的始祖,并没有许多民族公认的始祖"。[①] 总之,商、周两民族各有各的始祖,并非出于同一始祖,即并非出于一元。而这一认识,可以说是顾颉刚建构"古史层累说"的基础条件。

众所周知,《与钱玄同先生论古史书》发表之后不久,引起了当时学术界的广泛关注。在该杂志的下一期,钱玄同发表了《答顾颉刚先生书》,对顾颉刚的观点表示了支持和认可。[②] 但与钱玄同的态度截然相反,刘掞藜、胡堇人则撰文,对顾颉刚的观点进行了尖锐的批评。[③]

针对这些学界的回应,顾颉刚无比地欣喜。[④] 是年 6 月 15 日,顾颉刚在写给钱玄同的信中即表示,暂缓答复钱玄同,而先撰写一篇文章,回应刘掞藜、胡堇人的批评,这一回复文章即是《答刘、胡两先生书》。就是在这篇答文中,顾颉刚对前文提到的"古代民族不出于一元"的论点做出了进一步的阐述。具体而言,"在现在公

---

① 顾颉刚:《与钱玄同先生论古史书》,《顾颉刚古史论文集》第 1 卷,第 182 页。

② 参见钱玄同:《答顾颉刚先生书》,《钱玄同文集》第 4 卷,第 235 页。

③ 参见刘掞藜:《读顾颉刚君〈与钱玄同先生论古史书〉的疑问》,《古史辨》第 1 册,第 91—97 页;胡堇人:《读顾颉刚先生论古史书以后》,《古史辨》第 1 册,第 99—101 页。

④ 1926 年,顾颉刚在《古史辨第一册自序》中即表示,胡适、钱玄同给了自己"各方面的启发和鼓励",而刘掞藜、胡堇人等人的尽情驳诘,使自己的研究愈进愈深。参见顾颉刚:《古史辨第一册自序》,《顾颉刚古史论文集》第 1 卷,第 3 页。

认的古史上,一统的世系已经笼罩了百代帝王、四方种族,民族一元论可谓建设得十分巩固了"。但这一"一统的世系"实在禁不起仔细推敲。根据先秦古书记载,"商出于玄鸟,周出于姜嫄,任、宿、须句出于太皞,郯出于少皞……"。进言之,"四方种族"原本"各有各的始祖",从未要求过一统。直到春秋以来,这一情况才发生了根本性的改变。春秋以后,"大国攻灭小国",不仅疆界日益扩大,而且"民族日益并合",以致"种族观念渐淡","一统观念渐强"。如此一来,"许多民族的始祖的传说"遂逐渐"归到一条线上",然后"有了先后君臣的关系"。[1] 在顾颉刚看来,古代民族并非向来出于一元,而是因春秋以后的时势,逐渐演化为"一元"。

此后,顾颉刚又在不同的论著中对这一论点进行了宣传。简而言之,在 20 世纪 30 年代前期,顾颉刚在《中国上古史研究讲义》《古史辨第四册序》以及《战国秦汉间人的造伪与辨伪》等论著中一再指出,商、周不仅"不承认始祖的前一代是人",而且"不承认本族和别族有共同的祖先"。[2] 到了 20 世纪 30 年代后期,顾颉刚则在《如何可使中华民族团结起来》《我为什么要写"中华民族是一个"》等文章中则强调,商和周是两个种族,一个起于东方,一个起于西方。[3] 直到 20 世纪 60 年代,顾颉刚在讲述"中华民族的源流"时还强调说,关于"中华民族的来源",必须打破"中华民族自从三皇五帝以来就是统一"

---

[1] 顾颉刚:《答刘、胡两先生书》,《顾颉刚古史论文集》第 1 卷,第 202 页。

[2] 参见顾颉刚:《中国上古史研究讲义》,《顾颉刚古史论文集》第 3 卷,第 93 页;顾颉刚:《古史辨第四册序》,《顾颉刚古史论文集》第 1 卷,第 110—111 页;顾颉刚:《崔东壁遗书序一》,《顾颉刚古史论文集》第 7 卷,第 67 页。

[3] 参见顾颉刚:《如何可使中华民族团结起来》,《宝树园文存》第 4 卷,第 59—60 页;顾颉刚:《我为什么要写"中华民族是一个"》,《宝树园文存》第 4 卷,第 109—110 页。

的这一"不科学的错误观点"。换言之,要想从事"科学的民族史"研究,首先要打破这一"错误观念"。①

二、"古代民族不出于一元论"的学术渊源

早在一百年前,即有学者指出,"历史要变为科学的,必先变为历史的才可"。进言之,"研究历史不但研究历史的'然',而且要研究历史的'所以然'"。② 根据现有资料,顾颉刚之所以能够提出"古代民族不出于一元论"这一带有革命性质的论点,首先是受到了前人相关研究成果的启示。

在中国历史上,最早对传统的"古代民族出于一元论"提出质疑的是宋儒欧阳修。③ 在《帝王世次图序》中,欧阳修对"《史记》所纪帝王世次"中存在的诸多矛盾之处进行了考辨。具体而言,司马迁有本于《大戴记》《世本》等书而作《本纪》。根据这些资料记载,"尧、舜、夏、商、周,皆同出于黄帝",而契、稷皆为帝喾之子。但这一记载至少存在两处矛盾之处。第一,尧四世孙是舜,禹又是舜四世祖,而"舜、禹皆寿百岁"。第二,"文王以十五世祖臣事十五世孙纣,而武王以十四世孙祖伐十四世孙而代之王",故契、稷不是帝喾"同父异母之兄弟"。④ 总之,在欧阳修看来,"《史记》所纪帝王世

---

① 顾颉刚:《中国史学入门》,《顾颉刚古史论文集》第 12 卷,第 454 页。

② 参见何炳松:《译者导言》,(美) 鲁滨逊:《新史学》,上海:上海古籍出版社,2012年,第 4 页。此书由商务印书馆初版于 1923 年。

③ 1935 年,顾颉刚即在《战国秦汉间人的造伪与辨伪》一文中指出,早在宋代,欧阳修与洪迈即对《史记》所纪帝王世次进行了怀疑。参见顾颉刚:《崔东壁遗书序一》,《顾颉刚古史论文集》第 7 卷,第 131 页。不过,其未言及自己和二人之间的学术关联。

④ ［宋］欧阳修:《帝王世次图序》,李逸安点校:《欧阳修全集》第 2 册,第 592 页。

次"存在诸多谬误之处。

继欧阳修之后,对"《史记》所纪帝王世次"表示怀疑的代表性学者是洪迈。在《容斋随笔》第一卷《〈史记〉世次》一条中,洪迈指出:"《史记》所纪帝王世次,最为不可考信。"仅就后稷与契而言,根据《史记》记载,"二人皆帝喾子,同仕于唐、虞"。而"自契至成汤凡十三世,历五百余年";"自稷至武王凡十五世,历千一百余年"。如此一来,"王季盖与汤为兄弟","世之相去六百年"。因此,在洪迈看来,稷与契决不可能同为帝喾之子孙。[1]

如上所述,在欧阳修、洪迈看来,"《史记》所纪帝王世次"存在很大的问题,不仅"尧、舜、夏、商、周"不同出于黄帝,而且契和稷并非"帝喾之子"。对比之下,这一观点与顾颉刚提出的"古代民族不出于一元论"基本一致。更值得关注的是,最迟在1920年年底,顾颉刚即在胡适的提示下注意到了欧阳修,[2]并一度拟将《欧阳修集》列入《辨伪丛刊》之中。[3] 而最迟在1921年5月,顾颉刚又读到了洪迈的《容斋随笔》。[4] 因此,我们认为,顾颉刚之所以能够提出"古代民族不出于一元论",在一定程度上是受到了欧阳修、洪迈上述观点的启发。

继宋儒之后,清代学者进一步对传统的"古代民族出于一元论"提出了质疑。其中,较有代表性的学者是崔述。在《补上古考信录》

---

① [宋]洪迈:《容斋随笔》,北京:中华书局,2005年,第9页。寻本追源,洪迈之所以能够有此认识,是受到了欧阳修的启发。该书第五卷有《姜嫄简狄》一则,该则"随笔"指出,关于《史记》中记载的契和稷之所自出,实在"怪妄","先贤辞而辟之","欧阳公谓稷、契非高辛之子"。参见[宋]洪迈:《容斋随笔》,第94页。

② 参见胡适:《致顾颉刚(1920年12月29日)》,《胡适全集》第23卷,第281页。

③ 参见顾颉刚:《致胡适·二二》,《顾颉刚书信集》第1卷,第310页;顾颉刚:《致钱玄同·四》,《顾颉刚书信集》第1卷,第533页。

④ 参见顾颉刚:《作文与作史》,《顾颉刚读书笔记》第1卷,第86—87页。

中,崔述首先全篇转引了欧阳修的《帝王世次图序》与《帝王世次图后序》,并对其认为的"尧、舜、禹"不同出于黄帝的观点进行了肯定。不过,崔述并没有囿于欧阳修的观点,而是在此基础上进行了新的考辨。具体而言,根据《春秋传》记载,"舜出于颛顼",但"于陈言舜而但及于颛顼,不及于黄帝",故"以颛顼为不出于黄帝"。而"于陈言舜而必及于颛顼,于范氏言陶唐而不及于黄帝",故"不以尧为出于黄帝"。而根据《国语》记载,则"牵连数姓以为同出一祖",这一记载虽然"诬",但"其所称黄帝之后十二姓者,有祁而无姚,有姬而无子、姒"。换言之,即"未以唐、虞、三代为皆出于黄帝"。直到战国以后,"杨、墨并起",其中"杨氏尤好为大言",先因儒者"称尧、舜而述孔子",乃"称黄帝以求加于尧、舜"之上,之后因意犹未足,乃称尧、舜、禹、汤、文、武皆为"黄帝之子孙"。而《大戴》诸篇作于战国以后,因惑于杨氏之说而载之。此后,司马迁又因"崇黄、老"而采信此说。[①]

　　较之欧阳修、洪迈,崔述上述观点的高明之处在于,其运用近似"历史演进的方法",对传统的"古代民族出于一元论"及其形成过程进行了考察。当然,其主张的"古代民族出于一元论"的形成与杨、墨的"托古改制"有关的这一观点是否能够成立,尚须进一步考证,但其认为的"民族不出于一元"的观点,无疑为顾颉刚提出"古代民族不出于一元论"提供了一定的学术资源。[②]

　　近代之后,又有一批学者对传统的"古代民族出于一元论"进行了考辨。其中,较早公开发表这一意见的是刘师培。1905 年,

---

① ［清］崔述:《补上古考信录》,顾颉刚编订:《崔东壁遗书》,第 45—46 页。
② 关于这一学术关联,已有学者指出。参见路新生:《崔述与顾颉刚》,《历史研究》1993 年第 4 期。

刘师培在《中国历史教科书》第一册第五课"商代之兴亡"中指出："商之先世曰契,母曰简狄,有娀氏之女,其父不可考。"进言之,"《史记》诸书,皆以契为帝喾子,恐不足信"。因为,"《诗》言'天命玄鸟,降而生商',即《吕览》'有娀氏女搏燕卵'之说。盖上古知母不知有父,故托言吞燕卵而生。至于汤祖帝喾,由于得天下后之托词耳"。① 之后,刘师培在该书第二册第一课中指出:"周之先世曰后稷,母曰姜嫄,为有邰氏之女,其父不可考。"进言之,"《史记》诸书,皆以后稷为帝喾之子。然观《诗·生民篇》所言姜嫄感巨人迹生子之说,盖上古知有母,不知有父,故托言感巨人迹而生。至于文、武祖帝喾,则又得天下后之托词也"。② 在刘师培看来,《史记》诸书中所载的商、周的先祖均为帝喾之子的这一说法并不足信,而根据社会学的解释,《诗经》的记载则反映了母系时代的真实情况。

　　根据现有资料,对于刘师培的上述看法,顾颉刚是知晓的。1924 年 3 月,其在《我的研究古史的计划》一文中指出,关于《大雅·生民篇》中姜嫄生后稷由于"履帝武"的这一记载,"近人有了一种新观念了",即"那时原是母系时代,故只知有母"。所谓"近人",其中就包括刘师培。对于刘师培的这一社会学的理性解释,顾颉刚当时认为"无非是锻炼"。③ 但是,惟不能因此而忽视的是,

① 刘师培:《中国历史教科书》,扬州:广陵书社,2016 年,第 13 页。
② 刘师培:《中国历史教科书》,第 106 页。
③ 参见顾颉刚:《我的研究古史的计划》,《顾颉刚古史论文集》第 1 卷,第 294 页。不过,最迟在 20 世纪 60 年代之后,随着研究的深入以及认识的提高,顾颉刚逐渐认同刘师培的观点。比如,其在《周公东征史事考证》中说:"简狄,似乎可说是原始社会母系制末期的一位人物,从母系制转到父系制,契就成为殷商族里最早的一个男祖先。"参见顾颉刚:《周公东征史事考证》,《顾颉刚古史论文集》第 10 卷(下),第 972 页。

刘师培对"《史记》诸书"的质疑，无疑为顾颉刚提出"古代民族不出于一元论"提供了一定的启发。

继刘师培之后，对传统的"古代民族出于一元论"提出质疑的是梁启超。1922 年，梁启超在《中国历史研究法》第五章中首先指出，根据旧史，殷祖契和周祖后稷，皆为帝喾之子、帝尧之异母弟以及帝舜之臣，但此事"决不可信"。第一，"据旧史所说，尧在位七十年乃举舜为相，舜相尧又二十八年，尧即位必当在喾崩后；假令契、稷皆喾遗腹子，至舜即位时亦当皆百岁"，不应有"复任事"。第二，《诗经》不仅说"天命玄鸟，降而生商"，还说"厥初生民，时维姜嫄"。此二诗者皆"铺张祖德"，如果稷、契"系出帝喾"，决无"不引以为重之理"。当然，这些证据并不能积极地反证"稷、契为别一人之子"，但至少可以消极地认定二人"非喾子、尧弟"。之后，梁启超又建立了一个"假说"，即"稷、契亦有父亦无父，彼辈皆母系时代人物，非父系时代人物"。按照欧美社会学家的说法，"契只知其为简狄之子"，"稷只知其为姜嫄之子"，至于其父为谁，则无从稽考，于是才有"吞鸟卵而生""履大人迹而生"等各类神话。而至父系时代，"其子孙以无父为可耻，求其父而不得，则借一古帝以自重"，于是又有了帝喾之子的说法。[①] 此后，梁启超又在《中国历史上之民族研究》一文中对这一观点做出了进一步的阐述。[②] 总之，在梁启超看来，稷、契决非帝喾之子，并借用社会学的观点对这一传统论及其出现进行了初步的解释。

---

① 梁启超：《中国历史研究法》，《梁启超全集》第 7 册，北京：北京出版社，1999 年，第 4125—4126 页。
② 梁启超：《中国历史上民族之研究》，《梁启超全集》第 6 册，第 3436 页。

对于梁启超的上述认识,顾颉刚应该有着较深的了解。1921年10月,顾颉刚即得到了《中国历史研究法》的最初稿本,并对该讲义稿进行了仔细的研读。① 翌年5月,其又在胡适的帮助下,得到了包括《中国历史上民族之研究》在内的《五千年史势鸟瞰》。② 当然,对于梁启超以"社会学"建立的"假设",顾颉刚当时并不认同,但对其根据《诗经》而证出的稷、契非帝喾之子的这一说法,则无疑是持肯定态度的。

与梁启超几乎同时,对传统的"古代民族出于一元论"提出质疑的还有李泰棻。1922年,李泰棻在《中国史纲》一书中讨论"尧之世系"时指出,根据《大戴记·帝系篇》《史记·五帝本纪》以及《正义》引《帝王世纪》的记载,"后稷、契、帝尧、帝挚同为异母兄弟",但"其实不然"。第一,"稷、契皆至舜世,然后授官,若稷果喾元妃之子,则喾之崩,稷至少五十岁,又历挚之九年,尧之百岁,百有六十岁矣"。契亦当不下百数十岁,此理不通。第二,"喾之传位,论长则稷、契,论贤则帝尧,而皆不传,独传于非长非贤之挚",于理不通。因此,"匪特尧与稷、契、挚非兄弟,且亦非喾子,盖黄帝之后,当时一诸侯耳"。与此相近,李泰棻还讨论了"舜之世系",即根据《史记·五帝本纪》的记载,"舜者,颛顼之六代孙,黄帝之八代孙也",但"其实非是"。因为"黄帝二十五子,得姓者十四人为十二姓、姬、祁、酉、己、滕、箴、任、荀、僖、姞、儇、依是也。然尧姓伊祁,而舜之姚氏,不在十二姓之列,且年命修短,不甚相远,黄帝至尧止四世,至舜已八世"。"果如《史记》所言,则尧之二女,乃舜高祖辈

① 参见顾颉刚:《顾颉刚日记》第1卷,第172、219页。
② 参见顾颉刚:《顾颉刚日记》第1卷,第235页。

矣,以之作配,岂不渎伦?"而实际上,"舜者,虞幕之后,固黄帝以来一诸侯也"。[①] 要而言之,在李泰棻看来,《史记》《大戴记》所载的帝王世次存在很大的问题,尧与稷、契、挚均非帝喾之子。

前已指出,顾颉刚曾在胡适的帮助下找到了梁启超的《五千年史势鸟瞰》。这里要指出的是,胡适当时还把李泰棻的《中国史纲》一起寄给了顾颉刚。顾颉刚对该书的评价不高,认为其"聚的材料颇多,可惜仍是一部材料书"。[②] 但是,惟不能因此而忽视的是,该书的上述观点可以说为顾颉刚提出"古代民族不出于一元论"提供了一定的学术启发。

如上所述,早在宋代,欧阳修、洪迈即对《史记》所纪帝王世次进行了质疑;此后,崔述、刘师培、梁启超、李泰棻等人皆对传统的"古代民族出于一元论"进行了考辨。要而言之,顾颉刚之所以能够提出"古代民族不出于一元论",首先便是受到了这些过往学人相关论述的启发。

三、"历史演进的方法"与"古代民族不出于一元论"的建立

一般来讲,要想打破一个历史上早已固定下来的成说,都得经过一个从量变到质变的历史过程。承前所述,自宋代起,即有学者对传统的"古代民族出于一元论"进行了破坏。但问题是,前述学者的"疑古"并不彻底。其中,欧阳修、洪迈、崔述的"疑古"尚未摆脱经学观念的束缚,王国维、梁启超等则存在近乎"信古"或相信

---

① 李泰棻:《中国史纲》第1卷,第91、93页。
② 参见顾颉刚:《致胡适·五五》,《顾颉刚书信集》第1卷,第382页。

"伪史"的问题。因此,这些反传统的破坏言论问世之后,被历史固定下来的传统之论并没有被抛弃,而是依旧安然无恙。①

　　直到 1923 年,这一情况才发生了本质性的改变。这一年,顾颉刚在《答刘、胡两先生书》中明确提出"古代民族不出于一元论",传统的"古代民族出于一元论"才发生了根本的动摇。推论此中缘由,顾颉刚之所以能够彻底推翻这一历史早已固定下来的传说,不仅在于其有效地从前述本土学人的相关论述中汲取了学术资源,更在于其以"历史演进的方法"对这一传统观点进行了分析与考察。②

　　这一点或许在顾颉刚最初提出"古代民族不出于一元论"之际尚不清晰,但根据之后的相关材料,则是毋庸置疑的事实。承前所述,在《答刘、胡两先生书》中,顾颉刚是为了完善"古史层累说",才提出了"古代民族不出于一元论",并对这一论点进行了初步的、简要的论述。此后,顾颉刚讲学燕京大学,将"古史层累说"进一步系统化,撰写了《中国上古史研究讲义》。而作为"古史层累说"的核

---

① 清代学者崔述即感慨说:自《大戴礼记》《史记》将"民族一元论"固定下来后,"唯欧阳子独能取信于经而不从杨、墨之邪说……乃此论既出,而自宋以来编纂古史者犹沿《大戴》《史记》之谬,则尤可怪矣!"[清] 崔述:《补上古考信录》,顾颉刚编订:《崔东壁遗书》,第 46 页。

② 在中国现代学术史上,"历史演进的方法"最早由胡适提出并运用。胡适曾将这种方法概括成下列的方式:第一,"把每一件史事的种种传说,依先后出现的次序,排列起来"。第二,"研究这件史事在每一个时代有什么样子的传说"。第三,"研究这件史事的渐渐进由简单变为复杂,由陋野变为雅驯,由地方的(局部的)变为全国的,由神变为人,由神话变为史事,由寓言变为事实"。第四,"遇可能时,解释每一次演变的原因"。胡适:《古史讨论的读后感》,《胡适全集》第 2 卷,第 105 页。受胡适影响,顾颉刚率先将此法运用到了古史研究领域。顾颉刚:《古史辨第一册自序》,《顾颉刚古史论文集》第 1 卷,第 34—36 页。

心组成部分，"古代民族不出于一元论"被阐述得更为系统。

　　简要言之，根据《诗经》的相关记载，商、周两个种族都认为，自己的祖先是天生的，"不承认始祖的前一代是人"，更不承认自己和其他种族拥有"共同的祖先"。但是，"他们在始祖之外"，还有一个"比自己种族还古的人"——禹。至战国初期，根据《论语》的记载，"禹以外多出了尧、舜"。而到了战国中期，出现了"一件极可注意的事情"，即根据《孟子》的相关记载，孟子则"把玄鸟降下来的商人的祖契，姜嫄和上帝合生的周人的祖后稷，以及在商、周两族祖先之前的伟人禹，两个人帝尧、舜，还有一个似乎是秦人的始祖益，归到一条线上"。[①]

　　此后，根据《左传》《国语》的相关记载，当时的各个民族都有各自的始祖，至于"这些始祖有没有互相的关系"，书中则没有记载。但是，与儒家学说无关的《国语》中还有一处，记载"黄帝之子二十五宗，其得姓者十四人，为十二姓"。这一记载尤为关键。换言之，"本来一个姓有一个始祖的，到这里十二个姓合起来只有一个始祖了"。至此，"民族发源说"发生了一次根本性的改变。[②]

　　当然，《国语》的作者虽然想把许多的民族合到黄帝的系统之下，但还是"把黄帝和炎帝一齐提的"。归纳起来，当时的许多民族可以分为两个系统，一是黄帝系，包括夏、周等；另一系为炎帝系，包括齐、许等。此外，"又把黄帝、炎帝都算作少典之子"。由此，"纷纷扰扰的许多诸夏和四夷的天然的界限都给打破，大家是一家人了！"此后，根据《帝系姓》的记载，这一世代系统又发

---

① 顾颉刚：《中国上古史研究讲义》，《顾颉刚古史论文集》第3卷，第92—100页。
② 顾颉刚：《中国上古史研究讲义》，《顾颉刚古史论文集》第3卷，第182—183页。

生了一些变化。其一,《帝系姓》"只认识黄帝",而"不记得炎帝"。其二,《帝系姓》将《国语》中片段的世代系统进一步整齐化、系统化。如此一来,"中国古代天下之君尽数归到黄帝的一个系统之下"。①

由上可知,在民族起源的这一问题上,顾颉刚依次根据《诗经》《论语》《孟子》《左传》《国语》《帝系姓》的相关记载,将这一"史事"排列起来,指出这一"史事"在每一阶段有什么样的传说,研究这一"史事"由每个民族有各自的始祖到这些民族有共同的始祖的过程,并初步解释了这一演进的原因。"古代民族不出于一元论"出于"历史演进的方法"由此略见一斑。

不过,仅此"战国的大时势下所应有的鼓吹"一句话尚嫌简单,故有必要进一步交代一下"战国的大时势"的具体所指。这一点,顾颉刚在为《崔东壁遗书》作序时有所交代。具体而言,春秋之后,"越灭了吴,就统一了东南部";"楚东向灭越,又南越洞庭,西越巫山,就统一了淮水和长江南流域"……至于韩、魏,虽然"困居腹地",但也融化了"中原诸戎狄"。要而言之,当时的各个诸侯国因"求富强,打了无数回仗";而战争的结果,导致无数地方被开辟,无数部族被合并。②

但问题是,这些开辟的地方向来不受中原文化的浸润,而这些部族向来居于"诸夏之外"。为了"打破各方面的种族观念",有"几个聪明人"就开始"用了同种的话"。简而言之,楚的始祖原本是祝融,但改成了帝高阳,即颛顼;秦本来是玄鸟陨卵,女修吞而生子,

① 顾颉刚:《中国上古史研究讲义》,《顾颉刚古史论文集》第 3 卷,第 183—187 页。
② 顾颉刚:《崔东壁遗书序一》,《顾颉刚古史论文集》第 7 卷,第 68 页。

但改成了颛顼的苗裔；赵的始祖非子也是女修之后，于是秦和赵就同祖了。至于越原本是纯粹的南方部族，匈奴则在极北之地，但都改成了颛顼之孙——禹的后裔。而田齐自称颛顼的六世孙——舜的后裔。其他小部族的情况，则以此类推。如此一来，楚、秦、赵、越、赵、匈奴、齐等都被统一到了颛顼系统之下。此外，商、周的始祖都是"上帝之胤"，但到了"种族大运动的时候"，则说上帝即是帝喾，其元妃是姜嫄，生下了后稷；其次妃则是简狄，生下了契。总之，据这些人说，"自古以来的朝代只有唐、虞、夏、商、周五个"。其中，"虞、夏属于颛顼系，唐、商、周属于帝喾系"。[①]

但是，这些人依旧觉得不满意，认为必须把这两个系统合并为一个系统。而"黄帝本是一个最有权力的上帝"，于是就把黄帝从天上拉了下来，即"黄帝生昌意，昌意生颛顼"；此外，"黄帝生玄嚣，玄嚣生蟜极，蟜极生帝喾"。如此一来，"颛顼和帝喾就成了同气连枝的叔侄"。此后，"大家都自以为是黄帝的子孙"。[②]

此后，顾颉刚还进一步缩小范围，对"古代民族出于一元论"出现的历史背景进行了具体的考察。简要言之，顾颉刚在《周公东征史事考证》中分析说："《帝系》一篇，把唐、虞、夏、商、周、楚的祖先完全隶属于黄帝一系，使得黄帝成为中国古代的各个统治阶级的共同始祖，这是战国时人的一个大一统思想的反映。"尤为值得注意的是，"它把楚的祖先放到最后，上承商、周，可以看出它和《郑语》是由同一观点出发，以为继周而王天下的必然是楚"。而按之历史，"楚国在春秋已是一个疆域最广阔、军事力量最强大的国

---

① 顾颉刚：《崔东壁遗书序一》，《顾颉刚古史论文集》第 7 卷，第 68—69 页。

② 顾颉刚：《崔东壁遗书序一》，《顾颉刚古史论文集》第 7 卷，第 69—70 页。

家"。而到了战国中期,则具备了"莅中国而抚四夷"的条件。于是,作家们纷纷为其点缀,将黄帝、颛顼等堆到楚祖的头上,"使楚的一系和唐、虞、夏、商、周同条共贯",从而使楚国"取得统治中原的法统"。于是,在历史方面就出现了"祖先同源说"的《帝系》。① 总之,在顾颉刚看来,《帝系篇》"出于楚人的手笔",而此篇的"政治任务"则是为战国中期的楚国统治中原而服务的。

由上可知,关于传统的"古代民族出于一元论",顾颉刚不仅指出,此论是被"层累"造成的,还对其中的缘由、历史背景进行了环环相扣的分析与考察。因此,顾颉刚提出"古代民族不出于一元论"并进行详细论证之后,才彻底推翻了传统的"古代民族出于一元论"。

四、"古代民族不出于一元论"的学术影响

当然,若想对"古代民族不出于一元论"的学术价值进行客观的估定,除了探求此论是如何建立起来的之外,还需要对此论产生的影响进行一番简要的考察。

最先对"古代民族不出于一元论"表示支持的是顾颉刚的论敌刘掞藜。1923 年 9 月,刘掞藜在《讨论古史再质顾先生》一文中首先表示,关于顾颉刚提出的"打破民族出于一元的观念"这一推翻"非信史"的标准,与自己的意见基本一致。然后,刘掞藜阐述了自己的观点,即"中华民族在几万年前纵或出于一元",但有史以来的"一统的世系"绝对不可靠,夏、商、周、秦等民族都是

---

① 参见顾颉刚:《周公东征史事考证》,《顾颉刚古史论文集》第 10 卷,第 864、988—989 页。

"各有各的始祖"。① 总之，"古代民族不出于一元论"问世之后，首先得到了论敌刘掞藜的肯定。

当然，并非所有的学者都认可这一"疑古"之论。1926 年 12 月，陆懋德在《评顾颉刚〈古史辨〉》一文中即认为，此论存在商榷之处。根据"最近西方治人类学者，久已有由多元论归于一元论之趋势"，实则吾国上古民族，也是"一种而变为各类"。因此，顾颉刚所认为的中国上古民族"各有各的始祖"之说，不能成立。② 平实而论，陆懋德的批评不能成立。因为，世界民族由"一种而变为各类"是一回事，而中国上古民族是否由"一种而变为各类"又是一回事。二者不能混为一谈。

不过，较之上述肯定或批驳，我们更关注此论对于古代民族研究的推动作用。

其一，在观念认识上，为并世学者建立"民族多源多元论"提供了前提性条件。有学者即指出，顾颉刚在《答刘、胡两先生书》中"质疑古代民族出于一元的旧观念，提出古代民族应当出于多元的推想，同时也颇怀疑殷、周本不相干"，从而将"上古信史击成碎片"，"使得后来的史家能较无拘束地将这些碎片重新缀合"③。

较早对该说予以发挥的是徐中舒。1927 年 6 月，徐中舒在《从古书中推测之殷周民族》一文中首先指出，殷、周在没有人类学等发现证明之前，是否为同一民族不能确定，但从分布来看，大概

---

① 刘掞藜：《讨论古史再质顾先生》，《古史辨》第 1 册，第 138—139 页。

② 陆懋德：《评顾颉刚〈古史辨〉》，《古史辨》第 2 册，第 270 页。

③ 王汎森：《中国近代思想与学术的系谱》，长春：吉林出版集团有限责任公司，2011 年，第 308 页。

应该被分为两个种族。然后，则"由载籍及古文字"的角度进行了论证。[1] 简要言之，在徐中舒看来，殷周并非为同一民族。诚如顾颉刚指出的，这一认识"对于古代民族史的研究确是个重大的启发"。[2]

根据徐中舒的文中自述，上述认识源自王国维的《殷周制度论》与梁启超的《中国文化史》。不过，我们要指出的是，顾颉刚于1923 年即在《与钱玄同先生论古史书》和《答刘、胡两先生书》中提出，商、周两民族各有各的始祖。对比之下，二者的观点基本一致。而当时的徐中舒十分关注古史讨论的进行。[3] 因此，我们有理由推定，徐中舒之所以能够提出上述观点，在一定程度上还受到了顾颉刚"古代民族不出于一元论"的启发。

继徐中舒之后，在"古代民族不出于一元论"的前提下提出"民族起源多元论"的代表性学者是傅斯年。1933 年 1 月，傅斯年在《夷夏东西说》一文中提出了这样一个建设性观点，即"在三代时及三代以前"的这片大地中，"地理的形势只有东西之分，并无南北之限"。更准确地说，"三代及近于三代之前期，大体上有东西不同的两个系统"，其中，"夷与商属于东系，夏与周属于西系"。东西两系之前因混合而推动文化进展。[4] 此文问世之后，在当时的学术界产生了极大的影响。顾颉刚甚至认为，从此之后"古代民族有东西

---

[1] 徐中舒：《从古书中推测之殷周民族》，《国学论丛》第 1 卷第 1 期，1927 年 6 月。

[2] 顾颉刚：《当代中国史学》，《顾颉刚古史论文集》第 12 卷，第 432 页。

[3] 参见徐亮工：《从"书"里到"书"外：徐中舒先生的学术与生平》，《古今论衡》第 11 期，2004 年 9 月；周书灿：《徐中舒与古史辨的学术互动》，《人文杂志》2013 年第 12 期。

[4] 傅斯年：《夷夏东西说》，《傅斯年全集》第 3 卷，第 181—182 页。

二系的说法几乎成为定论了"。[①]

　　已有学者指出，傅斯年这一"民族起源多元论"的来源是王国维的《殷周制度论》。[②] 但实际上，傅斯年这一观点的来源并非是一元的，而是首先受到了顾颉刚的影响。早在 1924 年，尚在海外留学的傅斯年即"想写一大篇"，参加由顾颉刚引起的古史大讨论，但因自己懒散的性子而最终没有撰写文章。直到 1926 年 10 月回国途中，傅斯年才给顾颉刚写了一封长信，讲述了自己心中的意思。在这封信中，傅斯年首先讨论了丁文江的《历史人物与地理的关系》，认为"或者殷周之际，中国的大启文化，也有点种族关系正未可知"。然后，则讨论了顾颉刚的"古史论"，其中谈到了"殷周间的故事"，指出"周之号称出于后稷，一如匈奴之号出于夏氏"。因此，"周之先世本出于戎狄之间。姬姜容或是一支两系，特一在西，一在东耳"。[③] 由此来看，最迟在 1924 年，傅斯年便已经初步形成了"民族起源多元论"。[④] 而按照傅斯年的自述，这些意思只是顾颉刚"古史论"的"演绎"。[⑤] 因此，我们有理由认为，傅斯年之所以能够撰写出《夷夏东西说》，在一定程度上还受到了顾颉刚"古史

---

① 顾颉刚：《当代中国史学》，《顾颉刚古史论文集》第 12 卷，第 432 页。

② 参见周予同：《五十年来中国之新史学》，《周予同经学史论》，第 383 页；王汎森：《中国近代思想与学术的系谱》，第 307—322 页。

③ 傅斯年：《致顾颉刚(1926 年 9 月)》，王汎森等主编：《傅斯年遗札》第 1 卷，北京：社会科学文献出版社，2015 年，第 44、64 页。

④ 可以印证这一判断的是，傅斯年在《夷夏东西说》一文的按语中指出："这一篇中的中心思想，是我十余年前的见解。"傅斯年：《夷夏东西说》，《傅斯年全集》第 3 卷，第 181 页。

⑤ 参见傅斯年：《致顾颉刚(1926 年 9 月)》，王汎森等主编：《傅斯年遗札》第 1 卷，第 48 页。

论"的影响。

继傅斯年之后,进一步发挥"古代民族不出于一元论"的代表性学者是杨宽。1941 年,杨宽在《中国上古史导论》一书的第一篇提出了"神话演变分话说",即中国古代民族,"不外东西二大系";"其神话传说,实亦不外东西二系",之后,则对这东西二系进行了具体划分……而"东西二系民族分辨既明,则古史传说之纷纭缴绕乃亦可得而理"。① 杨宽的这一观点,颇为学界关注。顾颉刚给予了高度好评,认为这是讨论这个问题的集大成之学说。②

这里要指出的是,早在 20 世纪 30 年代,青年时代的杨宽便购买到了刊载《答刘、胡两先生书》的《古史辨》第一册,然后进行了仔细的研读。③ 此后,受这场"疑古"思潮的影响,杨宽根据数年对古史传说所作的系统探索,才撰成了《中国上古史导论》。因此,我们完全有理由推定,杨宽之所以能够提出上述的"神话演变分化说",最早是受到了顾颉刚"古史论"的启发。

除上述学者之外,发挥"古代民族不出于一元论"的代表性学者还有徐旭生。1943 年,徐旭生首先在《中国古史的传说时代》的第一章对"疑古"派的治学方法与具体问题进行了系统的批评。④ 然后则在该书第二章提出了这样一个建设性观点,即"华夏、夷、蛮三族实为秦汉间所称的中国人的三个主要来源"。⑤ 不

---

① 杨宽:《中国上古史导论》,第 21—24 页。
② 顾颉刚:《当代中国史学》,《顾颉刚古史论文集》第 12 卷,第 432—433 页。
③ 参见杨宽:《历史激流:杨宽自传》,台北:大块文化出版股份有限公司,2005 年,第 85 页。
④ 徐旭生:《中国古史的传说时代(增订本)》,北京:科学出版社,1960 年,第 23—28 页。
⑤ 徐旭生:《中国古史的传说时代(增订本)》,第 39 页。

过，诚如顾颉刚指出的，徐旭生虽然对顾颉刚进行了尖锐的"攻击"，但实则承受其说甚多。换言之，没有顾颉刚的"启发"，徐旭生即不能写出这本书来。[①]

其二，在方法上，为并世学者提供了颇具示范性意义的民族起源研究方法。这一方法即是"历史演进的方法"。前已指出，顾颉刚正是运用此法对上古民族起源进行了考察，进而建立了"民族不出于一元论"。这里要补充的是，此法得到了时人的认可。刘掞藜在《讨论古史再质顾先生》一文中首先转引了顾颉刚的方法——"对于古史，应当依了民族的分合为分合，寻出他们的系统的异同状况"，然后表示自己十分赞成"这话"[②]。

还有学者专门运用"历史演进的方法"对古代民族起源进行了考察。其中较有代表性的学者是刘起釪。20 世纪 80 年代末，刘起釪发表《我国古史传说综考》，即运用此法对上古民族的起源进行了考察。简而言之，根据《诗》《书》等文献，西周的古史神话传说是，"商和周两族是由上帝生下来的，他们各有自己宗神的故事，都住在古代一位天神禹敷布的土地上。而夏、商、周三代前后相承，活动在'禹绩'之域，夏和周是西土先后相承之族，殷商则是东方的部族"。根据《国语》和《左传》，可知春秋至战国前期的历史传说，"夏和周由于进入中原建立了王朝，与东方鸟夷部族发生各种联系，经过长期融合，便把东方的宗神迎入本祖宗神的神坛上，所以夏族把东方的颛顼纳入了自己的祖先体系中，作为本族始祖黄帝的后代；而周则把上一代的商的鸟夷族始祖夔所分化的喾作为本

---

① 参见顾颉刚：《顾颉刚日记》第 5 卷，第 334 页。

② 刘掞藜：《讨论古史再质顾先生》，《古史辨》第 1 册，第 139 页。

族远祖黄帝之后、本族始祖后稷之前的一位宗神"。根据《帝系》，战国末期整理编定古帝世系，其最大的特点是"所有各地各族各个时代的主要传说人物，都成了黄帝的子孙，所有各代主要各族宗神和帝王之类都归到帝喾和颛顼两大系统里"。然后，刘起釪还转引了顾颉刚《古史辨第四册序》和《战国秦汉间人的造伪和辨伪》，来说明"为什么形成这样的历史结构"①。由此而言，刘起釪正是运用乃师顾颉刚提倡的"历史演进的方法"对传说时期的民族起源与变迁进行了考察。

　　综上可知，"古代民族不出于一元论"提出之后，在当时的中国学术界引起了不小的初始反响。简要言之，"信古"派的刘掞藜基本支持这一"疑古"之论，陆懋德则持批驳态度。不过，更为关键的是，此论提出之后，不仅彻底颠覆了传统的"古代民族出于一元论"，为后之学者建设"民族起源多元论"提供了基础条件，还为并世学者提供了颇具示范性意义的民族起源研究方法。总之一句话，顾颉刚"古代民族不出于一元论"的提出，标志着中国传统民族理论的终结。

第二节　重塑中华："中华民族是一个"
理论的建立及意义

　　在中国古代民族研究领域，顾颉刚不仅是传统民族理论的主

---

① 刘起釪：《古史续辨》，北京：中国社会科学出版社，1991年，第5—38页。

要终结者，还是现代民族理论的建立者之一。承前所述，早在1923 年，顾颉刚即提出了"古代民族不出于一元论"，此后则继续从事相关研究工作。"九一八"事变之后，顾颉刚则更加关注"民族问题"。尤其到了 1939 年，"出于时代的压迫和环境的引导"，顾颉刚建设性地提出了"中华民族是一个"的理论。这一理论提出之后，有效地捍卫了中华民族的统一性，从而增进了国人的"民族团结情绪"。可以说，正是这一理论的提出，使得顾颉刚正式跻身于中国现代民族理论的建立者行列之中。

关于这一理论，过往学界已经取得一定的研究成果，①但问题在于，这些研究成果主要关注这一理论及其初始反响的介绍，未能对这一理论的提出过程、学术渊源以及学说的建立进行系统的考察。因此，本章接下来拟在过往研究的基础上，对这一理论的来龙去脉进行一番再探讨。

一、从破坏到建设："中华民族是一个"理论的形成

一般来讲，一个与现实相关的学术理论之提出，其"造因"主要可以划分为两个部分，一个是学术发展的"内在理路"，一个是现实关怀的"外缘影响"。顾颉刚"中华民族是一个"理论之提出，即是一个显著的例证。

"中华民族是一个"理论的形成，首先肇始于顾颉刚的古史研

---

① 其中，最有代表性的专题论文有两篇，一是周文玖和张锦鹏的《关于"中华民族是一个"学术论辩的考察》，《民族研究》2007 年第 3 期，二是马戎的《如何认识"民族"和"中华民族"——回顾 1939 年关于"中华民族是一个"的讨论》，《中南民族大学学报（人文社会科学版）》2012 年第 5 期。

究。承前所述,1923 年 6 月,顾颉刚提出了推翻"非信史"的四个标准,其中之一即是"打破民族出于一元的观念",即认为商、周等族各有各的始祖,直到春秋以来,国与国之间不断兼并,于是许多民族的始祖的传说就逐渐"归到一条线上"。这里要补充的是,这一叙述不仅"复原了自古以来中国民族由多元向一元发展的过程",还为其后来建设"中华民族是一个"理论奠定了坚实的理论基础。[①]

此后,顾颉刚继续专心致力推翻"非信史"工作,先后撰写了《中国上古史研究讲义》《古史辨第四册自序》《战国秦汉间的造伪与辨伪》等一系列作品。当然,这些作品的研究目的首要在于推翻"非信史",更准确地说是要打破传统的"古代民族出于一元论",但与此同时,还进一步讨论了中华民族从多元到一元的过程,并强调说中华民族自秦始皇统一六国以后就成为"一家"了。由此来看,顾颉刚之后能够提出"中华民族是一个",首先与其打破传统的"民族出于一元论"的观点密不可分。

除这一"内在理路"之外,"中华民族是一个"理论的建设,还与外在的民族危机密不可分。"九一八事变"爆发之后,东三省逐渐沦陷;翌年,伪满洲国成立。"空前的国难"由此开始。受这一"空前的国难"之影响,顾颉刚便开始有意识地要去正面建立"中华民族是一个"理论。

这一有意识的建设最迟可以追溯到 1932 年 3 月。是月 12 日,顾颉刚在写给洪业的信中就说,我们应该造成一个取代"中国

---

① 付春、付建光:《抗日战争时期顾颉刚先生的民族思想探析》,《西南学刊》2013 年第 2 期。

人全为黄帝子孙"的"新信仰"，以此作为"团结各个不同的民族"的基础。[①] 是月 18 日，顾颉刚在写给牟润孙的信中则说，在中华民族形成一个大民族的过程中，许多小民族已经作了"极大的牺牲"，而这种牺牲精神不仅不能泯灭我们的民族自信力，反而成为激起我们民族精神的坚实力量。[②] 要而言之，在顾颉刚看来，抗战爆发之后的当务之急是造成一种"新信仰"，从而"激起我们的民族精神"。

此后，顾颉刚继续思考这一问题。1937 年 1 月，经过数年的积累，顾颉刚发表了一篇题为《中华民族的团结》的文章，文中指出："在我们的国家里，大家久已熟知可以分为五族，所以辛亥革命之后即高揭'五族共和'的旗帜。"而"五族"一词不足以说清中国的实情，"在中国的版图里只有一个中华民族"。因此，要谋求独立和自由，国内各族必须谋求团结。[③] 由此而言，在顾颉刚看来，"在中国的版图里只有一个中华民族"，各个种族必须团结起来。

"七七事变"爆发之后，民族问题变得更加严重了起来。事变爆发之后，顾颉刚不得不离开北平，前往西北，进行教育考察。经过实地考察，顾颉刚进一步认识到，帝国主义国家正在逐步瓜分中国，造出了许多分化我们的荒谬理论。于是，创立一种将这些谬论挡住的理论，便成为顾颉刚当时思考的现实问题。

1937 年 10 月，顾颉刚在前往西北考察的途中作了一次题为《如何可使中华民族团结起来》的讲演。讲演指出，中国是一个融化了许多种种族而成的一个民族，而且这一"融化的工作"仍在进

---

① 顾颉刚：《编中国历史之中心问题》，《顾颉刚读书笔记》第 3 卷，第 329 页。
② 顾颉刚：《蕃姓与汉姓》，《顾颉刚读书笔记》第 3 卷，第 328 页。
③ 顾颉刚：《中华民族的团结》，《宝树园文存》第 4 卷，第 49 页。

行中。具体而言,自古以来,"中国人自来只有文化观念而没有种族观念","外族尽管入居中原,只要能陶熔于相类的文化,就可过共同的生活,而没有入主出奴的成见"。因此,为了开疆辟土,战国七雄便合并了"春秋时的蛮夷戎狄"。此后,"到秦始皇时就完全统一了"。"到了汉代,蛮夷问题又移到鲜卑和匈奴诸族上去了。"但是,"闹了数百年,到了'五胡乱华'之后,隋唐成统一之业"。于是,这许多种族又合而为一。从此之后,契丹、女真先后继起,"而有元代的统一"。此后,"清代建国,又把汉、蒙、回、藏合拢起来"。不过,直到抗战之时,"汉族是已融化的各族,蒙、藏和缠回是融化未尽的各族"。因此,"等到将来融化工作完成时",中国境内便不再存在汉族等"勉强分别的族名",而"只有一个中华民族"。① 可见,顾颉刚在这次讲演中已经提出了"中华民族是一个"理论,并从历史的角度进行了初步论证。

此后,顾颉刚还在不同的场合宣传上述观点。1937 年 12 月,顾颉刚在《西北回民应有的觉悟》一文中强调说,我们"不想在一国之内再分出什么族、什么族来",而"只知道住在中国境内、生活于中国文化的都是'中国人'"。② 1938 年 9 月,顾颉刚在《边疆问题》一文中指出,现在的中国,并没有五个民族。所谓汉、满、蒙、回、藏的五族,"满族是无疑义的同化于汉人","蒙古人也与藏人混合而不易分"。至于汉、回、藏也非三个民族。简而言之,"全中国的人民,血统上早经几次的大混合,而成为一个种族了"。③

---

① 顾颉刚:《如何可使中华民族团结起来》,《宝树园文存》第 4 卷,第 59—62 页。
② 顾颉刚:《西北回民应有的觉悟》,《宝树园文存》第 4 卷,第 66 页
③ 顾颉刚:《边疆问题》,《宝树园文存》第 4 卷,第 77—78 页。

不过，上述文字发表之后，并未引起强烈的反响。直到 1939年 2 月，顾颉刚将《如何可使中华民族团结起来》一文"加以扩充"，写成《中华民族是一个》，刊登在《益世报·边疆周刊》上。在该文的开篇，顾颉刚首先强调说："凡是中国人都是中华民族——在中华民族之内我们绝不该再析出什么民族——从今以后大家应该留神使用这'民族'二字。"然后则在正文中详细地论证了这一意思。最后，顾颉刚在文末呼吁说："我们只有一个中华民族，而且久已有了这个中华民族"；"我们对内没有什么民族之分，对外只有一个中华民族"！[1] 至此，顾颉刚正式向学术界乃至社会各界抛出了自己的民族理论——"中华民族是一个"。

由上可知，"中华民族是一个"理论之形成，首先与顾颉刚的古史研究密切相关。不过，其正式提出这一理论，则是"出于时代的压迫与环境的诱导"。[2] 要而言之，"中华民族是一个"理论之形成，不仅是学术上的发展，还是时势的需要。

二、本土学者的民族论述与"中华民族是一个"的建立

一种新学说之建立，决非凭空而出，必定有其一定的学术凭借。因此，关于"中华民族是一个"的学术考察，探源工作必不可少。

有论者指出，顾颉刚之所以能够建立"中华民族是一个"，主要源自傅斯年的"中华民族是整个的"之说。[3] 支持这一判断的证据

① 顾颉刚：《中华民族是一个》，《宝树园文存》第 4 卷，第 105—106 页。
② 顾颉刚：《我为什么要写"中华民族是一个"》，《宝树园文存》第 4 卷，第 109 页。
③ 参见焦润明：《20 世纪 30 年代傅斯年中华民族思想论析》，《人文杂志》2015 年第 4 期。

主要有两个。其一,1939 年 2 月,傅斯年在看到顾颉刚创办《益世报·边疆周刊》以及该刊上的相关文章之后,给顾颉刚写了这样一封信,信中说,吾辈"当尽力发挥'中华民族是一个'之大义,证明夷汉之为一家,并可以历史为证"。[①] 其二,1935 年 12 月,傅斯年在《独立评论》上发表了一篇题为《中华民族是整个的》的文章。[②] 无论从标题还是从内容来看,二者都极为相似。

这一观点不能成立。前已指出,顾颉刚早在 1923 年在《答刘、胡两先生书》一文中即表达了"中华民族是一个"的观点。即使退一步讲,诚如顾颉刚在《中华民族是一个》一文中交代的,早在"九一八事变"爆发之后不久,自己便形成了这一观点。[③] 而《中华民族是整个的》一文则发表于 1935 年。由此来看,顾颉刚之所以建立"中华民族是一个"的理论,傅斯年的影响仅限于一种"刺激",尚谈不上直接影响。因此,关于"中华民族是一个"的学术凭借,则须进一步的调查取证。

检视近代中国民族研究史,在顾颉刚之前,或只有梁启超在突破了传统的"民族一元论"之后,对中华民族的来源、形成与发展进行了简要的阐述。承前所述,梁启超在《中国历史研究法》一书中即认为,古代民族并非出于一元,但稍嫌遗憾的是,由于该书的专门性质,故未对中华民族的发展脉络进行考察。

直到翌年,梁启超在清华学校、北京高师两校讲演,撰成《中国历史上民族之研究》一文。在此文中,梁启超首先指出,根据旧史,

---

① 傅斯年:《致顾颉刚》,《傅斯年全集》第 7 册,第 205 页。
② 傅斯年:《中华民族是整个的》,《傅斯年全集》第 4 册,第 125 页。
③ 顾颉刚:《中华民族是一个》,《宝树园文存》第 4 卷,第 95 页。

"唐、虞、夏、商、周、秦、汉，皆同祖黄帝"，但问题是，"即以《史记》所记而论，既已世次矛盾，罅漏百出"。而且，"商周之诗，诵其祖德"，一曰"天命玄鸟，降而生商"，二曰"厥初生民，时维姜嫄"。但问题是，如果商、周为"帝喾之胤"，诗人决不至于数典而忘，而"反侈种种神秘"。因此，传统的"同祖黄帝"之说，不能成立。之后则推论，这些民族应该是"各由小部落崛起"，"各有兴起之根据地"，相互之间并无"系属"。此后，这些部落以"联邦式"的结合在一起，在"群后"中拥戴一位"元后"，"遂以形成中华民族之骨干"。然后，梁启超对先秦时期古代民族进行了分类，分别是诸夏组、荆吴组、东夷组、苗蛮组、百越组、氐羌组、群狄组、群貊组，并依次对这八组民族的分化与融合进行了简要论述。最后，梁启超得出结论，中华民族作为一个极为复杂巩固的民族，将来绝不会衰落，只会更加扩大繁茂。总之，经过三千余年的蜕化，中华民族已经为"全世界第一大民族"。①

　　问题尚不止如此。梁启超还在《地理及年代》一文中以"民族"为主线对中国的历史进行了具体的划分。具体而言，在远古前期（自夏禹迄周东迁），"诸夏"的观念自大禹以来已完全成立。但是，"夏、商虽称王天下"，但实则"部落分立，政治中枢，势力甚微，文化亦扑僿不甚可考见"，直到周"创制封建"，"诸夏结合密度益增，政治渐有重心，文化亦或或可观"。但是，至远古后期（春秋战国），即从"周东迁后，政治重心渐失，各地方分化发展，诸夏以外之诸民族，亦渐形活动，然借封建之势，各地皆以诸夏所建国为中心，以吸

---

① 梁启超：《中国历史上之民族研究》，《梁启超全集》第 6 册，第 3435—3451 页。

收同化境内诸异族,而此诸夏之国复次第合并,由数百而数十而六七以归于一"。要而言之,"此期实为中华民族混成时代"。此后,为近古初期(秦汉时期)。在这一时期,"民族既已抟挠为一,故秦汉以后,完全成为不可分之局"。但是,"中间境外诸蛮族,屡图侵入,卒距之不得逞"。这一情况在近古中期(三国至隋唐)发生了变化。这一时期,"在前期中境外即边徼诸异族,本已蓄有潜势,但被抑不得发,至是乘虚纷起,遂至有五胡及南北朝之难",但在"民族方面,亦因外族侵入之结果,次第同化,使吾族内容益加扩大"。至近古后期(五代至明),"经五代迄宋,人民以厌兵之故,益趋孱弱,而北徼新兴之族,翻极鸱张,辽金元相继蹂躏,大河以北,久逸出吾族支配之外"。至"蒙古入主,与前此五胡,情势悬殊,以绝对不受同化之族,而据有中国全境,吾族殆无所托命"。此后,"明代虽云光复,然为膻腥所染,政治组织益紊其轨"。因此,到近古末期(清),"前清以异族统一中国,逾二百年,在史上盖无前例"。但是,"东胡民族,与北狄殊,其被同化也甚速,非久已渐失其种族的色彩"。[①] 简要言之,自夏禹以来,中华民族就有了"诸夏"的观念,此后经过数次的融合,而成为了一个民族。

　　承前所述,顾颉刚是在打破传统的"民族出于一元论"之后,从历史的角度建立了"中华民族是一个"。对比之下,二者的观点基本一致。而且,早在1922年5月,顾颉刚即在胡适的帮助下得到了梁启超的《五千年史势鸟瞰》,[②]而前引《中国历史上之民族研究》与《地理及年代》皆是其中的组成部分。因此,我们认为,顾颉

① 梁启超:《地理及年代》,《梁启超全集》第6册,第3581—3582页。
② 参见顾颉刚:《顾颉刚日记》第1卷,第235页。

刚之所以能够建立全新的"中华民族是一个",在相当大的程度上是受到了梁启超上述观点的启发。

　　除梁启超外,顾颉刚还直接或间接地受到了时人的影响。仅在"七七事变"之后,顾颉刚就先后仔细看过吕思勉的《中国民族演进史》、张其昀的《中国民族志》、吕思勉的《中国民族史》、罗家伦的《新民族观》以及孙中山的《民族主义》等论述。① 这些论述皆在不同程度上表达了中华民族是一个整体的观点。

　　其中,孙中山的《民族主义》对顾颉刚的影响最大。承前所述,顾颉刚在《如何可使中华民族团结起来》和《边疆问题》中即建设了"中华民族是一个"的理论。这里要补充的是,这一理论的建立在一定程度上是以"美国人是一个民族"作为参照而得出来的。② 探本追源,这一观点的出处,诚如顾颉刚后来提示的,出自孙中山的《民族主义》。③ 此外,顾颉刚在《续论"民族"的意义与中国边疆问题》一文中还多次提及孙中山的《民族主义》。④ 由此来看,"中华民族是一个"的建立,还受到了孙中山《民族主义》的启示。

　　早在顾颉刚《中华民族是一个》发表不久之后,白寿彝即指出:"'中华民族是一个',这不是抗战以来的新发明,至少是有些宗教学者是这样主张。"⑤宗教学者是如何主张暂且不论,但在顾颉刚

---

① 参见顾颉刚:《顾颉刚日记》第 3 卷,第 676—682 页;《顾颉刚日记》第 4 卷,第 49—54、56—57、143、174 页。

② 参见顾颉刚:《如何可使中华民族团结起来》,《宝树园文存》第 4 卷,第 59 页。

③ 转引自顾颉刚:《续论"民族"的意义和中国边疆问题》,《宝树园文存》第 4 卷,第 124 页。

④ 参见顾颉刚:《续论"民族"的意义和中国边疆问题》,《宝树园文存》第 4 卷,第 126—127 页。

⑤ 白寿彝:《来函》,《益世报·边疆周刊》第 16 期,1939 年 4 月 3 日。

之前,确实有一些学者主张中华民族是一个整体。而这些论述无疑为顾颉刚建立"中华民族是一个"这一理论提供了思想资源。

三、西方民族理论与"中华民族是一个"的建立

不过,这里必须指出的是,顾颉刚之所以能够建立"中华民族是一个"这一理论,决不仅仅在于汲取了本土学者的具体研究成果,更在于其借用了当时西方的最新民族理论。

在学理上,顾颉刚之所以能够明确地提出"中华民族是一个"理论,主要得益于其对于"民族"这一概念的认识。关于这一名词的界定,顾颉刚的认识经历了一个变更的过程。在 20 世纪 20 年代,顾颉刚认为,"文化、语言、体质等项"是区别不同民族的标准。"九一八事变"之后,才认识到"民族"这个名词不能"随便使用"。而最迟自 1937 年始,顾颉刚即在《中华民族的团结》等一系列文章中指出,上述标准皆不是构成民族的"重要条件",而只有"团结的情绪"才是最重要的标准。[①]

其中,将问题说得最为透彻的是《续论"民族"的意义和中国边疆问题》一文。顾颉刚开篇即说,"要说中华民族这个名词",首先需要弄明白"民族"。然后,则指出,"旧日的学者往往把血统相同作为构成民族的条件"。但问题是,血统相同其实"只是一种迷信",各种族之间不断交流融合,世界上早就没有所谓"纯粹的血统"了。至于"语言和文化更不是构成民族的重要条件"。其中,"种族基于遗传,是生物的现象";而"语言由于环境,是历史的积

---

① 参见顾颉刚:《我为什么要写"中华民族是一个"》,《宝树园文存》第 4 卷,第 112—113 页。

累"，故二者之间并无"必然的联带关系"。至于文化，则是"由自然环境酝酿而成"，但问题是，"各地方的自然环境不同，本来没有划一的可能"。此外，还有宗教也非是"构成民族的一个条件"。因为，各国人民都已经取得了"信仰自由的权利"，一种宗教靠着宣扬的努力也可以在全世界广泛地传播开来。要而言之，"信教乃是各国人自行决定的事情"，故与民族、国家的构成并无实质的关系。总之，血统、语言、文化、宗教等项皆不是构成民族的条件。[①]

　　然后，顾颉刚提出，只有"团结的情绪"，才是构成民族的唯一条件。具体而言，这是一种主观的、精神层面的支撑性力量，是一种"民族意识"。而这种"民族意识"，就是"团结的情绪"。这种团结情绪的形成主要有内部和外部两方面原因。从内部来讲，是由于共同生活背景和荣辱经历；而从外部来讲，则由于外来的压迫。要而言之，"一个有团结情绪的人群，能同安乐、共患难，这就完成了一个民族的条件"。因此，"民族是由政治现象所造成的心理现象"。[②]

　　探本追源，顾颉刚这一关于"民族"的新认识，源自当时西方学界的民族理论。1923 年，美国政治学家亚瑟·N·霍尔库姆（Arthur N. Holcomb）在 *The Foundation of Modern Commonwealth* 一书中指出："民族是具有共同民族意识的情绪的人群。""民族意识是一个团结的情绪——一国人彼此间袍泽的情感，相互的同情心。"[③]

---

① 顾颉刚：《续论"民族"的意义和中国边疆问题》，《宝树园文存》第 4 卷，第 124—125 页。

② 顾颉刚：《续论"民族"的意义和中国边疆问题》，《宝树园文存》第 4 卷，第 125—126 页。

③ 转引自齐思和：《民族与民族主义》，《大众知识》第 1 卷第 5 期，1936 年 12 月；齐思和：《民族与种族》，《禹贡半月刊》第 7 卷，第 1—3 合期，1937 年 4 月。

　　1925年,英国著名政治学家哈罗德·约瑟夫·拉斯基(Harold J. Laski)在《政治典范》(*Grammar of Politics*)中指出:"民族观念,难于下一定义,以此主义之关键何在,难于断言。"具体而言,"以种族为关键","则北美何必离英而独立,南美何必离西班牙而独立",至于欧洲各国,无一国能自居于纯洁的种族;而"以言语为关键",则"瑞士之为三种语言,而不害其自成一国,安在言语障碍之无法超越";至于"以政治上之服从关系为关键",则"十九世纪之百年中,以民族主义为理由,而变更此服从关系","或曰别有母国存在,易促成民族分离之自觉",但以此观犹太民族,"与其谓民族观念起于母国之存在,不若谓为起于母国之恢复"。①

　　然后,拉斯基则转引了一位法国学者的定义,即"民族之性质为精神的。盖其所以凝结以自成一体者,亦即其所以标异于其他人类",所以凝结之者,"共同之胜利为之,共同传习为之,共同之历史为之"。而"有此共同之历史,共同之胜利,共同之传习,而后同族之观念生,若互为一体者,一族之内,自认共同之一;族之外,自认其异。文化之遗传,常为其民族所自矜异,犹之某氏之居,因其一人之装潢点缀,曰某氏之居特色何在。譬之英人常自夸其莎士比亚尔与迭更司,法德两国,一以伏尔德,一以康德为其民族之代表"。②

　　承前所述,在顾颉刚看来,民族即是具有共同历史背景、生活方式,而又有着团结情绪的集团。对比之下,二者的观点基本一致。不过,若想证实二者之间的学术关联,除了上述内证之外,还

---

① （英）拉斯基:《政治典范》第3册,张士林译,上海:商务印书馆,1930年,第57—58页。
② （英）拉斯基:《政治典范》第3册,张士林译,第58页。

有必要补充以下外证。

对此，顾颉刚在相关文章中有着提示。1939 年，顾颉刚在《我为什么要写"中华民族是一个"》一文中说，抗战爆发之后，自己在和师友们交流时时常提出"民族"的名义，从而才得出一个结论，即"民族就是一个有团结情绪的最大的人民团体"。[①] 但稍嫌遗憾的是，这一观点具体来自哪位师友，文中并未交代。至 1944 年，应史学书局的邀请，顾颉刚曾打算将自己有关边疆的文字，编印为《顾颉刚文集》二册，并撰写《序录》。其中，《序录一》中指出，《续论"民族"的意义与中国边疆问题》一文的写作，不仅曾同傅斯年、徐旭生商讨，还重点参考了齐思和的《民族与种族》。[②]

今按《民族与种族》一文即发表在顾颉刚主编的《禹贡半月刊》。在此文中，齐思和首先指出："旧日学者往往以血统相同为构成民族的条件。"但是这经不起科学检验。"至于'语言'也非构成一个民族的重要条件。"因为，"本来种族基于遗传，而语言则由于环境，一是生物的现象，一是环境和历史的结果，二者之间，并没有联带的关系"。而宗教更为非必须。当今社会，宗教已经不能成为民族团结的基础。此外，还有"生活"与"风俗习惯"，于民族的形成也非必需。尤其"到了现在，无数的小民族团结成了大民族，人数越来越多，所占据的土地越来越广，各地的自然环境不同"，故生活方式不能划一。要而论之，"旧日学者所举的血统、生活、宗教、语言、风俗习惯等力量，于民族的构成"皆非"必需"。然后，齐思和指出，"关于这个问题，现代学者最注重情感这个因素，他们认为维系

---

① 顾颉刚：《我为什么要写"中华民族是一个"》，《宝树园文存》第 4 卷，第 113 页。
② 顾颉刚：《序录（一）》，《宝树园文存》第 4 卷，第 15 页。

一个民族最重要的力量是彼此间袍泽的情绪"。换句话说,民族的构成是精神的、主观的,是同胞间的爱护和共御外侮。①

　　经过比对,不难发现,前引顾颉刚的"民族"认识,除了个别用语之外,可以说是直接录自齐思和的《民族与种族》。尤为值得关注的是,齐思和在文中专门转述了前引霍尔库姆的观点,并将拉斯基的《政治典范》列为参考。② 由此来看,顾颉刚通过齐思和的《民族与种族》,间接地了解到了当时西方的民族理论。

　　总之,最迟在20世纪20年代,西方学者即在"民族"的界定上有了新的认识,即认为"民族是具有共同民族意识的情绪的人群"。而顾颉刚正是了解到了这一观点之后,对"民族"有了新的认识,并以此为基础建设了"中华民族是一个"这一民族理论。

四、学用兼顾:"中华民族是一个"理论的双重意义

　　当然,顾颉刚之所以能够建立"中华民族是一个",除了上述中外学术渊源之外,更在于其不仅从历史的角度对这一理论进行了阐述,还证之以"实地调查"的具体事例。③ 因此,意识到"中华民族是一个"的,不乏其人,但直到顾颉刚撰写《中华民族是一个》,这一认识才发生了"质的变化",从而成为一个极具建设性的民族理论。

　　其实,关于"中华民族是一个"理论,除了要知晓这一理论是如何建立的之外,更要探究这一理论的回响与意义。根据过往研究成果,这一理论提出之后,立即在知识界引起了广泛关注和热议,

---

① 齐思和:《民族与种族》,《禹贡半月刊》第7卷,第1—3合期,1937年4月。
② 齐思和:《民族与种族》,《禹贡半月刊》第7卷,第1—3合期,1937年4月。
③ 参见顾颉刚:《中华民族是一个》,《宝树园文存》第4卷,第95—105页。

既有张维华、白寿彝、马毅、徐旭生等人的支持和认可，又遭到了费孝通、鲁格夫尔、翦伯赞等人的批评。① 更值得关注的是，这一理论还得到了龙云、朱家骅等政界人士的肯定，②甚至作为当时的国民政府的政策被确定了下来。③

不过，较之这些回响，我们更关注的是这一理论的意义。归纳来讲，这一理论兼具现实和学术两方面的双重意义。

第一，从现实的角度来看，"中华民族是一个"的建立，有效地揭穿了帝国主义的侵略阴谋，捍卫了中华民族的统一性。具体而言，中华民国成立之后，即有五族之称呼。第一次世界大战之后，由美国总统威尔逊提倡的"民族自决"口号成为欧亚之间许多小国家建立的基础。④ 不料，这一口号传入中国之后，反而为帝国主义在华攫取利权提供了方便。⑤ "九一八事变"之后不久，日本帝国主义国家利用"满洲民族自决"的名义，成立了"满洲帝国"。此后，"蒙古的一部分青年想握持政权，达到他们个人的欲望"，又假借"蒙古民族自决"的口号，结果为日本人所利用，成立了"蒙古王国"。⑥ "七七事变"之后，日本打算"又利用摔族作号召以捣乱我们的西南"。⑦ 此外，英国从印度进窥西藏，"进而经略西康、青海、

① 参见周文玖、张锦鹏：《关于"中华民族是一个"学术论辩的考察》，《民族研究》2007年第3期；黄兴涛：《重塑中华：近代中国"中华民族"观念研究》，北京：北京师范大学出版社，2017年，第269—277页。

② 参见傅斯年《致朱家骅、杭立武》，王汎森等主编：《傅斯年遗札》第2卷，第768页。

③ 参见蒋介石：《中国之命运》，重庆：正中书局，1943年，第2页。

④ 顾颉刚：《西北回民应有的觉悟》，《宝树园文存》第4卷，第70页。

⑤ 顾颉刚：《中华民族是一个》，《宝树园文存》第4卷，第99页。

⑥ 顾颉刚：《西北回民应有的觉悟》，《宝树园文存》第4卷，第70页。

⑦ 顾颉刚：《中华民族是一个》，《宝树园文存》第4卷，第99页。

甘肃、新疆等省",从而组织筹划一个"大西藏国"。① 总之,抗战之后,"民族自决"成了日本帝国主义分化中国的武器。②

作为一个有着家国情怀的知识分子,顾颉刚在认识到帝国主义的上述阴谋之后,便开始在不同的文章中强调说,"五大民族"这一词似是而非,与历史客观事实并不相符。因为,"全中国的人民,血统上早经几次的大混合,而成为一个种族(民族)了"。③ 因此,面对帝国主义的侵略,我们应该废弃"五大民族",各族人民应该团结起来,坚信"中华民族是一个"。而根据现有资料,自从"中华民族是一个"提出之后,确实造成了中华民族的"心理建设"。

其实,"中华民族是一个"理论的现实意义并不限于中华民族处于"最危险的时候"。有当代学者即指出,当下一些外部势力正努力向中国少数民族灌输西方民族观念,企图推动所谓的民族独立运动。这一"今天中国人面对的现实",与"中华民族是一个"理论提出的情景"存有几分相似"。而回顾当年因"中华民族是一个"的提出而引发的论争,在相当大的程度上能够为我们"思考中国的'民族'定义和民族关系框架",提供若干启示。④ 由此来看,直到当下,"中华民族是一个"仍然具有重大的"现实意义"。

第二,从学术的角度来看,"中华民族是一个"的建立,标志着现代中国民族理论的初步形成,为后世学者建立更为科学的民族

---

① 顾颉刚:《考察西北后的感想》,《宝树园文存》第 4 卷,第 83 页。
② 顾颉刚:《边疆问题》,《宝树园文存》第 4 卷,第 77 页。
③ 顾颉刚:《边疆问题》,《宝树园文存》第 4 卷,第 77 页。
④ 马戎:《如何认识"民族"和"中华民族"——回顾 1939 年关于"中华民族是一个"的讨论》,《中南民族大学学报(人文社会科学版)》2012 年第 5 期。

理论奠定了基础。具体而言，在中国古代，我国的主要民族理论，即是我们都是炎黄子孙。但问题是，按之先秦文献，商、周、秦、楚等各族"各有始祖"，并无一个共同的祖先。换言之，过往的"炎黄同源"之说经不起科学的分析。不过，大破坏之后，必有大建设。顾颉刚即建设性地提出了"中华民族是一个"。而承前所述，这一理论不仅建立在我国"二千数百年的历史"基础之上，还是"实际调查"的结果。因此，这一理论的提出，可以说标志着现代中国民族理论的初步形成。

不过，诚如顾颉刚自己坦诚地说，"中华民族是一个"这一理论，自己只是"粗引端绪"，故这一理论不可避免地还存在一定的问题。1939 年 5 月，费孝通在《关于民族问题的讨论》一文中即批评说，中国人民不仅在文化、语言、体质等方面有"混合"，还有"分歧"。这些"混合"并不一定会在政治上发生统一，而这些"分歧"不一定影响政治上的团结。因此，谋求政治上的统一，是要消除因差异而导致的"政治上的不平等"。[①] 1940 年 1 月，翦伯赞在《论中华民族与民族主义》一文中则批评说，"中华民族是一个"这一理论，否定了"国内少数民族之存在的意义"，这与"客观的事实"完全不符。[②] 应该说，费孝通、翦伯赞的批评皆有一定的道理，即"中华民族是一个"这一理论完全忽略了中华民族存在"分歧"的多元性，甚至否定了"各种各族"的客观存在。

但是，惟不能因此而否定"中华民族是一个"的科学性。因为，这一理论看到了中华民族"混合"的一体性。而这一点无疑为后之

---

① 费孝通：《关于民族问题的讨论》，《益世报·边疆周刊》第 19 期，1939 年 5 月 1 日。

② 翦伯赞：《论中华民族与民族主义》，《中苏文化》第 6 卷第 1 期，1940 年 1 月。

学者继续探讨这一重大的民族问题,进而建立更加科学的民族理论提供了基础性条件。最能说明问题的是,"中华民族是一个"理论提出将近半个世纪之后的 1988 年,费孝通在香港中文大学的一次演讲中,提出了中华民族多元一体的理论。之后,费孝通又撰写了《中华民族多元一体格局》,进一步阐述了这一理论。这一理论提出之后,受到了民族学界的广泛认同。而诚如有论者指出的,这一比较成熟的民族理论之建立,无疑都受到了顾颉刚对中华民族一体性的认识和论证的影响。①

　　由上可知,"中华民族是一个"理论问世之后,不仅在当时的学术界、政界产生了广泛的影响。更为关键的是,这一理论不仅有效地揭穿了帝国主义国家分化中国的阴谋,捍卫了中华民族的统一性;还为后之学者建立"中华民族多元一体"这一更加完善的民族理论提供了基础条件。因此,我们认为,正是"中华民族是一个"理论的提出,使得顾颉刚正式跻身于中国现代民族理论的建设者行列之中。

余　论

　　行文至此,本章已经基本完成了对顾颉刚古代民族研究的专

---

① 参见周文玖:《从"一个"到"多元一体"——关于中国民族理论发展的史学史考察》,《北京大学学报(哲学社会科学版)》2007 年第 4 期;马戎:《如何认识"民族"和"中华民族"——回顾 1939 年关于"中华民族是一个"的讨论》,《中南大学学报(人文社会科学版)》2012 年第 5 期。

题考察。简要言之，顾颉刚先是于 1923 年提出了极具破坏性质的"古代民族不出于一元论"，从而彻底推翻了传统的"民族出于一元"论。此后，到了抗战爆发之后的 1939 年，顾颉刚又提出了具有建设性质的"中华民族是一个"，从而增进了中华民族的团结情绪。因此，在中国古代民族研究领域，顾颉刚不仅是中国传统民族理论的终结者，还是中国现代民族理论的初步建立者。

不过，这里还有最后一个相关问题值得再讨论，即"中华民族是一个"理论被提出的前后，顾颉刚是否放弃了"古代民族不出于一元"这一"疑古"的观点。早在 1940 年，冯友兰就这一问题提出了自己的看法。这一年，冯友兰在《历史与传统》一文中指出："民初以来，有些历史家，竭力证明中国民族是多元底，对于传统底说法，以为中国人都是炎黄之后者，竭力攻击，以为这些传统，不但不合乎历史底事实，而且根本应该杜绝废止。但这些历史家，近又感觉，外人正持中国民族是多元底之说。以离间我们的内部，遂又以为中国民族是多元底之说，又应该杜绝废止。"[①]此外，傅斯年、钱穆也表达过类似的看法。[②]

70 余年之后，这一问题再次被提出。2013 年，孙喆在《顾颉刚的民族观与民族自信》一文中指出，在顾颉刚看来，"中国各族起源是多元的……要用历史演进的观点来看待历史上的传说"。但是，"自 1937 年起，顾颉刚的民族观念有了根本性的变化"。尤其到了1939 年，顾颉刚在《中华民族是一个》一文中"再次修订了自己的

---

① 冯友兰：《历史与传统》，《三松堂全集》第 5 卷，第 373 页。
② 参见顾颉刚：《顾颉刚日记》第 5 卷，第 179 页；钱穆：《八十忆双亲　师友杂忆》，《钱宾四先生全集》第 51 册，第 250 页。

民族观"，"而最终形成了'中华民族是一个'的观念"。①

持类似观点的还有葛兆光。2015 年，葛兆光在《徘徊到纠结——顾颉刚关于"中国"与"中华民族"的历史见解》一文中指出，顾颉刚曾于 1923 年提出"打破民族出于一元的观念"。但是，这一情况很快被逆转，"毕竟形势比人强"。所谓"形势"，主要指的是1931 年"九一八事变"、1932 年"满洲国"成立、1933 年"东突厥斯坦伊斯兰共和国成立"以及 1935 年"华北自治运动"的出现，这一系列的事件"使中国陷入国土割裂的空前危机"。受这一民族危机的影响，顾颉刚又提出了"中华民族是一个"，捍卫中国在民族上的统一性。总之，在葛兆光看来，此时顾颉刚逐渐放弃了"古代中国人种不出于一源的"疑古立场，而开始转向论证一个"（中华）民族"。②

根据现有资料，抗战爆发之后，受时局的影响，顾颉刚的民族研究确实发生了一些变化。承前所述，顾颉刚先是在《与钱玄同先生论古史书》《答刘、胡两先生书》中提出了"古代民族不出于一元论"，之后又在《中国上古史研究讲义》《古史辨第四册自序》《战国秦汉间的造伪与辨伪》等文章中对这一观点进行了阐述。这些文章的主要内容讨论中华民族的"源"，其研究目的在于打破传统的"民族一元论"，进而推翻"非信史"。但是，全面抗战爆发之后，这一情况就发生了变化。诸如《如何可使中华民族团结起来》《边疆

---

① 孙喆：《顾颉刚的民族观与民族自信》，《中州学刊》2013 年第 5 期；孙喆、王江：《边疆、民族、国家：〈禹贡〉半月刊与 20 世纪 30—40 年代的中国边疆研究》，第 98—105 页。
② 葛兆光：《徘徊到纠结——顾颉刚关于"中国"与"中华民族"的历史见解》，《书城》2015 年第 5 期。

问题》《中华民族是一个》《我为什么要写"中华民族是一个"》等文章的主要内容在于讨论中华民族的"流"，其研究目的在于通过强调"中华民族是一个"，从而有效地增进中华民族的"团结情绪"。由此来看，受时局的影响，顾颉刚民族研究的侧重点和研究宗旨发生了重大转变。

但是，其主张的"古代民族不出于一元论"从来不曾改变过。承前所述，《中华民族是一个》一文的"前身"是《如何可使中华民族团结起来》。而在此文中，顾颉刚已经提出了"中华民族是一个"，并从历史的角度进行了初步论证。这里想借此进一步指出的是，就是在这篇讲演词中，顾颉刚还强调说，讲到中国，大家都把汉族作为中心，而汉族的文化又以夏、商、周作中心。"以前的学者以为这三代只是臣革君命，是一族间的政权转移而已。"但是，根据最近的研究成果，夏、商、周并不是三个朝代，而是三个种族。"夏族大抵是从北方来的，商族大抵是从东北来的，周族是由西方来的。"①承前所述，"古代民族不出于一元论"，即是商、周、秦、楚等族并非出于一元。对照之下，二者之间的观点基本一致。如此来看，"中华民族是一个"与"古代民族不出于一元论"并无矛盾之处。

关于这一学术判断，我们还可以从《我为什么要写"中华民族是一个"》一文中得到进一步的证实。顾颉刚在该文中再次强调说："商和周，一个起于东方，一个起于西方，决不是一个种族。"②要而言之，"商和周决不是一个种族"与"中华民族是一个"并不冲突，而是紧密相连。

---

① 顾颉刚：《如何可使中华民族团结起来》，《宝树园文存》第4卷，第59—60页。
② 顾颉刚：《我为什么要写"中华民族是一个"》，《宝树园文存》第4卷，第110页。

由上可知,顾颉刚在提出"中华民族是一个"的前后,仍然认为古代民族并非是出于一元的,其中"商和周决不是一个民族"。这一认识与其在 1923 年提出的"打破民族出于一元的观念"完全一致。因此,截止到抗战时期的顾颉刚,并非如上述学者指出的,逐渐放弃了"民族并非是一元"的"疑古"立场,而是以此为前提提出了"中华民族是一个"这一建设性的理论。简要而言,在中国古代民族研究上,顾颉刚不仅推翻了传统民族理论,还以此为前提初步建设了现代民族理论。

此外,这里还有必要辨析的是,一位真正的历史学家,绝不会因为"形势"的改变而放弃之前的"求真之学",而是以其"求真之学"来"致用",从而实现真正意义上的"学术救国"与"学以致用"。这份珍贵的学术品质,尤值得我们表彰与传承!

第三章
从破"一统"到捍"统一"：顾颉刚与
古代疆域考察

　　古代疆域研究是顾颉刚古史学体系的又一重要组成部分。与古代民族研究一样，这一研究工作与其最先致力的古史研究紧密相关。1923 年 6 月，为了论证"古史层累说"，顾颉刚又在《答刘、胡两先生书》一文中推出了推翻"非信史"的四个标准。其中第二个标准是"打破地域向来一统的观念"。此后，顾颉刚为了对中国古史有一个彻底的了解，继续研究古代疆域问题。[①] 尤其到了抗战全面爆发之后的 1938 年，为了挽救这场民族危机，顾颉刚与史念海共同撰写了具有建设性质的《中国疆域沿革史》，从而捍卫了中国大一统疆域的"合法性"，有效地增强了国人守土有责的疆域意识。

───────────────

① 1935 年 3 月，顾颉刚在写给谭其骧的信中强调说，自己"本不是研究地理的"，但"因读了古书就想弄古史，因弄古史而想旁及古地理"。参见顾颉刚：《致谭其骧·二》，《顾颉刚书信集》第 2 卷，第 553 页。

一般认为,顾颉刚提出的"古史地域非向来一统"论,虽然破坏了传统的"地域向来一统论",但未能还原出真实的疆域形成情况。至于其与史念海共同撰写的《中国疆域沿革史》,学术界则一般认为,二人撰写该书之时,便放弃了之前的"地域非向来一统"的"疑古"观点。但实际上,上述观点均存在一定的认识偏差。首先,"古史地域非向来一统"论,换个角度看即是建设了"古史地域扩张论"。其次,《中国疆域沿革史》则是以"古史地域非向来一统论"为前提如实地还原了历代疆域变迁的实际情况。总之,正是这一破立兼顾的民族理论之提出及之后的学术论证,使得顾颉刚不仅成为了中国传统疆域观念的破坏者,还成为了现代疆域观念的建立者。

第一节　四海渐同:"古史地域非向来一统论"的建立及影响

在中国古代疆域研究上,顾颉刚首先扮演了一个"破坏者"的角色,进而打开了"建设"这一领域新范式的大门。其中,最能体现这一点的是其在1923年提出的"古史地域非向来一统论"。此论提出之后,不仅打破了传统的"地域向来一统论",还为并世学者建设"古史地域扩张论"提供了基础性条件。不过,关于这一论点的渊源流变,过往学界尚无专门的考察。因此,本章首先拟对这一论点的提出、学术渊源、基本内涵以及影响进行一番较为系统的考察,进而客观地估定此论在中国疆域沿革研究转型中的学术价值。

一、旨在推翻"非信史"："古史地域非向来一统论"的提出缘起

作为一种根深蒂固的传统观念，"地域向来一统"在典籍中有着明确的记载。比如，司马迁在《史记·五帝本纪》中说："黄帝……东至于海，登丸山，及岱宗。西至于空桐，登鸡头。南至于江，登熊、湘。北逐荤粥，合符釜山，而邑于逐鹿之阿。"①又如，《尚书·尧典》载：帝尧"分命羲仲，宅嵎夷，曰旸谷"；"申命羲叔，宅南交"；"分命和仲，宅西，曰昧谷"；"申命和叔，宅朔方，曰幽都"；②《尚书·禹贡》载："（禹）……东渐于海，西被于流沙，朔南暨声教，讫于四海。"③用顾颉刚的话说，读了《史记·五帝本纪》这一段，"以为中国的疆域的四至已在此时规定了"，而读了《尚书》的这些篇章，"地域一统的观念更确定了"。④

这一传统论点被确定之后，由汉至清，一直延续到现代。1904年，夏曾佑在《最新中学中国历史教科书》一书中说："当炎帝末造，居中国者，约分三族。最北以漠南北为界者，为荤粥；西起昆仑，东渐大海，夹黄河两岸者，为诸夏；大江以外，及乎南滇，是为黎族。"⑤1905年，刘师培在《中国历史教科书》一书中说："伏羲以前，

① ［汉］司马迁：《史记》第一册，第6页。
② ［汉］孔氏传，［唐］孔颖达疏：《尚书正义》，［清］阮元校刻：《十三经注疏》上册，第119页。
③ ［汉］孔氏传，［唐］孔颖达疏：《尚书正义》，［清］阮元校刻：《十三经注疏》上册，第153页。
④ 顾颉刚：《答刘、胡两先生书》，《顾颉刚古史论文集》第1卷，第202页。
⑤ 夏曾佑：《中国古代史》，第14页。

汉族之疆域荒渺难稽……黄帝疆域,东至于海,西至空桐,南至于江,北至釜山。颛顼之地,北至幽陵,南至交趾,西至流沙,东至蟠木。帝尧之地,东至嵎夷,南至南交,北至朔方,西至西土。夏禹之地,东渐于海,西被流沙,南至衡山,北至恒山。"①1909 年,陈庆年在《中国历史教科书》一书中说:"黄帝出,国于有熊,有英资大略,欲统一天下,数征四方诸侯,以启封疆,披山通道,未尝宁居,迁徙往来,以师兵为营卫,东至海,西至崆峒,南至江,北逐荤粥,合符釜山,而邑于涿鹿之阿,乃建立一大帝国,是为中国一统政治之始基。"②1921 年,李泰棻在《中国史纲》一书中说:"黄帝……东至于海,登丸山,及岱宗。西至于空桐,登鸡头。南至于江,登熊、湘。北逐荤粥,合符釜山,而邑于涿鹿之阿。"③由此而知,"地域向来一统论"可以说"牢不可破",一直影响到现代。

不过,有一些目光敏锐的学者已经意识到了其中的问题。顾颉刚即是其中最有代表性的学者。自 1920 年 11 月,顾颉刚逐渐走上"疑古"之路。而传统的"地域向来一统论"自然进入了其再审视的视野。1921 年 11 月,顾颉刚在一则读书笔记中说:"战国人皆欲以疆域扩充至极大,故有《山海经》《禹贡》之作。"④换言之,在顾颉刚看来,《禹贡》中的地域记载"乃是战国时七国的疆域"。

当然,上述记载仅限于私人的《读书笔记》,故外界并不知晓。至 1922 年 4 月,顾颉刚便将这一认识公之于众了。是月,顾颉刚

---

① 刘师培:《中国历史教科书》,第 18 页。
② 陈庆年:《中国历史教科书》,上海:商务印书馆,1909 年,第 1—2 页。
③ 李泰棻:《中国史纲》第 1 卷,第 90 页。
④ 顾颉刚:《疆域观念之扩大》,《顾颉刚读书笔记》第 1 卷,第 265 页。

在《教育杂志》上发表了一篇题为《中学校本国史教科书编纂法的商榷》的文章，文中指出："在极经济的教科书上，我们既不能重形式，更不能妄信传说，所以在剪裁上尤应严厉。"比如，"《禹贡》一篇，规模太广了。四千年前，中国的疆土决不会'东渐于海，西被于流沙，朔南暨'，和秦的四十郡相当"。而"战国时都欢喜把疆域扩充到极大，所以有《山海经》的著述，有邹衍大九州的学说，有秦始皇立四十郡而一统之的政治；《禹贡》当然是这时的作品"。①

　　经过一年的思考，上述认识变得更为成熟了。1923 年 4 月，顾颉刚拟作一篇《〈禹贡〉作于战国考》。该文共计十一个章节，其中第二节是"古代只有种族观念，而无统一观念"，第三节是"古代的'中国'地域甚不大"，第四节是"战国七雄疆域开得大了，故有一统观念"。② 与此同时，顾颉刚在一则读书笔记中记载："《尧典》上地域观念极明白，既以东南西北分配羲、和，又以东西南北分配宗岳。"因此，"疑《尧典》是五行之说盛行后所作"。③ 要而言之，在顾颉刚看来，古代中国的疆域甚不大，《尧典》与《禹贡》中记载的疆域并非当时的实际情况，而是战国时的疆域。

　　1923 年 7 月，顾颉刚在《答刘、胡两先生书》中对上述观点进行了提炼，从而提出了"打破地域向来一统的观念"这一推翻"非信史"的标准。具体而言，战国以前，中国只有"种族观念"，而没有"一统观念"。根据"龟甲文中的地名"，商朝的天下自限于"邦畿千

---

① 顾颉刚：《中学校本国史教科书编纂法的商榷》，《宝树园文存》第 3 卷，第 29—30 页。
② 顾颉刚：《〈禹贡〉作于战国》，《顾颉刚读书笔记》第 2 卷，第 12 页。
③ 顾颉刚：《〈禹贡〉作于战国》，《顾颉刚读书笔记》第 2 卷，第 12—13 页。

里"之内。至"周有天下",虽然采用"封建制"来镇压"四方之国",但"始终未曾没收了蛮貊的土地人民","以为统一寰宇之计"。直到春秋战国,各国疆域逐渐扩大,开始实行郡县制。之后,到秦始皇统一六国,中国才始成"一统"之局。因此,如果自黄帝以来,中国地域就是一统的,"这步骤就乱了"。① 总之,在顾颉刚看来,"古史地域非向来一统",故若想推翻"非信史",必须"打破地域向来一统的观念"。

此后,顾颉刚便按照这一标准,对"非信史"进行了不同程度的"推翻"。1926 年,顾颉刚在《秦汉统一的由来和战国人对于世界的想象》一文中开篇即表示,对于中国的疆域,人们往往认为"中国汉族所居的十八省",自古以来就是"一统"的。但实际上,这是"一种误解"。人们之所以有此"误解",主要在于误用了"秦、汉以后的眼光",来看"秦、汉以前的疆域"。② 1928 年,顾颉刚讲授《古代地理研究》,基本线索之一就是"古史地域非向来一统",而是"积渐扩大"的。③ 1934 年,顾颉刚在《古史中地域的扩张》一文中则指出:夏代至秦代,中国的疆域是逐渐扩大的,秦以前不可能有如此广大的疆域。④ 1938 年,顾颉刚在与史念海共同撰写的《中国疆域沿革史》一书中说:"春秋以前,中国内部多为独立的国家及部落。"所谓华夏文明也仅限于今天河南、陕西等省境内。⑤ 由此而言,顾颉刚之

① 顾颉刚:《答刘、胡两先生书》,《顾颉刚古史论文集》第 1 卷,第 202—203 页。
② 顾颉刚:《秦汉统一的由来和战国人对于世界的想象》,《顾颉刚古史论文集》第 5 卷,第 33 页。
③ 顾颉刚:《古代地理研究讲义》,《顾颉刚古史论文集》第 5 卷,第 29 页。
④ 顾颉刚:《古史中地域的扩张》,《顾颉刚古史论文集》第 5 卷,第 78 页。
⑤ 顾颉刚:《中国疆域沿革史》,《顾颉刚古史论文集》第 6 卷,第 46 页。

所以能够推翻"非信史"，"古史地域非向来一统论"可谓功不可没。

二、"古史地域非向来一统论"的学术渊源

一般来讲，一个革命性论点的提出，都有其学术渊源。因此，若想对"古史地域非向来一统论"有一个进一步的了解，学术探源工作必不可少。

根据现有资料，较早触及这一"古史地域非向来一统论"的是宋代学者洪迈。《容斋随笔》卷五《周世中国地》载：

> 成周之世，中国之地最狭，以今地里考之，吴、越、楚、蜀、闽为蛮，淮南为群舒，秦为戎。河北真定、中山之境，乃鲜虞、肥、鼓国。河东之境，有赤狄、甲氏、留吁、铎辰、潞国。洛阳为王城，而有杨拒、泉皋、蛮氏、陆浑、伊洛之戎。京东有莱、牟、介、莒，皆夷也。杞都雍丘，今汴之属邑，亦用夷礼。邾近于鲁，亦曰夷。其中国者，独晋、卫、齐、鲁、宋、郑、陈、许而已。通不过数十州，盖于天下特五分之一耳。[①]

简要言之，在洪迈看来，成周之世，中国之地最狭，不过天下的五分之一。

而最迟在 1921 年 5 月，顾颉刚便已阅读到了洪迈的《容斋随笔》。[②] 此外，其还在《中国疆域沿革史》一书中明确表示："春秋之世，华夏之地不过当今黄河流域陕西、山西、河北、河南、山东诸省之地。"而且，"在此数省地中尚与夷狄杂处"。而为了证明这一观

---

① ［宋］洪迈：《容斋随笔》，第 64 页。
② 参见顾颉刚：《作文与作史》，《顾颉刚读书笔记》第 1 卷，第 86—87 页。

点,顾颉刚还直接转引了洪迈之说。① 因此,我们有理由推定,顾颉刚之所以能够提出"古史地域非向来一统论",最早可以追溯到上述洪迈之说的启发。

继洪迈之后,对"古史地域非向来一统论"阐发最为深刻的可能是梁启超。1905 年,梁启超在《新民丛报》上发表了《历史上中国民族之观察》一文,并附录一篇"旧稿"——《〈史记·匈奴列传〉戎狄名义考》。该文指出:"自尧以前,我族皆宅河南,至尧乃渡河而北,突入狄窟奠都焉,尧之明德远矣。及舜封后稷弃于邰,弃尧之母弟,而邰近陕西延安也,其地夙为我族势力所不及,至是开殖焉。"②1922 年,梁启超在《中国历史上民族之研究》一文中进一步指出:"在春秋初期,诸夏所支配地,惟有今河南、山东两全省(其中仍有异族)及山西、陕西、湖北、直隶之各一小部分。及其末期,除此六省已完全归属外,益以江苏、安徽二省,及浙江省之半,江西省之小部分。及战国末年,则除云南、广东、福建三省外,中国本部,皆为诸夏势力范围矣。"③由此观之,在梁启超看来,古史地域非向来一统。

对于梁启超的上述观点,顾颉刚是十分清楚的。自 1904 年,顾颉刚即开始自读《新民丛报》,④此后则收藏该报"全帙"。⑤ 而至1922 年,其还在胡适的帮助下得到了包括《中国历史上民族之研

---

① 顾颉刚、史念海:《中国疆域沿革史》,《顾颉刚古史论文集》第 6 卷,第 42 页。
② 梁启超:《〈史记·匈奴列传〉戎狄名义考》,《梁启超全集》第 6 册,第 3426 页。
③ 梁启超:《中国历史上民族之研究》,《梁启超全集》第 6 册,第 3440 页。
④ 参见顾颉刚:《我在辛亥革命时期的观察》,《宝树园文存》第 6 卷,第 481 页。
⑤ 参见顾颉刚:《致教育部清理战时文物损失委员会》,《顾颉刚书信集》第 3 卷,第259 页。

究》在内的《五千年史势鸟瞰》。① 因此，顾颉刚之所以能够提出"古史地域非向来一统论"，在一定程度上是受到了梁启超之说的启发。

继梁启超之后，王国维则对"古史地域非向来一统论"进行了实证考察。1915 年，王国维在《雪堂丛刻》第 12 册发表了《三代地理小记》。其中有一篇《殷墟卜辞中所见地名考》。王国维在此文中指出："殷墟卜辞中所见古地者，多至二百余，其字大抵不可识。其可识者，亦罕见于古籍。"其中，"略可定者"共计有八个字：第一，龚，在今河南卫辉府辉县；第二，盂，在河南怀庆府河内县；第三，雝，在怀庆府修武县西；第四，亳，在山东曹州府曹县南；第五，曹，在山东兖州府定陶县；第六，杞，在河南开封府杞县；第七，戴，在河南归德府考城县；第八，雇，在怀庆府原武县。总之，"此八地者，皆在河南、北千里之内，又周时亦有其地，殆可信为殷天子行幸之地矣"。②

承前所述，顾颉刚在《答刘、胡两先生书》中指出，在"甲骨文中的地名"中，"都是小地名"，并没有"邦国种族的名目"。由此可见，"商朝天下自限于'邦幾千里'之内"。对比之下，二者的观点基本一致。我们要进一步指出的是，早在 1921 年，顾颉刚即读到了王国维"著述的全份"，"始见到商代的甲骨文字"和王国维的考释。③ 1928 年，顾颉刚在《古代地理研究讲义》中表示，王国维"覃研古文字，乃综合旧典籍与新材料，作《三代地理小记》及《鬼方昆

---

① 参见顾颉刚：《顾颉刚日记》第 1 卷，第 235 页。
② 王国维：《观堂集林》，第 624 页。
③ 顾颉刚：《古史辨第一册自序》，《顾颉刚古史论文集》第 1 卷，第 44 页。

夷獫狁考》等篇,言商、周地理者未有过之者也。今选录其文,藉见彼时疆域茫昧至极,虽以静安先生之深邃精密,所得亦仅如是而已"。① 由此来看,顾颉刚之所以能够提出"古史地域非向来一统论",还与王国维对甲骨文字的考释密不可分。

　　除洪迈、梁启超、王国维等上述学者之外,对传统的"地域向来一统论"进行质疑的还有胡适。1921 年 7 月,胡适在东南大学作了一次题为《研究国故的方法》的演讲,强调要研究国故,就不得不注意四种方法,其中之一是要有"疑古的态度"。比如,《禹贡》"一般学者都承认是可靠的",但如果用"历史的眼光"来看,该篇则是"不可靠的",是"伪的"。因为,在夏禹时,中国不可能"有这般大的土地"。因此,"总要有疑古的态度才好"。② 1922 年 10 月,胡适又在北京高等师范学校"重讲"了一次,认为研究国故要首先具备两种态度,其中一种是"怀疑态度"。比如,"《禹贡》一篇,把方域、山川、民风、土产、土性、赋税等等,记得应有尽有,真是再好没有的一部地理志"。但是,"试想中国古代根据地,不过是黄河流域,他却把春秋时犹认为蛮夷的荆州、扬州,一并列在所谓中国九州之内;又是什么'三百里……服'竟至'东渐于海,西被于流沙,朔南暨,声教迄于四海'。其实中国版图,在夏禹时那会曾有如许大? 况且他所谓九州,就和《尔雅》的九州,有几州不同"。因此,"我们断不可把这些东西,当作真史料看"。③ 要而言之,在胡适看来,《禹贡》是"不可靠"的,其"四至"说不能成立。

---

① 顾颉刚:《古代地理研究讲义》,《顾颉刚古史论文集》第 5 卷,第 19 页。
② 胡适:《研究国故的方法》,《胡适全集》第 13 卷,第 44—45 页。
③ 胡适:《研究国故的方法》,《国文会丛刊》第 1 卷第 1 期,1922 年 11 月。

承前所述,顾颉刚在《答刘、胡两先生书》中强调说,《禹贡》中的"九州""乃是战国时七国的疆域"。对比之下,二者的观点略有不同,但其对"九州"的质疑则是一致的。而众所周知,胡适是顾颉刚走上"疑古"之路的引领者。因此,顾颉刚之所以能够提出"古史地域非向来一统论",在一定程度上还受到了胡适的启发。

如上所述,最迟在南宋,洪迈就对传统的"地域非向来一统论"提出了质疑,近代之后,梁启超、王国维、胡适等进一步对这一问题进行了分析。而根据现有资料,顾颉刚对上述学人的论述均有所涉及。因此,上述论述可以说为顾颉刚提出"古史地域非向来一统论"提供了较为充分的学术资源。

三、"历史演进的方法"与"古史地域非向来一统论"的建立

不过,这里必须指出的是,上述学者虽然对传统的"地域向来一统论"提出了质疑,但问题是,这些"疑古"观点并不彻底。因此,这些反传统的观点问世之后,传统的"地域向来一统论"依旧安然如故。

直到顾颉刚明确提出"古史地域非向来一统"论,并以此为基础对"非信史"进行一系列"推翻"工作之后,才真正地动摇了传统的"古史地域非向来一统论"。推论此中因由,不仅在于顾颉刚从前之学者的论述中得到了启发,更在于其自觉地运用了"历史演进的方法"。

当然,我们的推论是有本于顾颉刚的论述。承前所述,顾颉刚

在《答刘、胡两先生书》中正式提出了"古史地域非向来一统论",并进行了简要的论证。这里要进一步指出的是,顾颉刚在论证之后,专门强调说:"我们对于古史,应当以各时代的地域为地域,不能以战国的七国和秦的四十部算做古代早就定局的地域。"[①]今按"以各时代的地域为地域",即是对"历史演进的方法"应用于这一问题的最简要的概括。由此而言,"古史地域非向来一统论"无疑是此法的学术产物。

不过,由于《答刘、胡两先生书》中对这一问题的分析过于简要,故为了说明问题,下面有必要展开进一步的阐述。承前所述,顾颉刚在《答刘、胡两先生书》中正式提出"古史地域非向来一统论"之后,又在《秦汉统一的由来和战国人对于世界的想象》中对这一论点进行了阐述。此文的具体阐述如下:

首先是夏、商、周的疆域。根据《尚书》,夏朝是"商朝以前的一朝"。不过,"与其称它为一朝,还不如称它为一国"。按照以前的说法,夏国建都的地方,在山西南部的安邑县。[②]之后是商国的地域。"商国的都城,说是河南东部的商丘县,中部的偃师县,北部的淇县。"根据甲骨文的记载,商国的地域即是河南的中部、北部和山东的西部。根据近年来考古学家的铜器研究,商人已经游牧到了直隶的保定。而根据《孟子》《商颂》的相关记载,商国的地域都是不大的。要而言之,商国并未成"统一的事业"。[③]然后是周国的

---

① 顾颉刚:《答刘、胡两先生书》,《顾颉刚古史论文集》第1卷,第203页。

② 顾颉刚:《秦汉统一的由来和战国人对于世界的想象》,《顾颉刚古史论文集》第5卷,第33—34页。

③ 顾颉刚:《秦汉统一的由来和战国人对于世界的想象》,《顾颉刚古史论文集》第5卷,第34页。

地域。"周国是在陕西中部兴起来的,大约是氐、羌的一种。"《国语》载:"我先王不窋自窜于戎狄之间。"由此可见,"周人并不讳言自己的民族是戎狄",而并非是"诸夏"。直到周人"进了中原",才自以为是"诸夏"。此后,"他们沿了黄河,往东发展;把商国打灭后,就在河南洛阳建立了一个东都"。由此可见,周人"要求得到的土地并不很多",其对于土地的欲望"是容易满足的"。但是,周人"有一件发展势力的特别办法",即是"封建"。具体而言,"他们把自己的家族和姻亲封到王畿以外做国君,小的占着几十里地,大的百里地"。如此一来,周人的势力就分散到各处了。不过,"他们的势力依然在黄河两岸,达不到长江"。要而言之,"论其实在,周朝时候的中国,只有陕西、河南、山东三省和山西、直隶两省的南部"。①

然后是春秋、战国的地域。"当初封建时,各国的土地原是很小的;后来他们自己着力开拓,大国就有了几百里或几千里地。"比如,"春秋的郑,战国的韩、魏,虽也强盛过一时,但因处在腹地,四面都有别的强国挡住他们的路,所以不能有多大的发展"。但是,"齐国可在海边上开拓,燕国和晋国可向北边开拓,秦国可向西边开拓,楚国可向南方开拓"。因此,"到了战国,就成了几个极大的大国,比夏、商、周一概大了"。② 而七国逐渐强大,国与国之间有了往来,文化得到传播,种族观念自然变淡,"无形中把'中国'一个

---

① 顾颉刚:《秦汉统一的由来和战国人对于世界的想象》,《顾颉刚古史论文集》第5卷,第34—35页。

② 顾颉刚:《秦汉统一的由来和战国人对于世界的想象》,《顾颉刚古史论文集》第5卷,第35页。

名词放得很大,凡是七国的疆土都变成了中国了"。①

　　最后是秦汉的地域。"秦始皇灭了六国,又略取广东、广西地方,分全国为四十郡。到汉武帝时,北伐匈奴,西通西域,东平朝鲜,南开西南夷,地方比秦始皇时更大了。"②

　　由上可知,顾颉刚的研究方法是,"搜集古人所说的'当时'的地理材料,依了时代的次序去编排,看出实际上古代疆域的大概情形"。③"古史地域非向来一统论"出于"历史演进的方法"由此略见一斑。

　　不过,稍嫌遗憾的是,顾颉刚在《秦汉统一的由来和战国人对于世界的想象》一文中并未对传统的"地域向来一统论"的由来进行充分的分析。当然,其并未将这一问题付诸阙如,而是在之后的《古史中地域的扩张》一文中进行了补充。在此文中,顾颉刚首先对秦以前的地域情况进行了考察,之后指出直到"始皇二十六年,成了统一的功业"。至于具体的疆域范围,顾颉刚转引了秦始皇二十八年登琅琊的刻石文字,即"六合之内,皇帝之土,西涉流沙,南尽北户,东有东海,北过大夏;人迹所至,无不臣者"。④

　　然而,学者们并不愿意秦始皇"专美于后"。根据《淮南子》《五帝德》《尧典》《禹贡》《礼记王制注》《周礼职方疏》等文献的记载,他

---

① 顾颉刚:《秦汉统一的由来和战国人对于世界的想象》,《顾颉刚古史论文集》第5卷,第35页。
② 顾颉刚:《秦汉统一的由来和战国人对于世界的想象》,《顾颉刚古史论文集》第5卷,第40页。
③ 顾颉刚:《古代地理研究旨趣书》,《顾颉刚古史论文集》第5卷,第2页。
④ 顾颉刚:《古史中地域的扩张》,《顾颉刚古史论文集》第5卷,第75—78页。

们想出了一个办法，即对秦始皇以前的帝王进行"装饰"，把此前帝王的疆域想象得同秦始皇时的一样大。具体而言，"神农以上有大九州"，颛顼、帝喾、尧、舜、禹的地域则是"日月所照，莫不宾服"。此后，夏桀之国的疆域则变成"人迹所至，舟车所通，莫不为郡县"。而商国的疆域本来不过"邦畿千里"，现在则变成殷汤"制中国方三千里之界"。至于周国的声威所及本来不过今河南、陕西等几省，但现在则变为千里、万里了。① 要而言之，"古代的疆域竟因始皇的赫赫之功而改变了"。②

按照胡适的解释，关于"历史演进的方法"，其中有一个工作程序，即"可能时，解释每一次演变的原因"。承上所述，顾颉刚在《古史中地域的扩张》一文中不但对历代的地域情况进行了分析，还进一步解释了传统的"地域向来一统论"的由来。"古史地域非向来一统论"出于"历史演进的方法"，由此再次得到印证。

由上可知，顾颉刚正是自觉地运用"历史演进的方法"对中国上古疆域沿革进行了考察，分析了传统的"地域向来一统论"的由来。因此，此论建立之后，才能从根本上动摇了这一传统之论，并在较大程度上还原了中国上古疆域沿革情况。

四、"古史地域非向来一统论"的初始影响与意义

从学术史的角度来讲，在略知了"古史地域非向来一统论"的提出、学术渊源以及基本内涵之后，还有必要对这一论点的初始影响进行一番较为系统的考察。

---

① 顾颉刚：《古史中地域的扩张》，《顾颉刚古史论文集》第 5 卷，第 78—81 页。
② 顾颉刚：《崔东壁遗书序一》，《顾颉刚古史论文集》第 7 卷，第 72 页。

　　承前所述,顾颉刚是在《答刘、胡两先生书》中正式提出"古史地域非向来一统论"的。这里要进一步指出的是,此论提出之后,立刻遭到了刘掞藜的批驳。1923 年 9 月,刘掞藜在《读书杂志》发表《讨论古史再质顾先生》,首先转引了顾颉刚的论点,然后认为这一论点是"错的"。进言之,"'步骤就乱'不足以证明战国的七国、秦的四十郡不是古代早就定局的地域"。"如果以黄帝的四至、《禹贡》的九州、《尧典》的四罪所放殛之地为合于战国时七国的疆域,便以为不应是黄帝时尧时禹时早就定局的地域",这是不能成立的。总之,刘掞藜认为,关于中国地域问题,"只是打破古来各代地域一致的观念"。①

　　与刘掞藜观点类似的是张荫麟。1928 年 2 月,张荫麟在《大公报·文学副刊》上发表了一篇题为《评顾颉刚〈秦汉统一的由来和战国人对于世界的想象〉》的书评,文中认为,顾文有三大"谬误",其中之一是,"三代王畿之狭小,自是事实;然王畿与全国境域不容混为一谈。春秋以前,王朝之势力及其与长江流域诸国之关系,吾人决不能据春秋时之情形推断,因国势之消长及领域之伸缩为历史上所恒有事也"。②

　　然而,对于"古史地域非向来一统论",更多的学者持肯定的意见。1926 年 6 月,在美国汉学家博晨光的邀请下,顾颉刚在北京华文学校作了一次演讲,此次演讲稿即《秦汉统一的由来和战国人对于世界的想象》。演讲之后,美国汉学家恒慕义专门将此文翻译

① 刘掞藜:《讨论古史再质顾先生》,《古史辨》第 1 册,第 139—141 页。
② 张荫麟:《评顾颉刚〈秦汉统一的由来和战国人对于世界的想象〉》,《古史辨》第 2 册,第 11 页。

成了英文,并代之诵读。① 由此可见,对于此文的中心思想——
"古史地域非向来一统论",恒慕义是持认可态度的。

除恒慕义之外,对"古史地域非向来一统论"予以正面评价
的还有傅斯年。1927 年 11 月,傅斯年在《中山大学语言历史
学研究所周刊》中发表《评〈秦汉统一的由来和战国人对于世界
的想象〉》一文,开列了十点意见。其中第一点意见是,这篇文
章并未提到"统一的由来"。"若谓有个大的世界观念便能统
一,则从无是说。"不过,"这个古疆域小的一个中心思想,自然再
对不过"。②

除上述批评或肯定之外,还有部分学者在此论的基础上对其
他相关疆域问题进行了具体考察。其中最有代表性的学者是钱
穆。1931 年,钱穆在《燕京学报》发表《周初地理考》,认为"周人盖
起于冀州,在大河之东。后稷之封邰,公刘之居豳,皆在晋地"。直
到"太王避狄居岐山始渡河而西"。③ 1932 年,钱穆在《燕京学报》
发表《古三苗疆域考》,提出三苗"左彭蠡右洞庭",非"后世江域之
彭蠡洞庭",不在大江之南,而在大江之北。古者三苗疆域,不在
"不出今河南北部、山西南部广运数百里间"。④ 1934 年,钱穆在
《清华学报》发表《楚辞地名考》,认为"屈原放居在汉北,《楚辞》所
歌洞庭、沅、澧诸名,皆在江北"。⑤ 如所周知,钱穆此时与顾颉刚

---

① 参见顾颉刚:《顾颉刚日记》第 1 卷,第 748、753、767 页。
② 傅斯年:《评〈秦汉统一的由来和战国人对于世界的想象〉》,《傅斯年全集》第 1 卷,
　第 474 页。
③ 钱穆:《古史地理论丛》,《钱宾四先生全集》第 36 册,第 7 页。
④ 钱穆:《古史地理论丛》,《钱宾四先生全集》第 36 册,第 83、112 页。
⑤ 钱穆:《古史地理论丛》,《钱宾四先生全集》第 36 册,第 157 页。

过从甚密。① 因此，与钱穆进行讨论的饶宗颐即认定：钱穆上述几篇关于疆域沿革的文章，"受顾颉刚先生《古史辨》中关于古史地域扩张理论的影响"。②

由上可知，"古史地域非向来一统论"提出之后，在当时学术界引起了不小的反响。不过，若想进一步估定此论的学术影响，还应当考察此论在中国疆域沿革研究的现代转型中起到的推进作用。这一推进作用主要体现在以下两个方面：

第一，在疆域观念认识上，动摇了传统的"地域向来一统论"。前已指出，最迟自汉以来，人们普遍认为"地域向来一统"，直到顾颉刚针锋相对地提出"古史地域非向来一统"，才改变了这一认识。这里想补充的是，此论虽然遭到了部分学者的质疑，但在总体上学界逐渐接受了这一看法。1939 年，童书业在《略论近年来国内史家史前史研究的成绩》一文中指出，关于古史地域的研究，"各派的结论已大致接近，即殷商以前，中国民族的主要活动区域不出黄河两岸的地点……至于疑古一派的人对于夸张的古代疆域说的破坏，其功也不在小"。③ 今按"疑古一派的人对于夸张的古代疆域说的破坏"，无疑指的是顾颉刚对传统的"地域向来一统论"的破坏，而这一破坏得到了"各派"的基本认可。

① 关于钱穆与顾颉刚的学术交往，可参考陈勇：《和而不同：民国学术史上的钱穆与顾颉刚》，《暨南学报（哲学社会科学版）》2013 年第 4 期。
② 周少川：《治史论学六十年——饶宗颐教授访谈录》，《史学史研究》1995 年第 1 期。
③ 童书业：《略论近年来国内史家史前史研究的成绩》，《童书业杂著辑存》，北京：商务印书馆，2019 年，第 288 页。

这并非是童书业一个人的观察。1994 年，饶宗颐在"南中国及临近地区古文化研究"第二次国际学术研讨会上作了题为《由牙璋分布论古史地域扩张问题》的演讲，演讲中专门提到顾颉刚曾在《禹贡半月刊》上发表过一篇题为《古史中地域的扩张》的文章，该文"认为时代愈后，历史传说对地域的智识越加扩大"。而《尧典》"宅南交"一类的记载，无疑"是出于汉代人的观念"。此文问世之后，当时研究古史的学者无不受这一论说的影响，甚至谈商代地域时，只"局限于大河南北"。[①]

第二，在疆域沿革方法上，为后世学者提供了颇具示范性意义的疆域沿革研究方法。这一方法即是"历史演进的方法"。前已指出，顾颉刚正是运用此法对中国上古疆域沿革进行了考察，进而建立了"古史地域非向来一统论"。这里要补充的是，此法得到了时人的认可。1927 年 11 月，辛树帜在写给傅斯年的信中专门说，顾颉刚在《国立中山大学语言历史学研究所周刊》上发表的《战国人心中之地理观念》一文"极有胆量"。此文的观点虽然未必真确，但其运用"演化法"来整理"古学"的治学路径则无疑是科学的。今按《战国人心中之地理观念》即《秦汉统一的由来和战国人对于世界的想象》。由此来看，辛树帜至少对此文的方法是十分赞同的。

还有学者专门运用此法对中国疆域沿革进行了考察。其中较有代表性的学者是童书业。1947 年，童书业在《中国疆域沿革略》第一篇中则运用此法对中国上古的疆域沿革进行了考察。简而言

---

① 饶宗颐：《由牙璋分布论古史地域扩张问题》，《中华文化论坛》1994 年第 1 期。

之,《史记》《尧典》等文献记载的"古帝疆域","其大几与秦、汉相侔,出于后人饰说,自无疑问。近人或言古帝疆域至于某某者,但言其声威所及,非谓其实能统治之。是亦不过理性之解释,非考据之言也"。其实,"夏以前中国尚在部落时代",不当有"若是广大之声威"。而且,"神农、黄帝等其人有无尚不可知",故不能"凿凿考定其疆域"。其实,夏地甚狭小,"仅有今河南省西部,山西省南部及陕西省东端一隅之地"。至殷,"乃扩其势力于鲁、豫、冀、晋、陕、苏、皖七省(非全部)"。再至周,"乃得较实际统治今华北之大部,并辟其势力于江、汉流域"。至春秋、战国,中国疆域范围则更为扩展。直到"嬴秦统一中国","疆域所届,东自辽东,西越陇西,南抚交趾,北据河套","固俨然一大帝国"。① 由此而言,童书业即是运用乃师顾颉刚提倡的"历史演进的方法"对中国上古的疆域沿革进行了再审视,进而得出了中国上古疆域并非向来一统,而是逐渐扩大至一统的结论。②

　　综上所述,"古史地域非向来一统论"提出之后,在学术界引起了不小的影响,一方面遭到了刘掞藜、张荫麟等学者的批评,另一方面则得到了恒慕义、傅斯年等学者的认可和支持。不过,此论更有意义的影响在于,不仅动摇了传统的"地域向来一统论",还提供了一个具有示范性的研究方法——"历史演进的方法",从而有效地推动了中国疆域沿革研究的现代转型。

---

① 童书业:《中国疆域沿革略》,《童书业著作集》第 2 卷,第 375—397 页。

② 众所周知,童书业是顾颉刚最为得意的弟子之一,而且,童书业在该书第一章后专门开列了参考文献,其中之一即是顾颉刚的《古史中地域的扩张》。二者的学术关联由此可见。参见童书业:《中国疆域沿革略》,《童书业著作集》第 2 卷,第 375—397 页。

第二节 重塑禹域：《中国疆域沿革史》的
撰写与意义

在中国疆域沿革史领域,顾颉刚不仅是一个"破坏者",还扮演了"建设者"的角色。最能体现这种"建设"角色的,当是其与史念海共同撰写的《中国疆域沿革史》。可以说,该书起到了库恩所说的"典范"作用,在相当大的程度上推动了中国疆域沿革史的发展。因此,探讨此书的来龙去脉,就具备了较大的学术史价值。

葛剑雄率先有本于乃师谭其骧"不便说"的自述,公开道出了关于此书的原委。[①] 著者之一的史念海则针对当时的"杂言"回顾了此书的成书过程。[②] 此后,丁超则从师生关系的角度对此书的撰写过程及引发的"知识产权"争议进行了分析与考察。[③] 与上述关注点不同,周振鹤在对中国行政区划研究史进行学术史回顾时对此书的学术价值进行了简要评论。[④] 这些学术回顾与考察,在相当大程度上还原了此书的撰写过程与学术价值。不过,或由于

---

① 参见葛剑雄：《"开风气者"与"为师者"》,《往事和近事》,北京：生活·读书·新知三联书店,1996 年,第 248—269 页；又参见葛剑雄：《悠悠长水·谭其骧前传》,上海：华东师范大学出版社,1997 年,第 76—84 页。

② 参见史念海：《我与〈中国疆域沿革史〉》,《历史学家茶座》2006 年第 4 辑；又参见史念海：《中国疆域沿革史·重排本前言》,北京：商务印书馆,1999 年,第 3—5 页。

③ 参见丁超：《史地徘徊》,北京：商务印书馆,2016 年,第 106—122 页。

④ 参见周振鹤、李晓杰：《中国行政区划通史·总论、先秦卷》,上海：复旦大学出版社,2009 年,第 43—44 页；又参见周振鹤：《范式的转换——沿革地理—政区地理—政治地理的进程》,《华中师范大学学报（人文社会科学版）》2013 年第 1 期,第 116 页。

研究思路与资料的内在限制，上述回顾与考察尚存在一些未尽之处。因此，本章接下来拟在过往回顾与考察的基础上，从学术史的角度对此书的撰写过程、基本特征以及学术与现实影响进行一番较为系统的再探讨，以期丰富学界对于中国疆域沿革史的认识。

一、撰写缘起与过程

从现有资料来看，顾颉刚对中国疆域沿革的研究最迟可以追溯到《答刘、胡两先生书》的发表。在此文中，顾颉刚不仅正式提出了"古史地域非向来一统论"，还对先秦的疆域沿革情况进行了简要的概述。[①] 之后，顾颉刚又在《秦汉统一的由来和战国人对于世界的想象》一文中进一步阐述了这一问题。[②] 不过，这两篇文献都是单篇文章，未能对先秦的疆域沿革展开详细的考察。

直到 1926 年 9 月，顾颉刚在中山大学开设"古代地理研究"一课，这一情况才发生了变化。具体来讲，顾颉刚编纂了甲、乙两种课程讲义。其中，讲义甲种为"旧系统的材料"，具体工作是先"集录《禹贡》《职方》《王会》《山海经》《淮南·地形训》等"文献，然后看这些文献对于"分野""分州""四至""五岳""四裔""五服"等主张是怎样的。讲义乙种则为"新系统的材料"，具体工作是"从甲骨文中看商代地域；从金文、《诗》《书》中看西周地域；从《春秋》《国语》《左传》中看东周地域；从《战国策》先秦诸子中看战国地域；从《史记》

---

① 参见顾颉刚：《答刘、胡两先生书》，《顾颉刚古史论文集》第 1 卷，第 202—203 页。

② 参见顾颉刚：《秦汉统一的由来和战国人对于世界的想象》，《顾颉刚古史文论文集》第 5 卷，第 33—41 页。

《汉书》中看秦、汉地域"。① 要而言之，经过"古代地理研究"这门课的讲授之后，顾颉刚不仅寻出了旧时代的系统，还摸清了"实际上古代疆域的大概情形"。

不过，稍嫌遗憾的是，由于顾颉刚当时"任课既多，诸种功课又须于半年内结束，还有许多推不掉的事情"，故这次讲授只是依了之前的见解"整理出若干材料"，还未"加以细密的研究"。但惟不能因此而忽视的是，经过这次讲授之后，顾颉刚的疆域沿革研究已经"在遍地的茅草中斩刈出一条新路"。②

1932 年 9 月，顾颉刚在燕京大学、北京大学开设"中国古代地理沿革史"一门课，在这条"新路"上越走越远。这门课的旨趣在于"努力搜集资料，然后提出问题"，最后"成就一部比较可靠的中国古代地理沿革史讲义"。③ 根据现有资料，顾颉刚共计编纂了甲、乙、丙、丁等四种课程讲义。其中，"以关于经本文者，文字、校勘、书目、解释之属，为甲种；以比较材料为乙种；以问题之讨论为丙种；以批评为丁种"。④

至 1934 年 2 月，顾颉刚为了实现写出一部比较可靠的中国古代地理沿革史讲义的目的，还创办了《禹贡半月刊》。进而言之，就在顾颉刚在燕京大学、北京大学开设"中国古代地理沿革史"的同时，谭其骧在辅仁大学承担了"中国地理沿革史"。由于课程相近，师徒二人在"假期相逢"的时候，便经常"讨论这些问题"。二人一

① 顾颉刚：《古代地理研究讲义》，《顾颉刚古史论文集》第 5 卷，第 2 页。
② 顾颉刚：《古代地理研究讲义》，《顾颉刚古史论文集》第 5 卷，第 3 页。
③ 顾颉刚：《禹贡半月刊第一卷第一期编后》，《顾颉刚古史论文集》第 5 卷，第 368 页。
④ 顾颉刚：《尚书研究第三学期讲义序目》，《顾颉刚古史论文集》第 8 卷，第 155 页。

致认为,公开讨论能够养成"研究学问的兴趣",促使三校学生共同进步,于是决定创办《禹贡半月刊》。①

根据《禹贡半月刊发刊词》,该刊的"第一件工作",不仅要研究中国沿革史中间的几个重要问题,还要"从散漫而杂乱的故纸堆中整理出一部中国地理沿革史来"。② 据统计,顾颉刚在《禹贡半月刊》上发表了《古史中地域的扩张》《写在〈薮泽表〉的后面》《说丘》《介绍〈中华民国疆域沿革录〉》《从地理上论今本〈尧典〉为汉人作》《汉代以前中国人的世界观念与域外交通的故事》《九州之戎与戎禹》《春秋时代的县》《读〈周官·职方〉》等一系列关于疆域沿革的文章。此外,顾颉刚还在其他刊物或论文集上发表了一些相关文章,这些文章包括《〈五藏山经〉试探》(载《史学论丛》)、《读〈尔雅·释地〉以下四篇》(载《史学年报》)、《两汉州制考》(载《庆祝蔡元培先生六十五岁论文集》)等。总体来看,顾颉刚在这些文章中对先秦至两汉时期的疆域沿革史上的一些问题进行了"细密的研究",提出了独到的见解。

与此同时,顾颉刚还在积极谋划出版一部完整的《中国地理沿革史》。一般认为,这一谋划与商务印书馆的邀约密切相关。大约在 1934 年 2 月,商务印书馆方面即邀请顾颉刚为该馆策划的《中国文化史丛书》编写一部《中国地理沿革小史》。③ 但这一说法并

---

① 顾颉刚:《禹贡半月刊第一卷第一期编后》,《顾颉刚古史论文集》第 5 卷,第 368—369 页。
② 顾颉刚:《禹贡半月刊发刊词》,《顾颉刚古史论文集》第 5 卷,第 365 页。
③ 早在该书出版之后,顾颉刚追忆当时的情况时就曾说:"其时商务印书馆欲予为其《中国文化史丛书》中编写《中国疆域史沿革史》一种。"顾颉刚:《〈地理沿革小史〉提要》,《顾颉刚读书笔记》第 3 卷,第 542 页。至 1998 年,史念海在《中国疆域沿革史·重排本前言》中则强调说:"六十年前,商务印书馆创编《中国文化史丛书》……丛书之中列有《中国疆域沿革史》,请顾颉刚撰述。"史念海:《中国疆域沿革史·重排本前言》,第 3 页。

不准确。根据新发现的资料，早在 1933 年 3 月，顾颉刚致函王云五，谓谭其骧著有《中国内地移民史》和《中国地理沿革史》，可以列入《大学丛书》之中。王云五则回函："俟各委员征求各稿汇集及再行商复。"①不过，或由于谭其骧并未即时拿出这部书稿，至 1934 年 3 月，顾颉刚又与王伯祥商议，编写这部《中国地理沿革小史》。但王伯祥"不愿任"，只是写了一个提要寄给顾颉刚，让其"就此定规划"。不过，顾颉刚当时工作"忙甚"，"终不克为"。②

之后，顾颉刚又找到谭其骧，再次希望他能够编写这部《中国地理沿革小史》。1935 年 1 月，谭其骧正式答应编写此书。③ 同年 2 月，顾颉刚与商务印书馆签订了出版合同，并致函谭其骧催促。谭其骧复函，"谓六七日内即寄来《沿革史》之一部分"。④ 但是，当谭其骧动笔之后，"觉得自己对沿革地理尚缺乏研究"。与此同时，自己不仅要在辅仁大学、燕京大学、北京大学等高校讲授"中国地理沿革史"，还要独自编《禹贡半月刊》。因此，谭其骧未能按此前的约定寄来一部分。⑤

---

① 王云五：《致顾颉刚》，未刊书信；又参见顾颉刚：《致谭其骧·二》，《顾颉刚书信集》第 2 卷，第 555 页。

② 顾颉刚：《〈地理沿革小史〉提要》，《顾颉刚读书笔记》第 3 卷，第 542 页。王钟麒，字伯祥，江苏苏州人。其与顾颉刚一起就读于苏州中学，后成为好友，被顾颉刚视为"史学天才的同学"。后来，王伯祥任商务印书馆编辑，既与顾颉刚一起编辑过《现代初中教科书本国史》，又独立编辑《中国史》等历史作品，还编辑过《新学制地理教科书》《现代初中教科书世界地理》《现代初中教科书本国地理》等地理作品。要而言之，王伯祥对历史地理素有研究。因此，顾颉刚当时认为，王伯祥编辑《中国地理沿革小史》"最宜"，故"因以商之"。

③ 参见顾颉刚：《致谭其骧·三》，《顾颉刚书信集》第 2 卷，第 556 页。

④ 参见顾颉刚：《致谭其骧·三》，《顾颉刚书信集》第 2 卷，第 551 页。

⑤ 参见葛剑雄：《悠悠长水·谭其骧前传》，第 76—84 页。

此后，顾颉刚又找到杨向奎、史念海，让二人"共同为他起草这本书"。二人受命之后，多次请示顾颉刚后，"确定了全书目录和写作要点"。之后，杨向奎"写了一部分，后来到日本去了"。于是，史念海只好一人开始起草。具体的写作程序是，每一章由顾颉刚做指示，并指定参考书，史念海则"按照指示，进行起草"，并随时送请顾颉刚修改。就这样，经过一年有余的工作，《中国疆域沿革史》于1937 年 6 月完成。[①] 翌年 3 月，该书由商务印书馆正式出版，署名顾颉刚、史念海。

二、学术特征

较之漫长的撰写过程，我们更关心的是该书的真正学术水准。因此，若对《中国疆域沿革史》有一个更为深入的了解，基本特征的考察是重中之重。归纳起来，该书的基本特征体现在以下四大方面：

第一，在著作主旨上，该书主张"学以致用"。这里的"学以致用"，具体所指，即通过对中国历代疆域情况的考察，让国人认识中国，保卫河山。该书作者在第一章"绪论"中十分忧心地说，当今之世，"外侮之凌逼，国力之衰弱"，不仅无法保全"先民遗土"，更难期再现"汉、唐盛业"。因此，本书的直接目的在于，通过考索"历代疆域盈亏"，培养国民对于国土的责任感和使命感，使国民知道"先民扩土之不易"，即便是"一寸山河"，也不当"付诸敌人"。[②] 60 年之后，史念海回忆说，顾颉刚当时"一再指出"，"必须详细论述疆域损

---

① 参见史念海：《我与〈中国疆域沿革史〉》，《历史学家茶座》2006 年第 4 辑。

② 顾颉刚、史念海：《中国疆域沿革史》，《顾颉刚古史论文集》第 6 卷，第 6 页。

益及其演变踪迹"，从而使国人知道寸土也不能轻易沦丧。而有本于此，史念海制定了该书的大纲目录。①

其中，最值得关注的是"明代九边之建置及边墙之修筑""鸦片战后疆土之丧失"等章节的设置。具体而言，该书第二十三章对"明代疆域"进行了讨论，而其中第四节为"明代九边之建置及边墙之修筑"。在该节的文末，作者强调说："明人筑城修塞，竭全国之力，然犹不能御异族入侵"，如今外患更甚，而边围不固，守御无方，上视明人则有愧色。② 之后，该书第二十五章对"鸦片战后疆土之丧失"的情况进行了讨论。而在该章的结尾，作者说了一段感慨万千的话：

> 呜呼！自鸦片战争之后，迄于今日，行将百年，此百年之中，国势益弱，外患日多，藩属被夺，领土日损，殊堪痛惜！更有失土于不知不觉之中如黑龙江口外之库页岛及南洋之苏禄群岛，皆尝收入版图，清室中叶以后漫不问闻，任人争夺，其时国人对于领土漠不关心之情形，曷胜浩叹！今也，边围不整，强寇压境，虎视鹰瞵，直欲得我而甘心，求其致祸之由，岂能谓非百年来积弱之结果！……光复旧土，还我山河，是在吾人好自为之，勿谓汉、唐盛业永不能再见于今日也！③

由上可知，《中国疆域沿革史》之作，要在通过"检讨历代疆域之盈亏，使知先民扩土之不易"。而"明代九边之建置及边墙之修

① 史念海：《中国疆域沿革史·重排本前言》，第2—3页。
② 顾颉刚、史念海：《中国疆域沿革史》，《顾颉刚古史论文集》第6卷，第169页。
③ 顾颉刚、史念海：《中国疆域沿革史》，《顾颉刚古史论文集》第6卷，第187—188页。

筑""鸦片战后疆土之丧失"等章节的"特设"及其中的感慨之辞,将这一研究宗旨体现得淋漓尽致。

第二,在研究方法上,该书充分运用了科学的考证方法。在中国,沿革地理之学起源甚早,可以追溯到班固的《汉书·地理志》。之后,此学不断精进。至清代,沿革地理便已成为一门特别发达的学问,从顾祖禹一直到杨守敬,不仅名家辈出,而且著作丰富、贡献巨大。而清人之所以取得如此大的成就,有赖于考证方法的运用。受清人的影响,"禹贡学会的人们一般都喜欢用考据的方法来治学"。①

《中国疆域沿革史》的写作就集中体现了这一点。1934 年 2 月,顾颉刚在《禹贡半月刊发刊词》中指出,该刊的第一件具体工作,即是为一般史学者提供一部中国地理沿革史。但是,该书"不是一部容易编的书"。因为,在中国地理沿革史中,"还有许多重要的问题,至今没有解决"。诸如,"上古传说中的'州'与'服',东晋南朝的侨州郡县,北魏六镇和唐代六都护府的建置沿革,明朝都司卫所的制度等等"。而如果不能解决这些问题,那么,就没有办法写出一部好的中国地理沿革史。因此,"我们的第一件工作",便是先要研究中国地理沿革史中的这些重要问题,然后撰写出一部中国地理沿革史。②

至于如何研究这些重要问题,就是要"以考证之法治沿革地

---

① 史念海:《史念海自述》,《世纪学人自述》第 4 卷,北京:北京十月文艺出版社,2002 年,第 295 页。

② 顾颉刚:《禹贡半月刊发刊词》,《顾颉刚古史论文集》第 5 卷,第 364—365 页。关于这一考证意识,又参见史念海:《中国疆域沿革史·重排本前言》,第 4—5 页。

理"。按诸《中国疆域沿革史》，该书将上述大部分认识落在了实处。首先，上古传说中的"州"与"服"。作者在该书第八章"先秦人士之区划地域观念"中指出："九州原来为一空泛之名称，而非一种具体的地方制度。"自春秋迄战国，各大国努力开疆辟土，疆域日益扩大，才有了具体地方制度的九州之说。此外，"战国晚年又有一种但凭想象而建立之世界观念，代表此种观念最完整者，为邹衍之'大九州'说"。而"十二州制之说，本非先秦所有"。至于"畿服说"之形成，"盖在春秋、战国之间"。"时周天子久替，诸侯竞起，中原复无霸主，异族楚、吴、越等迭兴，天王中心之观念已失，夷夏之限亦破，于是心存旧制者遂采观故事，酌合礼情，托诸往古，造为此说，其意盖为王国诸侯异族间定一简单合理之等第，以伸其一己之理想而已。其说既托为先王之制，传之久远，世人遂错认为实事。"①

其次，东晋南朝的侨州郡县的建置。作者在该书第十五章第二节"侨州郡县制度之建立"中指出："五胡乱起，中原板荡，士民遥思故国，纷纷南渡，其时上下咸思匡复，渡江之流人以为终有北还之期，每视侨寓为权宜之计。且其时门第之风渐盛，当世氏族每以郡望别高下，故土虽失，常欲存旧名以资辨识，故虽远侨他地，犹称故郡。政府以绥怀遗黎，辄因其迁移之地而锡以故土之名，于是侨州、郡、县制度因之而起。"不过，"实际则非尽出于此"。"渡江之初，每有洛都刺史挟其兵力来归，其旧治虽失而其兵力依然完整，政府为位置此失地之刺史，每因其所至之地而置州郡，是同为侨

---

① 顾颉刚、史念海：《中国疆域沿革史》，《顾颉刚古史论文集》第 6 卷，第 46—50 页。

置,固不以人民迁徙为转移。"①

　　再次,唐代六都护府的建置。作者在该书第十七章第二节"府制之确定及其种类"中指出:"唐初开拓疆土,于边地设立都护府以统蛮、夷。都护之名远始于西汉,西域都护即唐制之所因者。自太宗平高昌后,设置安西都护府,是为建立都护府之嚆矢。"其后,"渐次增置,至中宗时共得六都护府,西有安西、北庭,东有安东,北有安北、单于,南有安南"。"开元后于诸京都皆置府,以示不同于常州,其后驻跸之地亦升为府,终唐之世,计有府十",分别是京兆府、兴德府、凤翔府、河南府、兴唐府、河中府、太原府、江陵府、兴元府以及成都府。"此类府之建置,遂为后世诸代疆域史上之重要制度。"②

　　最后,明朝都司卫所的建置。作者在该书第二十三章第三节"都司卫所之分布"中指出:"都司、卫、所之建置,早在洪武初年,其后时有变迁,至成化中叶始成定制。""明代都司、卫、所之建置,本纯为军事之性质","其后边境屯防制度日渐毁坏,军士人民满屋区别,而卫、所遂兼理民事","边境州县省并者亦以其治民之事责诸卫、所,于是卫所之一部遂由军区兼理军民之务,寝假而成为地方区划"。③

　　由上可知,作者在《中国疆域沿革史》中充分贯彻了《禹贡半月刊发刊词》中提到的考证认识,以考证之法对沿革地理中的若干问题进行了考察与分析。要而言之,该书之作是作者"以考证之法治

---

① 顾颉刚、史念海:《中国疆域沿革史》,《顾颉刚古史论文集》第6卷,第96—97页。
② 顾颉刚、史念海:《中国疆域沿革史》,《顾颉刚古史论文集》第6卷,第118—119页。
③ 顾颉刚、史念海:《中国疆域沿革史》,《顾颉刚古史论文集》第6卷,第163—164页。

沿革地理"的学术产物。

　　第三，在著作体裁上，该书突破了传统的沿革地理学著作体裁，采用了从西方引进的章节体。承前所述，中国地理沿革之学，可以追溯到班固的《汉书·地理志》。班固是一位著名的历史学家，《汉书》则是一部重要的史书，故对后世影响深远。"所谓纪传体的正史中的《地理志》《州郡志》《地形志》，名称虽稍有差异，莫不祖绍班书，竞述沿革。"①隋唐以后，又出现全国地理总志。其中较著名的，唐代有《元和郡县图志》等。此外，在典志体史书中，有类似正史地理志的专篇，如《通典·州郡典》等。② 清代以来，"朴学最为发达"，"清人之治疆域沿革者，多偏重于整理故籍，而于校补各史地理志，用力尤勤"。③ 与此同时，又有学者开始从事综合研究，"编成历代地理沿革表和历代舆地图"。④ 要而言之，除了表和图之外，中国古代沿革地理著作都是一种地理志。

　　诚如有论者所指出的，图、表、志各有优长，又各有缺失，将三者综合起来编纂才能补偏救弊。其实，这一认识早在《中国疆域沿革史》就得到了实践。首先，与过往的地理志不同，该书采用了从西方引进的章节体。该书共计二十六章，章目主要以"活动范围""活动区域""疆域""疆域概述"为名，按历史走向，夏、商、西周、春

---

① 史念海：《中国历史地理学的渊源和发展》，《河山集》第 6 集，太原：山西人民出版社，1997 年，第 14 页。

② 周振鹤：《范式的转换——沿革地理—政区地理—政治地理的进程》，《华中师范大学学报（人文社会科学版）》2013 年第 1 期，第 112 页。

③ 顾颉刚、史念海：《中国疆域沿革史》，《顾颉刚古史论文集》第 6 卷，第 10—11 页。

④ 周振鹤：《范式的转换——沿革地理—政区地理—政治地理的进程》，《华中师范大学学报（人文社会科学版）》2013 年第 1 期，第 113 页。

秋、战国、秦、西汉……清、民国等各列一章。节目则主要以疆域范围与疆域区划为主,进而述及地方行政制度等。如此一来,该书就做到了"序次事实"而有系统。其次,与一般的章节体著作不同,该书还加入了图与表。其中,地图共计二十八幅,夏、商、西周、春秋、战国、秦、西汉、东汉、三国、西晋、东晋十六国、南北朝、隋、唐、后梁、后唐、后晋、后汉、后周、宋、辽、金、元代本部及四大汗国、元代中国本部、明、清、民国初年、迁都后等各一幅。至于表,共计三十一个。而通过这些表的设计,使得该书不仅"眉目清晰",还节省了篇幅;图的设计,则使得该书清楚地反映了历代政区的变化。① 因此,《中国疆域沿革史》可以说是第一部真正意义上的设计完整的、理想的中国沿革地理史著作。

第四,在研究内容上,该书以考察"历代疆域之变迁"为主,兼及"地方制度之变迁"与"人户之增减"。

首先,"历代疆域之变迁"。该书作者在《绪论》中指出,该书的主要目的即在于"检讨历代疆域之盈亏"。② 简而言之,"在昔皇古之时,汉族群居中原,异类环伺,先民洒尽心血,耗竭精力,辛勤经营,始得今日之情况"。"即以三代而论,先民活动之区域犹仅限于黄河下游诸地。"至"春秋、战国之际,边地诸侯皆尝出其余力,向外开扩,故汉族之足迹,所至渐广。汉族强盛之时,固可远却所谓夷狄之人于域外;然当其衰弱之日,异族又渐复内侵;故有秦皇、汉武

---

① 当然,这些图的设计还存在一定的问题。时人指出:"其图以附书而行,格于篇幅,不免缩版稍小,逊清失地,关系近世史最巨,似宜加绘细图数纸,附入册中。"衣:《图书介绍·中国疆域沿革史》,《图书季刊》新第 1 卷第 2 期,1939 年 6 月。

② 顾颉刚、史念海:《中国疆域沿革史》,《顾颉刚古史论文集》第 6 卷,第 4—6 页。

之开边扩土,即有西晋末年之五胡乱华。其间,国力之强弱,疆域之盈亏,皆吾先民成功与失败之痕迹,正吾人所应追慕与策动者"。该书作者在《重排本前言》中则强调说,此书"以论述历代疆域变迁为主","必须详细论述疆域损益及其演变踪迹"。① 由此可知,该书的目的之一在于"检讨历代疆域之盈亏"及其缘由。

上述认识在该书中得到了充分的贯彻。简要言之,该书在第三章考察了夏代的疆域,之后则依次讨论了历代疆域之变迁。与此同时,该书还对历代疆域之变迁的原因进行了具体分析。比如,该书作者在第十章第四节"西汉对外疆土之扩张"中说:"先秦之时,汉民族群居黄河流域,因地分国,自相争长;而边远之邦又复竭其余力以向他民族求发展之地,故秦处西方,因霸西戎,晋扩北土,威服狄人,燕国远居幽、冀,遂东向而至辽河流域,齐、晋诸国又时时与楚、吴争衡,盖无处不显其对外扩张之能力也。及秦并六国,于是向之分离不合之汉民族乃混成大一统之局面。秦皇黩武,南则略取陆梁,北复拓地榆中,并置郡县,先秦以来,汉族向外发展,至此为极盛。……武帝雄才大略……乃任卫青、霍去病诸人当折冲之任,数数出塞,绝域远征。"② 又如,该书作者在第十五章第一节"五胡乱华及汉族之南迁"中说:"两汉以来,每移塞外降胡处于内地,以为羁縻之计,汉季塞下居民见逼于异族,纷徙内郡,而异族之人又乘隙南迁;下迄晋初,不惟塞下诸郡尽为戎居,即关、陇、汾、晋亦多胡踪。……及八王乱起,胡人乃俟隙而动;永嘉祸作,诸胡遂纷纷并起,一发而不可收拾矣。其时中原州郡瓜分豆剖,极纷乱

① 史念海:《中国疆域沿革史·重排本前言》,第3—4页。
② 顾颉刚、史念海:《中国疆域沿革史》,《顾颉刚古史论文集》第6卷,第69—70页。

之能事,其间乱离盖已一百三十余年!"具体到当时的疆域情况,该书作者说:"永嘉之乱……建国十六,即五凉、四燕、三秦、二赵与夏、成汉也。诸国领土,以后赵、前秦为最广,而前秦尤甚,北方诸郡尽入其版图,几与晋室对立。其他各国或据数州,或窃一方,皆称王称帝,相互争长。"①由此可见,该书不仅详尽地考察了历代疆域变迁的情况,还对变迁之因进行了一定的讨论。

其次,"制度之变迁"。该书作者在《绪论》中说:"传说中之黄帝,已尝画野分州,建置万国,其言虽荒诞,然疆域之区划,皇古之时似已肇其痕迹。自《禹贡》以下,九州、十二州、大九州之说,各盛于一时,皆可代表先民对于疆域制度之理想。自郡县肇建而地方制度与区划,始稍见完善。厥后诸代建置之情形,各有不同,或因前朝旧规,或自创设新制,故汉州、唐道、宋路、元省皆成一代之主要地方制度,其名称虽异,而其演变之迹尚可循求。今日国内以省区为首要,然夷考其初,须溯自金、元;求其远因,则应取证魏、晋。今日之县制为地方基本区划,若一探究其根源,又须推至先秦之时。"因此,"欲考究先民疆土之盈亏",不可忽视"其时制度之变迁"。②

这一认识还在该书正文部分中得到了具体的贯彻。按照章节顺序,作者首先在该书第八章"先秦人士之区划地域观念"中对"先民对于疆域制度之理想"进行了考察。③ 其次,作者在该书第九章第二节"秦郡考略"中对"郡县之肇建"进行了概述,指出"郡县制度

① 顾颉刚、史念海:《中国疆域沿革史》,《顾颉刚古史论文集》第 6 卷,第 93 页。
② 顾颉刚、史念海:《中国疆域沿革史》,《顾颉刚古史论文集》第 6 卷,第 4 页。
③ 顾颉刚、史念海:《中国疆域沿革史》,《顾颉刚古史论文集》第 6 卷,第 46—52 页。

虽在春秋时已见其萌芽,然尚非推行普遍之地方制度,郡县间亦不甚相统属。时至战国,郡始辖县。始皇统一天下后,乃分天下为若干郡县,以为地方之行政区划"。① 再次,作者在该书第十章第二节分别对"西汉之郡国区划及其制度"与"西汉地方制度行政制度"进行了考察,指出:"汉制异于嬴秦者,王国、侯国而外尚有州刺史部。"②复次,作者在该书第十七章第一节对"唐代疆域之区划及其制度"进行了考察,指出:"道名之创立实吾国疆域史上之一新名称","太宗贞观初年,天下大定,乃力加省并,复因山川形势之便,分国内为十道",而"十道即汉十三州之变形也"。③ 再次,作者在该书第十九章第一节对"北宋之疆域区划及其制度"进行了考察,指出:"自唐末乱离,藩镇财赋多不上之中央,宋太祖惩其积弊,自乾德以后,乃创置诸道转运使,以掌握地方之财赋。……转运使或辖水路或司陆路,路之名称盖始于此;及转运使实际为地方大员,而路亦因之变为具体之行政区划,遂取道之名称而代之矣。"至于"宋路"与"唐道"之关系,二者"略似",但"非尽因旧制"。④ 最后,作者在该书第二十章第二节对"元代中国本部之疆域区划与其制度"进行了考察,指出:"元代虽仍保存路、州等故称,然于路、州之上别置中书省、行中书省以辖之,是其所异于前代者也。"⑤

　　再次,"人户之增减"。该书作者在《绪论》中说:"吾国今日人口之分布,东南密而西北疏,即以中原而论,亦较前代为衰。返观

① 顾颉刚、史念海:《中国疆域沿革史》,《顾颉刚古史论文集》第6卷,第54页。
② 顾颉刚、史念海:《中国疆域沿革史》,《顾颉刚古史论文集》第6卷,第65页。
③ 顾颉刚、史念海:《中国疆域沿革史》,《顾颉刚古史论文集》第6卷,第114页。
④ 顾颉刚、史念海:《中国疆域沿革史》,《顾颉刚古史论文集》第6卷,第134—135页。
⑤ 顾颉刚、史念海:《中国疆域沿革史》,《顾颉刚古史论文集》第6卷,第153页。

两汉之时,三辅、三河、陈留、颍川、南阳、汝南实为人口稠密之区域,以今地按之,则人口衰落之陕西中部、山西南部及河南是也。求其今古差别之原因,则东晋、南宋两度偏安实有以促成之。盖东晋之时,五胡乱华,中原衣冠相率南渡;南宋一代,金、元之南侵,遂使北地人民再度逃徙。"①要而言之,"此种剧烈之事变",当为"人口迁徙之最大原因"。

这一认识在该书正文部分得到了充分的贯彻。比如,该书作者在第十三章第五节对"三国时北边汉族之南徙与南蛮山越之征服"进行了考察,指出:"东汉末年,中原扰攘,干戈不息,智士勇将咸以争权夺地为能事,卫青、窦宪之故绩殆无人复愿提及。当是时胡人屡南下劫掠,塞内诸郡若云中、定襄、西河、雁门等地之居民遂四散流徙,塞下顿空。"②又如,该书作者在第十五章第一节对"五胡乱华及汉族之南迁"进行了考察,指出:"中原之地既为胡虏所割据,遗黎不堪异族之压迫,纷纷南渡。……南迁之人民多就江、淮之下游,盖其时元帝渡江建都建康,京畿之地自为衣冠仕女聚会之中心,故南徐州一带移民至者尤多。惟移于江、淮间者实以黄河下游之人民为多,略包今山东、河北及河南东部,盖其地距江、淮间较近,而迁徙之时亦较易也。若黄河上游今陕、甘、山西及河南西部之人民,又多移就汉水以南江水上游巴、蜀诸地。"③

问题尚不止如此。人口迁徙的直接后果,则是"南北郡县增损"。简要言之,"盖人户繁多之地,其政务自较复杂,郡县之建置

①　顾颉刚、史念海:《中国疆域沿革史》,《顾颉刚古史论文集》第6卷,第5页。
②　顾颉刚、史念海:《中国疆域沿革史》,《顾颉刚古史论文集》第6卷,第88页。
③　顾颉刚、史念海:《中国疆域沿革史》,《顾颉刚古史论文集》第6卷,第95—96页。

亦必日渐增多；反之，荒凉之地，户口稀少，不惟不必增置郡县，抑且日有废省"。据统计，"西汉十三州刺史部及司隶校尉部之区划，南方仅居其四，而北方实得十区；西晋十九州，南七而北十二；是北方地理区划实远密于南国。自经东晋、南北朝长期之纷乱，至唐代始渐归平均，故唐初十道，南北各半。至明时之十三布政使司及二直隶则又北五而南十；清代内部十八省，亦北六而南十二，南北盛衰之情形于此显见"。因此，"欲考究历代疆域之变迁，人口之增减亦不能不注意之也"。①

要而言之，《中国疆域沿革史》一书在研究内容上以考察"历代疆域之变迁"为主，兼及"制度之变迁"与"人口之增减"。如此一来，与过往的同类著作相比较，该书便扩大了研究范围。②

由上可知，顾颉刚、史念海在《中国疆域沿革史》一书中不仅开示了著作宗旨与研究方法，还在著作体裁与研究内容上进行了有益的探索。因此，该书可以被视为中国疆域沿革史领域的示范之作。

三、学术与现实的双重影响

从学术史的角度来讲，关于一部示范之作的考察，不仅要对该书的撰写过程与基本特征有一个基本了解，还要进一步探讨该书的影响。因此，在了解了《中国疆域沿革史》的撰写过程与学术特

---

① 顾颉刚、史念海：《中国疆域沿革史》，《顾颉刚古史论文集》第6卷，第5页。
② 当然，关于这一内容设置，学界还存在一定的质疑。周振鹤指出，该书"把疆域史的范围不适当地放大了"，"其实人口迁移可以另有专史解决之，甚至疆域史与政区史也可以分别治之"。参见周振鹤：《范式的转换——沿革地理—政区地理—政治地理的进程》，《华中师范大学学报（人文社会科学版）》2013年第1期，第116页。

征之后，下面有必要对该书的影响进行一番较为详尽的探讨。

《中国疆域沿革史》出版之后，便引起了学术界的关注。1939年6月，一位署名为"衣"的作者在《图书季刊》上对该书进行了简要的介绍与评价。该文首先指出："疆域沿革，前人著述多图表之属，未见专书，或只限于一朝一代。近年各大学多设地理沿革一课，所用讲义，复多捃撷历代史志，发明盖鲜。顾、史二氏此书，所罗上下四千余年，纵横难以里数，可谓开创之作。"之后，对该书的结构进行了介绍："是书分章二十六，章或不分节，或分二节至五节不等，首章绪论，次章述疆域沿革史已有之成绩。以下各章，依年代先后，分述历代地理。"最后，该文还总结了这本著作的特点。第一，"本书不止检讨历代疆域之盈亏，并论及地方制度、州郡区划与人口之移徙"。第二，"著者对古史传说，特别审慎，不轻论断"。第三，"古代方舆，书缺有间，著者引用甲骨、金文，以补史遗"。第四，"考订工作，后来恒上，著者于时人研究所得，颇能虚心采纳"。第五，"其述元初地理，则借外国材料以补史志之不足"。第六，"各章附图，以朱墨套印，远师贾耽，近法杨守敬，令读者可披览而知古今疆域之大较"。此外，该书在论述上还有一系列"精到之处"，这些论述"虽皆无矫异骇俗之言"，然"非一般讲义所能企及"。① 简要言之，这位评论者认为，《中国疆域沿革史》可谓是一部"开创之作"。

继此之后，对《中国疆域沿革史》进行正面评介的，还有一位署名"玄默"的作者。1941年3月，"玄默"在《蒙藏月报》第十三卷第

---

① 衣：《图书介绍·中国疆域沿革史》，《图书季刊》新第1卷第2期，1939年6月。

三期上发表了一篇对该书的评介文字。该文首先在对历代地理沿革的研究进行梳理的基础上指出，"我国过去对于地理沿革的学问"是非常重视的，但"自民国肇建以后，各种学问都经过了科学的整理和发扬，独于此种学问无人问津，这不能不说是整个学术界的很大缺憾"。因此，"这本书的出版，意义当然不十分平凡了"。之后，该文则介绍了该书的主要任务，即"在把我国历代行政区划分并的事实，给读者一幅简单的轮廓画，而对于边疆政治制度及大中华民族迁徙混合的迹象，也有简单扼要的说明"。此后，作者又"站在边事的立场"，对后两点进行了评述。第一，"这本书对于西南土司制度及蒙古盟旗制度，都有简明的叙述"。第二，"关于我大中华民族迁徙混合的史迹，及其不可分性，本书也特别强调地加以说明"。①由此来看，在"玄默"看来，《中国疆域沿革史》是一部"非凡"之作。

当然，《中国疆域沿革史》出版之后，除了上述正面评介之外，还遭到了一些学者的批驳。1939年12月，《史学年报》第三卷第一期刊出了一则题为《〈历代地理通释〉行将脱稿》的"史学消息"。这则消息首先称："本系谭季龙（其骧）先生专攻史地，成绩斐然。先后授教于辅仁大学、北京大学、学海书院、清华大学暨燕京大学，凡历七八寒暑。授课之暇，蓄志著述，岁月易迈，迄未脱稿。并先后在辅仁、清华时，曾印发《中国地理沿革讲义》，亦皆仅至汉、晋而止。事变后，先生之学生史念海君以先生所授讲义及史君平日笔记，重加整理，改名为《中国疆域沿革史》，刊于商务《中国文化史丛

---

① 玄默：《书报评介·中国疆域沿革史》，《蒙藏月报》第13卷第3期，1941年3月。

书》中。"①今按这则消息的编辑者是王锺翰。而王锺翰认定,《中国疆域沿革史》是"整理"谭其骧的《中国地理沿革讲义》而来。②

问题尚不止如此。王锺翰在这则"史学消息"中还说:"披读再过,其中错误不一而足",于是便就这一问题请教了谭其骧。谭其骧首先表示:"著书轻易似此,非吾愿也。然我国地理沿革一门,从来学者,未尝清楚整理过。余于此门用功既久,自不容委责于人,历年积稿,早已盈箧,假我时日,即事撰述,且将命之曰《历代地理通释》,以质正于海内有道之士。"之后,则专门"指陈"出了《中国疆域沿革史》中的十九处"误处"。最后,王锺翰分析说:这些"错误","或由于谭先生讲授时之原误;或先生所讲本不误而史君听误;或当时先生为讲授所束,未能发挥尽致;抑或史君于课外自行加入,遂往往造成大错"。③总之,谭其骧、王锺翰都认为,《中国疆域沿革史》是一部"问题"之作。

时隔数年,谭其骧还不忘旧话重提。1947年8月,针对童书业的《中国疆域沿革略》,谭其骧在《国立中央图书馆馆刊》复刊发表了一篇书评。书评指出:"自顾颉刚氏创立禹贡学会,发刊《禹贡半月刊》以来,地理沿革之研究,蔚为一时风气。""抗战初起时,商

---

① 王锺翰辑:《〈历代地理通释〉行将脱稿》,《史学年报》第3卷第1期,1939年12月。
② 实际上,事实或并非如此。1998年2月,史念海在《中国疆域沿革史·重排本前言》中回应说:"以前我在大学学习时,曾听过谭其骧先生讲授《中国历史时期的地理》的课程。谭先生很会讲课,上课时只带一些卡片,就滔滔不绝地讲起来,既不发讲义,也不绘制地图和表格,学生只是听讲记笔记。在起草中,我翻阅过我所记笔记,由于和顾先生的指示以及写作要求差距较大很难配合。"史念海:《中国疆域沿革史·重排本前言》,《顾颉刚古史论文集》第6卷,第2—3页。
③ 王锺翰辑:《〈历代地理通释〉行将脱稿》,《史学年报》第3卷第1期,1939年12月。

务所编印之《中国文化史丛书》中，有顾颉刚、史念海二氏合著之《中国疆域沿革史》一种，当时燕京大学出版之《史学年报》中，曾有某君撰文批评，胪列书中舛误之处都数十则，皆所关匪细。此后七八年来，迄未有继起撰述者，最近始有童书业氏之《中国疆域沿革略》问世。"该书"都凡三篇"，分别是"历代疆域范围""历代地方行政区划"以及"四裔民族"。就"第一、二两篇而言，简明扼要，纲举目张，有裨初学，实较胜于史氏书"。[①] 要而言之，在谭其骧看来，《中国疆域沿革史》不仅是"问题"之作，而且学术水准不如《中国疆域沿革略》。

其实，与上述共识或批评相比，更值得关注的是此书的学术与现实的双重价值。

第一，有效地增强了国人守土有责的疆域意识。承前所述，该书的撰写主旨在于，通过对中国历代疆域情况的考察，让国人认识中国，保卫河山。事实证明，这一主旨得到了时人的共鸣。"玄默"在评介该书的最后即强调说："我们读该书绪论中的一段文章，知道该书的作意……更使我们发生无限感慨，更使我们加倍警惕。"[②]进言之，该书的出版，有效地增强了国人守土有责的疆域意识。

更值得高度重视的是，《中国疆域沿革史》或还一度成为了中共中央制定方针政策的重要参考书。根据曾自的回忆，她的父亲、毛泽东主席的秘书田家英曾强调说："疆域是中央制定某些方针政策、处理某些外交问题不能不用到的知识"，而《中国疆域沿革史》

---

① 春斋(谭其骧)：《书评·中国疆域沿革略》，《国立中央图书馆刊》复刊第 2 号，1947 年 8 月。

② 玄默：《书报评介·中国疆域沿革史》，《蒙藏月报》第 13 卷第 3 期，1941 年 3 月。

对中国疆域沿革史进行了较全面系统的介绍,"参考价值较高",故花费很大精力购置到了此书。① 这则回忆的价值与意义,非同小可。当然,我们尚不能断定,哪些方针政策的制定曾参考过此书,哪些外交问题的处理曾用到过此书的知识,但该书的现实价值遂由此进一步彰显了出来。

第二,激发并世学者进一步研究中国疆域沿革。其中,首先值得一提的是童书业。1946 年 4 月,童书业的《中国疆域沿革略》一书在开明书店出版。该书共计三篇,第一篇是"历代疆域范围",第二篇是"历代地方行政区划",第三篇是"四裔民族"。② 关于这三篇内容,诚如谭其骧指出的,其中的"第一、二两篇大体以史氏书为蓝本,而颇有增删;第三篇则史氏书未论及,作者采辑众说,略以吕思勉氏著《中国民族史》之说为依归"。③ 以此观之,童书业的《中国疆域沿革略》不仅继承了《中国疆域沿革史》,还进一步拓展了中国疆域沿革史的研究范围。④

---

① 曾自:《爱书爱字不爱名》,董边等编:《毛泽东和他的秘书田家英》,北京:中央文献出版社,1989 年,第 278 页。

② 参见童书业:《中国疆域沿革略》,《童书业著作集》第 2 卷,第 375—476 页。

③ 春斋(谭其骧):《书评·中国疆域沿革略》,《国立中央图书馆馆刊》复刊第 2 号,1947 年 8 月。

④ 不过,这一拓展或并不合适。早在 1947 年,谭其骧就指出:"志舆地之重要有三,曰疆域,曰都会,曰区划。顾祖禹《读史方舆纪要》首九卷历代州域形势所叙,大致即此。其下分省各卷,乃兼及其名山大川,形胜险要。此书不及都会山川(历史时代之山虽大体勿变,水道则时有迁徙)等,而别增民族一篇,即非轶出范围,亦属遗重取轻。"春斋(谭其骧):《书评·中国疆域沿革略》,《国立中央图书馆馆刊》复刊第 2 号,1947 年 8 月。直到当下,学者还认为:"该书第三篇'四裔民族',应该属民族史或民族地理的范围,不合阑入此书。"周振鹤:《范式的转换——沿革地理—政区地理—政治地理的进程》,《华中师范大学学报(人文社会科学版)》2013 年第 1 期,第 117 页。

继童书业之后，对《中国疆域沿革史》进一步发挥的学者不乏其人。其中，较有代表性的学者是王宠。1947 年 3 月，王宠在《中国疆域沿革的地理观》一文中首先指出："往昔治疆域沿革史者，多以考据为主，订定地名，画绘史上各代疆域图为任务，考证叙述之外鲜及其他，以为如此，已尽其责，此于中国学者尤为明显。"但其实，"言疆域沿革者"，"须假借地理学观点以为解释"。因为，"徒作历代领土变迁之枯燥叙述，于学术上有失研究之真意，其或至专事着眼各代特出人物之扩充领土的军事或政治力量，以为史事不过个人才智之表现者，则有沦于英雄史观之危险"。之后，王宠则"按照研究沿革地理之立场与方便，以地形为主，气候为副，分全国为本部、北部干燥区、东北区、塔里木区、青康藏区、北走廊、西走廊及疆外区等八区，每区又各分若干亚区，按区之不同，逐一从其环境之特性，解释其于疆域沿革上之作用"。最后，王宠得出结论："中国史上疆域之沿革，受上述各区环境的一般控制，原始各大民族分别据守及发祥于渭、汾谷地及山东山地，而有夏、商、周三代之兴，其后各以其环境之限制发展，各向中原区前进，而相会于三发祥地间之黄海中游及淮水上游低地，而造成中国北方黄河区之第一步统一，及汉族种族文化之初次混合与统一，其后中国势力于此分向各路出发，先后经汉中入川，再入云贵；经两湖入两广与东安南，经淮水下游入吴越闽赣；经华北五河及辽河入北朝鲜；经甘肃走廊入南新疆。"此外，王宠还在文末列举了十几种"重要参考书籍"，而第一种即是《中国疆域沿革史》。① 而承前所述，《中国疆域沿革史》

① 王宠：《中国疆域沿革的地理观》，《福建文化》第 3 卷第 1 期，1947 年 3 月。

不仅详尽地考察了历代疆域变迁的情况,还从"国力之强弱"的角度对疆域变迁之因进行了讨论。不过,"国力之强弱"并非是影响疆域变迁的唯一要素。因此,王宠从地理学观点解释疆域沿革,可以说是对《中国疆域沿革史》的一种拓展。

综上可知,《中国疆域沿革史》出版之后,在当时学术界引起了较为广泛的关注与评论。此书的价值则在于不仅有效地增强了国人守土有责的疆域意识,甚至一度成为了中共中央制定政策方针的重要参考书,还激发了并世学者进一步研究中国疆域沿革。因此,在中国疆域沿革史领域,该书无疑称得上是一部兼具学术与现实双重价值的典范之作。

余   论

行文至此,本章已经基本完成了对顾颉刚古代疆域研究的专题讨论。简要而言,顾颉刚先是在 1923 年提出了"古史地域非向来一统论",从而彻底地颠覆了传统的"地域向来一统"的观点。此后,至抗战爆发之后的 1938 年,顾颉刚又与史念海共同撰写出版了《中国疆域沿革史》,对历代中国疆域的沿革进行了建设性考察。要而言之,在中国古代疆域研究领域,顾颉刚不仅是中国传统疆域观念的破坏者,还是现代疆域观念的初步建立者。

不过,这里还有最后一个相关问题值得再讨论,即顾颉刚在撰写《中国疆域沿革史》之时,是否放弃了"古史地域非向来一统"这一"疑古"的观点。1995 年,彭明辉在《历史地理学与现代中国史学》一书中指出，从"古史辨运动"到古代沿革地理研究，顾颉刚的"学术发展之理路"，"确有其明显的线索可循"，但这一"线索"，却是由"破坏"到"建设"、由"疑古"到"释古"的转变。①

持类似观点的代表性学者还有葛兆光。2015 年，葛兆光在《徘徊到纠结——顾颉刚关于"中国"与"中华民族"的历史见解》一文中指出，顾颉刚曾于 1923 年提出"打破地域向来一统的观念"，对"中国"一统提出了质疑。但是，这一情况"很快逆转"，"毕竟形势比人强"。所谓"形势"，主要指的是 1931 年"九一八事变"、1932 年"满洲国"成立等一系列的事件"使中国陷入国土割裂的空前危机"。于是，顾颉刚不得不在与史念海共同撰写的《中国疆域沿革史》中"把历史论述从说明原本并不是一统的中国，变成了强调中国大一统疆域的合法性"。简要言之，在葛兆光看来，此时的顾颉刚逐渐放弃了"疆域不应是一元"的疑古立场，而开始转向论证一个"中国"。②

从现有材料来看，抗战爆发之后，受时局的影响，顾颉刚的疆域研究确实发生了一些变化。承前所述，顾颉刚先是在《答刘、胡两先生书》中提出了"古史地域非向来一统论"，之后又在《秦汉统一的由来和战国人对于世界的想象》《古代地理研究》《古史中地域的扩张》等论著中对这一观点进行了阐述。这些文章的主要宗旨在于打破传统的"地域一统论"，进而推翻"非信史"。但是，全面抗

---

① 参见彭明辉：《历史地理学与现代中国史学》，第 148 页；李政君：《1940 年前后顾颉刚古史观念转变问题考析》，《史学理论研究》2019 年第 4 期。

② 参见葛兆光：《徘徊到纠结——顾颉刚关于"中国"与"中华民族"的历史见解》，《书城》2015 年第 5 期。

战爆发之后,这一宗旨发生了变化。简要言之,《中国疆域沿革史》的研究宗旨在于通过检讨历代疆域盈亏,而使国人"知先民扩土之不易"。由此来看,受时局的影响,顾颉刚的疆域研究宗旨,从"求真"转向了"求真"与"致用"兼顾。

但是,其主张的"古史地域非向来一统"的观点从来不曾改变过。今按《中国疆域沿革史》,该书在第三章至第八章中对先秦时期中国疆域的变迁情况进行了系统的考察。首先,是夏的疆域情况。"夏之政治中心似在今山东省,其势力及于河北、河南,晚夏则移居河东及伊、洛流域,然东方仍有其孑遗也。"夏之后,是商的疆域情况。"殷、商之势力,东起自山东滨海之地,西至汧、陇,北至河北及山西北部,南不出今河南省界,西北至包头,东南至淮水流域,此一大王国纵横数千里,盖亦超越前代远矣!"商之后,是西周的疆域情况。"当武王灭纣而后,丰、镐以东,今河南、山东、山西、河北诸省,固已布满周之封国矣。"①

之后,春秋战国时期的疆域情况。顾颉刚指出:"所谓华夏之疆域,仅限黄河流域,今陕西、山西、河北、河南、山东等省而已。"春秋之后,是战国时期的疆域情况。"战国之时开化之地,已占有今陕西、湖北、湖南、江西、浙江、安徽、江苏、山东、河南、河北、山西及甘肃、四川,以至贵州、绥远、察哈尔、热河及辽宁之一部焉。"最后,秦统一六国,"即以灭燕之军南面袭齐,十年之间,六王毕而四海一矣"。②

由上可知,在顾颉刚看来,中国疆域并非是向来一统的,而是

---

① 参见顾颉刚、史念海:《中国疆域沿革史》,《顾颉刚古史论文集》第6卷,第12—32页。
② 参见顾颉刚、史念海:《中国疆域沿革史》,《顾颉刚古史论文集》第6卷,第32—53页。

经过长期的演进而形成的。这一认识与其在 1923 年提出的"打破地域向来一统的观念"完全一致。因此，截止到抗战时期的顾颉刚，并非如有学者指出，逐渐放弃了"疆域不应是一元"的疑古立场，而是以此为前提如实地建设了中国疆域的变迁情况。总而言之，在中国古代疆域研究上，顾颉刚不仅彻底破坏了传统疆域观念，还以此为基础初步建立了现代疆域观念。

第四章

从辨伪到求真：顾颉刚与古书考辨

　　在顾颉刚古史学体系上，古书考辨处于基础位置。这项工作与其古史研究密不可分。诚如有学者指出的："考订古书著作的时代，对研究古史传说的演变过程是极其重要的基础工作"，著名的"古史层累说""就是靠初步确定了一些古书著作时代，并以之和书上所说的古史时代进行比较而发现的"。① 不过，这只是问题的一方面，另外一方面是顾颉刚在提出"古史层累说"之后，为了进一步弄清古史的真相，又进一步去考订古书著作的时代。要而言之，顾颉刚的"疑古"事业，承绪自宋以来的辨伪传统及乾嘉以来的考证风气，从辨伪书到辨伪史，为辨伪史而考古书，"古史辨与古书辨就这样二位一体"，构成了顾颉刚古史学的主体。②

　　不过，早在民国时期，学术界即批评顾颉刚的古书考辨"只有破坏，没有建设"。其中，有人直接批评说，经过顾颉刚们的辨伪，

---

① 王煦华：《〈古史辨〉派与先秦史研究》，《文史知识》1986 年第 6 期。
② 王学典：《中国现代学术史上的顾颉刚》，《光明日报》2011 年 1 月 17 日。

已无书可读；①还有学者间接批评说，古书真伪只是相对问题，要在能够审定伪书的年代，然后据以说明此时代的思想。② 新中国成立之后，随着考古学的发展，尤其到了 20 世纪 90 年代之后，更有相当一部分学者，开始否定其古书考辨的"破坏"价值，认为其造成了很多"冤假错案"。③

　　但事实上，上述这些认识均存在一定的偏颇之处。首先，我们并不能因若干具体"冤假错案"的存在，而否定其古书考辨的示范性意义。其中，古书的年代考辨尤具代表性，"《尧典》不是尧时载记，《禹贡》不是夏时版图……由经书而诸子……纷纷被列入考辨的视野"。④ 其次，对于考辨出来的"伪书"，顾颉刚并没有建议"销毁"，而是与上述批评者一样，主张将之置于"作伪的时代"，使之成为了解"作伪时代"的"真书"。如此一来，所有"伪书"的价值就得到了重新估定。总之，正是这一"破"一"立"，使得顾颉刚不仅突破了传统意义上的古书考辨工作，还建立了现代古书考辨工作的新范式。

第一节　辨去其伪：古书年代考辨及影响
——以"今本《尧典》成于汉武帝时"之说为例

　　《尧典》著作时代考辨不仅是顾颉刚从事古史研究的原始起

---

① 顾颉刚：《古史辨第四册自序》，《顾颉刚古史论文集》第 1 卷，第 121 页。
② 参见冯友兰：《中国哲学史》上册，《三松堂全集》第 2 卷，第 258—259 页；陈寅恪：《冯友兰中国哲学史上册审查报告》，《金明馆丛稿二编》，第 280 页。
③ 李学勤：《走出疑古时代》，《中国文化》1992 年第 2 期。
④ 王学典：《中国现代学术史上的顾颉刚》，《光明日报》2011 年 1 月 17 日。

点,还是其古书考辨的核心组成部分。著名学者徐旭生在《中国古史的传说时代》一书中率先指出,以顾颉刚为代表的"古史辨派"的"最大功绩",就是把《尚书》前三篇的写定年代,归还为春秋战国。① 而《尧典》是《尚书》的首篇,关系到整个中国上古史叙事,故其关于《尧典》著作时的考辨,尤具特殊意义。不过,这里有必要指出的是,顾颉刚虽然一度认为《尧典》作于春秋战国,但其更为成熟的基本观点则是认为,今本《尧典》作于汉武帝时。此说尚不能成为定论,甚至存在较大的争议,但无疑对此后的《尚书》乃至古书研究产生了较大的制约性影响。

过往学界对顾颉刚的《尚书》研究有着较为充分的讨论,②但对于其关于《尧典》著作时代的讨论却并不深入,甚至存在一定的认识偏差。专题论文只有台湾学者许华峰的《顾颉刚的〈尧典〉著作时代研究及其意义》。该文主要对顾颉刚考证《尧典》著作时代的过程、基本内容以及初始反响进行了较为系统的考察。③ 不过,该文尚存在未尽之处,尤其未能对"今本《尧典》作于汉武帝时"说的学术渊源进行系统考察,还忽略了顾颉刚的《尧典》著作时代考辨在中国现代古书考辨学上的意义。因此,本章首先拟对顾颉刚的《尧典》著作时代考辨进行一次系统的再探讨,进而客观地估定其说在

---

① 参见徐旭生:《中国古史的传说时代(增订本)》,第 22 页。

② 较有代表性的成果有,刘起釪:《顾颉刚先生与〈尚书〉研究》,《社会科学战线》1984 年第 3 期;李吉东:《顾颉刚:现代〈尚书〉学的全面开创者》,《清华大学学报(哲学社会科学版)》2008 年第 3 期;王学典:《〈尚书〉学:从顾颉刚到刘起釪》,《文汇报》2011 年 4 月 4 日,第 7 版。

③ 参见许华峰:《顾颉刚的〈尧典〉著作时代研究及其意义》,《政大中文学报》第 18 期,2012 年 12 月。

中国现代古书考辨学上的学术意义。

一、"今本《尧典》作于汉武帝时"说的形成

自汉以来，学者普遍认为，《尧典》不仅是中国最早的文字记录，其所载的完全是史实。① 至于该篇成于何时，却存在一定的争议。大体来讲，自汉至唐，或以《尧典》作者为唐史臣，或以为虞史臣。至宋以后，始不以为该篇为唐、虞当时的记载，而是后史官所记，或认为是夏史臣，或认为是周史臣。② 总之，大多数学者虽然在《尧典》的著作时代上存在一定的争议，但基本认定该篇所记是尧、舜之时的真实记载。

新文化运动以来，一些学者开始突破这一传统的观念，提出一些截然不同的观点。顾颉刚即是其中最有代表性的学者。顾颉刚认为：《尧典》并非是尧、舜之时的真实记载，而今本《尧典》作于汉武帝时。当然，这一观点的形成并非是一蹴而就的，而是经历了一个逐渐思考而形成的过程。

其实，顾颉刚在幼年之时并未怀疑《尧典》的著作时代。1934年12月，顾颉刚在与孟森等人讨论《尧典》的著作时代时回忆说："予幼年读《尧典》，即感觉其文辞和平庸穆，气象既阔大，神情又恬愉，洵为盛世之元音。当时亦确信其出尧、舜时，以在传统之史说中惟彼时为黄金时代。"③

---

① 蒋善国：《尚书综述》，上海：上海古籍出版社，1988年，第140页。
② 顾颉刚、刘起釪：《尚书校释译论》第1册，北京：中华书局，2005年，第358—363页。
③ 顾颉刚：《尧典著作时代问题之讨论·顾颉刚答书》，《顾颉刚古史论文集》第8卷，第435页。

　　最迟至 1908 年，顾颉刚"由信转疑"，开始意识到了《尚书》的著作时代问题。根据《古史辨第一册自序》，顾颉刚当时向其祖父习《尚书》，而在学习的过程中，就察觉到《古文尚书》的文字很平顺，便开始起了一些疑心。直到后来，偶然翻到李元度的《国朝先正事略》，才知道清朝学者阎若璩已将《古文尚书》考辨得十分清楚，"是魏、晋间人伪造的"。不过，顾颉刚并没有囿于这一"前人的论辩"，而是进行了更进一步的知识探索，即认为《今文尚书》中《尧典》《皋陶谟》诸篇的"平易的程度"和《伪古文》相差无几。但是，其祖父于当年 8 月过世，故这一问题便暂时被搁置了起来。①

　　直到 1920 年 3 月，顾颉刚才再次对《尧典》的著作时代提出了质疑。当时，正在北大读书的顾颉刚在一则读书笔记中指出，"《尚书》二十八篇，《尧典》《皋陶谟》为周史补作"。② 这是顾颉刚第一次明确《尧典》的著作年代，认为作于周代。不过，这一看法并未坚持多久。同年 7 月，顾颉刚毕业于北京大学，并留校任图书馆编目员。数月之后，在胡适的引导下，开始走上"疑古"之路。至 1921 年 10 月，顾颉刚即认定，"孔子时《尧典》还没有"。③ 同年 11 月，顾颉刚还与钱玄同交流了这一看法。④ 由此而言，短短一年半的时间，顾颉刚即抛弃了之前《尧典》作于周代的看法，而是认为该篇作于战国。

　　当然，上述看法仅限于自己的读书笔记与书信中，故外界并不

①　顾颉刚：《古史辨第一册自序》，《顾颉刚古史论文集》第 1 卷，第 12—13 页。
②　顾颉刚：《〈尚书〉各篇》，《顾颉刚读书笔记》第 1 卷，第 16 页。
③　顾颉刚：《舜故事与戏剧规格》，《顾颉刚读书笔记》第 1 卷，第 257 页。
④　参见顾颉刚：《致钱玄同·五》，《顾颉刚书信集》第 1 卷，第 535 页。

知晓。直到 1922 年 4 月，顾颉刚发表《中学校本国史教科书编纂法的商榷》，指出"《今文尚书》也未必完全无伪"，"《尚书》上的《尧典》《皋陶谟》，明明白白是后人理想中的揖让政治。文体亦太平常了……夏代在《今文尚书》上，只有《禹贡》及《甘誓》二篇。《甘誓》的文体正和《尧典》相同，很像春秋、战国间人所作"。[①] 此文发表之后，其关于《尧典》作于春秋、战国间之说便公布于世了。

问题尚不止如此。承前所述，顾颉刚当时正在为商务印书馆编纂《现代初中教科书本国史》。而就在编纂这本历史教科书的伊始，便因为《尧典》中的古史观念与《论语》中的相冲突，得出《尧典》晚于《论语》。而经过这样的比较之后，顾颉刚发现了尧、舜、禹的地位问题。因此，顾颉刚初步建立了一个假设，即"古史是层累地造成的"。[②] 一年之后，顾颉刚在《与钱玄同先生论古史书》中的"按语"中正式地提出了古史"层累说"，并在正文中一再强调，《尧典》靠不住，成于孔子之后。[③] 要而言之，在顾颉刚看来，《尧典》成于孔子之后，而这一认识是证成古史"层累说"的一个关键。

当然，若想进一步证实古史"层累说"，反过来又必须彻底弄清楚《尧典》的著作时代问题。因此，顾颉刚当即决定专门撰写一篇《尧典皋陶谟辨伪》，该文共计八个章节，分别是"尧、舜之说未起前的古史""《尧典》《皋陶谟》出现以前的尧、舜之说""战国时的尧、舜""《尧典》《皋陶谟》的出现""战国时他种的《尧典》《舜典》""《诗经》《论语》与《尧典》的比较""《尧典》《皋陶谟》的批评"以及"《尧

---

① 顾颉刚：《中学校本国史教科书编纂法的商榷》，《宝树园文存》第 3 卷，第 24—30 页。
② 顾颉刚：《古史辨第一册自序》，《顾颉刚古史论文集》第 1 卷，第 44—45 页。
③ 顾颉刚：《与钱玄同先生论古史书》，《顾颉刚古史论文集》第 1 卷，第 180—186 页。

典》《皋陶谟》与《禹贡》的先后的研究"。① 然而,这一问题牵涉过广,再加上其"职业改换",以致此文未能"终篇"。

不过,顾颉刚并没有停止对这一学术问题的研究。而随着研究的深入,顾颉刚再一次将《尧典》的著作时代往后推迟。1924 年2 月,顾颉刚在《读书笔记》中记有《韩愈论汉初学术》一则,表示自己"疑心《尧典》《禹贡》等都是汉初断绝师承时凑补出来的"。② 而至1930 年 2 月,顾颉刚在《读书笔记》中记有《汉武帝时之伪经》一则,进一步认为:"汉景帝时,天下无治《尚书》者,以武帝之伟烈丰功,经师插入'南交、朔方'及'十有二州'之文以求媚汉,甚可能也。"③此后,顾颉刚按照这一思路,继续研究《尧典》的著作时代问题。

1931 年 8 月,顾颉刚开设"尚书研究",首讲《尧典》,编成《尧典著作时代考》一册,对《尧典》的著作时代进行了详细的考证。按照童书业的分法,该讲义可以分为七个章节,分别是"《尧典》非虞、夏时书""今本〈尧典〉非秦以前书""今本《尧典》成于西汉""今本《尧典》为汉武帝时书""今本《尧典》文辞袭取旧书与其自相矛盾""中星问题之辨证"以及"《尧典》之各种本子"。④ 简要言之,顾颉刚认为,"《尧典》固为孟子时所有",但"今日所见之《尧典》则非孟

---

① 顾颉刚:《〈尧典〉〈皋陶谟〉辨伪》,《顾颉刚读书笔记》第 2 卷,第 33—34 页;顾颉刚:《致胡适·六〇》,《顾颉刚书信集》第 1 卷,第 395—397 页。

② 顾颉刚:《韩愈论汉初学术》,《顾颉刚读书笔记》第 2 卷,第 141 页。

③ 顾颉刚:《汉武帝时之伪经》,《顾颉刚读书笔记》第 3 卷,第 75 页。

④ 童书业:《评顾著尚书研究讲义第一册》,《童书业著作集》第 3 卷,第 625—628 页。对于童书业的章节划分,顾颉刚认为有参考价值,并抄录在《读书笔记》中。参见顾颉刚:《〈尧典〉研究章节》,《顾颉刚读书笔记》第 3 卷,第 572—574 页。

子时书而为汉武帝时人所改作"。

然而,顾颉刚当时"自觉此问题甚大,甚愿再加考虑,故未敢在报纸中发表"。[1] 直到 1934 年 11 月,顾颉刚将讲义中关于地理之部分排比为一篇,以《从地理上证今本〈尧典〉为汉人作》为题,刊登在《禹贡半月刊》上。这一"疑古"学说遂在学术界传播开来。

由上可知,顾颉刚早在 1908 年即意识到了《尧典》的著作时代问题;到了 1920 年,则提出该文是周史补作。此后,随着研究深入,一再将成文的时间往后推延,并最终认为今本《尧典》作于汉武帝之时。总之,这一"疑古"之说是顾颉刚针对这一问题进行长期思考并开展研究的学术产物。

二、"今本《尧典》作于汉武帝时"说的学术渊源

承前所述,已有过往学者认为《尧典》并非尧、舜之时的当时记载。不过,应当说,"今本《尧典》作于汉武帝时"说实是前所未有的"疑古"之说。当然,顾颉刚之所以能够大胆地提出这一论点,仍然与前人对《尧典》的著作时代与记载的质疑密不可分。

早在汉代,王充在《论衡》中提出:"古之帝王建鸿德者,须鸿笔之臣褒颂纪载,鸿德乃彰,万世乃闻。"《书》者"钦明文思"以下即为孔子所言。1931 年,顾颉刚编纂《尚书研究讲义参考材料》专门摘录了这一观点,并在"按语"中对此进行评论:"此说迳以《尧典》归之孔子,开后世追记说之先路,非勇于自由批评之王充必不敢言。""推彼之意,盖谓《尚书》既为孔子所删,则尧、舜之大经大法亦必经

---

① 顾颉刚:《从地理上证今本〈尧典〉为汉人作》,《禹贡半月刊》第 2 卷第 5 期,1934 年 11 月。

过孔子之点窜润色者。"而且,"王氏必已于《尧典》中感到浓厚之儒家气味,遂以为孔子所自作,惜其未道破"。① 当然,顾颉刚并不赞同其说,但其之所以认为《尧典》非尧、舜之时的记载,最早无疑可以追溯到王充的观点。

　　最迟在宋代,则有学者对《尧典》的记载进行了质疑。较早的是晁说之。晁说之"留意六经之学,各著一书,发明其旨,故有《易规》《书传》《诗序论》《中庸》《洪范传》《三传说》",②但这些著作没有传下来。不过,"洪迈的《容斋三笔》卷一《晁景迂经说》条节录他辨经、传的大概"。③ 根据《晁景迂经说》的节录可知,晁说之认为,《尧典》的"中星"记载存在问题,而这一问题出自"孔氏之误"。④

　　继晁说之后,进一步对《尧典》的记载提出质疑的是王柏。王柏"敢于撇开前人释经的框框,对经文作直接的研究",⑤著有《书疑》。王柏在该书中强调说:"《尧典》一篇,二帝之治尽于此,何以多为,盖其中纲内有目,目内有纲,其事则万世经纶之法,其辞则万世文章之祖也,然亦不能不疑者。"其所"疑"共计五点。⑥ 要而言之,《尧典》不仅在古史人物的记载上"希阔寂寥",而且还存在诸多"缺文"之处。

　　当然,晁以道、王柏的质疑尚不能称为真正的考证,而且这些质疑的目的在于"卫道"。不过,这种怀疑的精神则是值得高度重

① 顾颉刚:《尚书研究讲义参考材料》,《顾颉刚古史论文集》第 8 卷,第 316 页。
② [宋]洪迈:《容斋随笔》,第 426 页。
③ 顾颉刚:《崔东壁遗书序一》,《顾颉刚古史论文集》第 7 卷,第 128 页。
④ 转引自[宋]洪迈:《容斋随笔》,第 426—427 页。
⑤ 顾颉刚:《崔东壁遗书序一》,《顾颉刚古史论文集》第 7 卷,第 136 页。
⑥ [宋]王柏:《书疑》,北京:中华书局,1991 年,第 8—9 页。

视的。而最迟在 1921 年 3 月，顾颉刚即已阅读了王柏的《书疑》；①最迟在同年 5 月，其即已阅读了转录前引晁说之观点的《容斋随笔》。② 因此，顾颉刚之所以敢于认为《尧典》不可靠，可以追溯到上述宋代学者的某种暗示。

　　宋代之后，元代学者进一步对《尧典》提出质疑。邹季友在《书传音释》中指出：《书》自《禹贡》以后，每篇各记一事，独《典》《谟》所载不伦。而五篇体制相似，皆以'曰若稽古'发端，盖出于一人之手，恐难分《尧典》独为虞史所作。《尧典》篇末言举舜事，伏生本又以《舜典》合为一篇，宜后人称《虞书》也。唐、虞、夏虽曰异代，实相去不远；而《典》《谟》载尧、舜、禹事皆曰'稽古'，其为夏启以后史臣所作用明矣。然亦必唐、虞之时自有纪载，夏史但修纂成篇耳。"1931 年，顾颉刚在《尚书研究讲义参考材料》中抄录了这段话，并在"按语"中说："'曰若稽古'四字弁于篇首，至易献疑"，但"由汉、魏而至唐、宋，历千余年，卒无有敢就此发问者"。直到元代，邹氏创言，"遂以《尧典》等篇归于夏启以后之史官"。不过，"夏启以后"具体为何代，邹氏"不能自答"。③ 由此而言，顾颉刚在《尧典著作时代考》开篇强调说："本篇开首即云'曰若稽古'，其非当时之纪载已极显明"，④无疑有本于邹氏的观点。

　　元代之后，进一步对《尧典》提出质疑的代表性学者，当属晚清

---

① 参见顾颉刚：《致胡适·二二》，《顾颉刚书信集》第 1 卷，第 310 页；顾颉刚《致钱玄同·四》，《顾颉刚书信集》第 1 卷，第 533 页。

② 参见顾颉刚：《作文与作史》，《顾颉刚读书笔记》第 1 卷，第 86—87 页。

③ 顾颉刚：《尚书研究讲义参考材料》，《顾颉刚古史论文集》第 8 卷，第 315—316 页。

④ 顾颉刚：《尧典著作时代考》，《顾颉刚古史论文集》第 8 卷，第 63 页。

今文学家康有为。康有为在《孔子改制考》卷十二中指出："尧、舜为民主,为太平世,为人道之至,儒者举以为极者也。然吾读《书》,自《虞书》外未尝有言尧、舜者。……孔子拨乱升平,托文王以行君主之仁政,尤注意太平,托尧、舜以行民主之太平。"①由此而言,在康有为看来,《尧典》的记载并非实有其事,而是孔子寄托其太平世之理想。紧接着,康有为还开列了《尧典》为孔子作的四个证据。其一,王充在《论衡》中指出,《尚书》自"钦明文思"以下,为孔子所作。其二,"《尧典》制度与《王制》全同,巡守一章文亦全同",而《王制》为素王之制。其三,文辞若"光被四表,格于上下,克明峻德,以亲九族"等,调谐词整,与《乾卦》象辞爻辞"云行雨施,品物流形,大明终始,六位时乘"同,并为孔子文笔。其四,"夏为禹年号,尧、舜时,禹未改号,安有夏? 而不云蛮夷猾唐猾虞,而云猾夏,盖夏为大朝,中国一统,实自禹平水土后"。要而言之,《尧典》为孔子所作,为孔子之微言。②

　　康有为的观点提出之后,在学术界引起了较大关注。顾颉刚即是其中较有代表性的学者之一。而早在 1915 年,顾颉刚即已读到了《孔子改制考》,并认为该书第一篇所论上古茫昧无稽,极为"惬心餍理",而书中"汇集诸子托古改制的事实",则对战国时的学风进行了清楚的叙述。③ 至 1931 年,顾颉刚编纂《尚书研究讲义参考材料》,还专门收录了前述康有为《孔子改制考》中的相关论述,

① 康有为:《孔子改制考》,姜义华、张荣华编校:《康有为全集》第 3 集,北京:中国人民大学出版社,2007 年,第 149—150 页。
② 康有为:《孔子改制考》,姜义华、张荣华编校:《康有为全集》第 3 集,第 152 页。
③ 顾颉刚:《古史辨第一册自序》,《顾颉刚古史论文集》第 1 卷,第 23 页。

并写了两则"按语"。首先，顾颉刚在第一则"按语"中对康有为主张的《尧典》所记之事为孔子寄其太平世之理想的观点进行了评论，认为"自有王充之说，历一千八百年，绝未发生影响，至康有为始证成之"。当然，"自吾侪观之，则孔子时犹不容有此等思想，康氏之观察尚嫌过早；然其为孔子以后之儒者寄其太平世之理想而作，固断断不谬"。其后，顾颉刚在第二则"按语"中对康有为开列的《尧典》为孔子所作的四个证据进行了批评，指出"此文第二证未免曲说，盖《王制》与《尧典》不同处尽多"，"皆不能视为一人所定之制度"。"第三证指其文辞调谐词整，与《易传》相类，甚中肯綮。"但是，"《易传》之非孔子作"，"则《尧典》之时代自当随之更移后"。至于第四证指"猾夏"之名不可用于唐、虞时"亦是"，然"遂以为孔子所作，则无据"。① 要而言之，顾颉刚虽然并不完全赞同康有为的上述观点，但其之所以能够提出"今本《尧典》作于汉武帝时"说，无疑是受到了康有为的启发。②

继康有为之后，梁启超对《尧典》的真伪进行了考证。1922年，梁启超在《中国历史研究法》第五章中开列了七种"辨证伪事"之法。其中第五种方法是"时代错迕则事必伪，此反证之最有力者"。比如，《尧典》有"蛮夷猾夏"，此语十分可疑。因为，"夏为大禹有天下之号，因禹威德之盛，而中国民族始得'诸夏'之名"。因此，帝舜时不应有此语。又如，《尧典》又有"金作赎刑"一语，但问

————————

① 顾颉刚：《尚书研究讲义参考材料》，《顾颉刚古史论文集》第8卷，第316—318页。

② 除了顾颉刚之外，受康有为观点影响的"古史辨"派学人还有张西堂。张西堂认为，康有为的"结论虽属错误"，但其指出的《尧典》记载的制度与"汉文帝时之《王制》相同，而文辞又有些如是之'调谐词整'，这已明明告诉我们有经过西汉初年改作的痕迹"。张西堂：《尚书引论》，西安：陕西人民出版社，1958年，第174页。

题是"三代以前未有金属货币",故"此语恐出春秋以后人手笔"。① 不过,梁启超又指出,《尧典》所记中星,"仲春日中星昴仲夏日中星火"等,"据日本天文学者所研究,西纪前二千四五百年时确是如此"。因此,"《尧典》最少应有一部分为尧舜时代之真书"。② 简要言之,《尧典》的若干记载存在"时代错迕"的问题,但其中一部分为"真书"。

而早在 1921 年 10 月,顾颉刚即得到了《中国历史研究法》的稿本。③ 1922 年 5 月前后,其则专门在《读书笔记》中摘录了梁启超关于《尧典》存在"时代错迕"的观点,认为"此二语均可证明《今文尚书》到战国时才辑集"。④ 对于梁启超认为的《尧典》至少有一部分是"真书"的观点,顾颉刚则表示:"《尧典》言天文即合,无妨其为伪。"⑤1923 年 5 月,顾颉刚还在《与钱玄同先生论古史书》中直言不讳地说,"《尧典》的靠不住",如梁启超在《中国历史研究法》中所举的"蛮夷猾夏""金作赎刑",都是证据。⑥ 至 1931 年,顾颉刚编纂《尚书研究讲义参考材料》,专门收录了前引梁启超《中国历史研究法》中的相关论述,认为梁启超于"猾夏"一言申康氏之说,于"金作赎刑"一语独树异议,"谓用金属作货币为春秋以后事,视康氏说为孔子作者,其时代愈移后"。按理来说,"梁氏既为此说,似可将《尧典》根本推翻",但其根据日本学界的研究成果,"以四仲中星之

---

① 梁启超:《中国历史研究法》,《梁启超全集》第 5 册,第 4137 页。

② 梁启超:《中国历史研究法》,《梁启超全集》第 5 册,第 4133 页。

③ 参见顾颉刚:《顾颉刚日记》第 1 卷,第 172 页。

④ 顾颉刚:《〈尧典〉破绽》,《顾颉刚读书笔记》第 1 卷,第 377 页。

⑤ 顾颉刚:《战国以下伪〈尚书〉》,《顾颉刚读书笔记》第 1 卷,第 377 页。

⑥ 顾颉刚:《与钱玄同先生论古史书》,《顾颉刚古史论文集》第 1 卷,第 184 页。

故,认其中必有一部分为尧、舜时代之真书"。其实,日本学界的"意见极不统一"。而且,"此章之分析羲、和为四人,其所宅之地之至于朔方、南交,是则梁氏所目为真书之一节恰章显其甚后出之迹"。[①] 更为关键的是,顾颉刚还在《尧典著作时代考》中简要转述了梁启超的观点,并进行了辩证评论。[②] 由此而言,顾颉刚无疑是有选择地接受了梁启超关于《尧典》的看法,进而提出了"今本《尧典》作于汉武帝时"说。

与梁启超同时,对《尧典》进行质疑的还有胡适。早在 1919年,胡适在《中国哲学史大纲》一书中即断言:"《尚书》或是儒家造出的'托古改制'的书,或是古代歌功颂德的官书。"[③]1922 年,胡适在《研究国故的方法》一文中则进一步指出,"古书多伪造",《尚书》就是一个例证。具体而言,"《书经》是假的。这场官司,打了二千多年,到了清代,在学者方面算是断案了",即"二十八篇今文经是真的",其余都是假的。其实,"我们现在研究起来,还应该比清儒作更进一步的翻案:就是今文二十八篇,也是作伪的,靠不住的"。不过,"今文的假和古文的假有分别。今文是事实的假,古文是书籍的假"。比如,现在二十八篇里《尧典》的"钦明文思安安,光被四表,格于上下",把一个放勋说得那么好。但其实,"历史是进化的",上古草昧的时代,没有这样的文明,没有这样相反的事实,更无法晓得尧舜的"真情"。因此,"我们断不可把这些东西,当作真

---

① 顾颉刚:《尚书研究讲义参考材料》,《顾颉刚古史论文集》第 8 卷,第 319—321 页。
② 顾颉刚:《尧典著作时代考》,《顾颉刚古史论文集》第 8 卷,第 118—119 页。
③ 胡适:《中国古代哲学史》,《胡适全集》第 5 卷,第 214 页。

史料看"。① 众所周知,胡适是顾颉刚走上"疑古"之路的引路人。因此,顾颉刚之所以认为《尧典》靠不住,与胡适的启发有着密切的学术关联。

除了胡适之外,在当时质疑《尧典》的还有钱玄同。承前所述,顾颉刚在《与钱玄同先生论古史书》中一再强调,《尧典》靠不住,成于孔子之后。钱玄同颇为认同这一观点。其在《答顾颉刚先生书》中即说:"现在的二十八篇中,有历史的价值的恐怕没有几篇。如《尧典》《皋陶谟》《禹贡》《甘誓》等篇,一定是晚周人伪造的。"②此后,钱玄同还曾告诉顾颉刚,《尧典》中的"克明俊德,以亲九族。……黎民于变时雍"一节,"用韵类秦汉"。③ 由此来看,顾颉刚之所以提出"今本《尧典》作于汉武帝时"说,还受到了钱玄同的鼓励与启示。

由上可知,最迟到汉代,王充即认为《尧典》为孔子所作。此后,晁说之、王柏、邹季友、康有为等对《尧典》的年代或记载提出质疑。新文化运动之后,梁启超、胡适、钱玄同等人进一步对这一问题进行了考察。而根据现有材料,顾颉刚对上述质疑的观点均有一定的了解。由此而言,这些质疑的观点可以说为顾颉刚大胆地提出"今本《尧典》作于汉武帝时"说提供了较为丰富的学术资源。

三、"今本《尧典》作于汉武帝时"说的建立

当然,顾颉刚之所以能够提出"今本《尧典》作于汉武帝时"说,

---

① 胡适:《研究国故的方法》,《国文学会丛刊》第 1 卷第 1 期,1922 年 11 月。
② 钱玄同:《答顾颉刚先生书》,《钱玄同文集》第 4 卷,第 246 页。
③ 顾颉刚:《致钱玄同·一四》,《顾颉刚书信集》第 1 卷,第 552 页。

决不仅在于其继承了过往学者的"疑古"之论，更在于其运用了现代的史学方法。所谓现代的史学方法，指的是"审定史料之法"。在中国现代学术史上，最先对此法进行阐述与运用的是胡适。1919 年，胡适在《中国哲学史大纲·导言》中强调说："审定史料乃是史学家第一步根本功夫。"而审定史料主要靠的是证据，一般而言，"这种证据，大概可分五种"，分别是"史事""文字""文体""思想"以及"旁证"。① 之后，胡适在正文中充分贯彻了此法。可以说，这一"审定史料之法"为后来的学者开"无数法门"。②

在"后来的学者"之中，最早自觉接受此法的是顾颉刚。1921 年，顾颉刚在致钱玄同的信中即表示，自己的性情近于史学，"因为想做史学，所以极要搜集史料，审定史料"。而辨伪的方法有两种，一种是"考书籍的源流"，另一种是"考史事的真伪"。其中，最关键的是"考书里的文法"，一旦弄清楚了这一问题，那么，"书的真伪"和"作伪的时代"便可迎刃而解。③ 总之，"研究历史，首须审查史料以去伪存真"。④

在相当大的程度上，"今本《尧典》作于汉武帝时"说的证成，即有赖于"审定史料之法"的运用。归纳起来，顾颉刚主要从意义、制度、疆域以及文辞等四个方面对这一学说进行了详细的论证。

第一，从意义上来讲，今本《尧典》存在"一统之意味"，故其成文"必不能在秦之前"。具体而言，"中国一统之局，至秦始立"。而

① 胡适：《中国古代哲学史》，《胡适全集》第 5 卷，第 211—214 页。
② 蔡元培：《〈中国古代哲学史大纲〉序》，高叔平编：《蔡元培全集》第 3 卷，北京：中华书局，1984 年，第 188 页。
③ 顾颉刚：《致钱玄同·三》，《顾颉刚书信集》第 1 卷，第 530 页。
④ 顾颉刚：《印行辨伪丛刊缘起》，《顾颉刚古史论文集》第 7 卷，第 21 页。

当始皇统一之后，即令"一法度、衡石、丈尺；车同轨；书同文字"。而"今《尧典》亦有'同律度量衡'之语"。至"始皇二十七年，治驰道，遂频年出巡。东上泰山，登之罘，至琅邪；又之碣石。南渡淮水，之衡山，南郡；又浮江下，至钱唐，上会稽。西出鸡头山，过回中。北巡边，从上郡入。其《之罘刻石》之辞曰：'时在中春，阳和方起，皇帝东游，巡登之罘'"。而以此较《尧典》所云"岁二月，东巡守"以及巡守四岳之文，二者十分相似。至"始皇二十八年，上邹峄山，与鲁儒生议封禅、望祭山川之事，遂封泰山，禅梁父。东游海上，行礼祠名山大川及八神"。而根据《史记·封禅书》的"祀典"记载，"其上帝则有雍四畤。其群神则有陈宝、诸布、诸严之属"。而以此视《尧典》，则云"类于上帝，禋于六宗，望于山川，遍于群神"，又云"望秩于山川"，又云"封十有二山"，二者十分相似。当然，"与秦制相似固不能遂断为秦人所作，然一统之意味若是其重，君主之势力若是其厚，则必不能在秦之前"。①

　　第二，从制度上来讲，《尧典》存在袭汉制之处，故其文不成于秦人，而是成于西汉。具体而言，根据《汉书》，"西汉时之特殊制度，一方既承秦之郡县，一方又袭周之封建，县令、郡守与侯王并立，与《尧典》之以'群牧'与'群后'并立者正相合"。当然，"《尧典》之为西汉人作，不仅此一点"。即"肇十有二州"一语，亦一"坚强之证据"。详言之，"自来言分州者惟以九数，无以十二数者"。根据《齐侯镈钟》《左传》《禹贡》《国语》以及《吕氏春秋》等古书与古器物的相关记载，"可知当春秋、战国之时确信地制当以九数，举凡州、

① 顾颉刚：《尧典著作时代考》，《顾颉刚古史论文集》第8卷，第65—66页。

牧、山、川、泽、薮、原、隰以及道路莫不受范"。"以此之故，《吕氏春秋·有始览》曰'天有九野，地有九山，山有九塞，泽有九薮'，不但地以九分，而天亦以九分。""即迁僻之邹衍，以九州为不足，推而广之为八十一州，亦为九之自乘数。"此等事"或以其过于整齐为可嗤，而在当时则确有强烈之信仰在"。因此，"其后地域既扩大，幽、并二州不能不立，则《职方》宁删去徐、梁以迁就之，诚以地方可增广而九数则不能改变"。直到"汉武帝穷兵黩武，开拓三边，境域过广，当其分州之际，《禹贡》之州不足，则以《职方》之州补之；又不足，则更立朔方、交趾两部"。从此之后，"向之九州观念因事实上之需要而被打破，《尧典》中亦遂应时而有'肇十而二州''咨十二有牧'之言，许九数扩张为十二"。要而言之，在制度的记载上，"今本《尧典》之文显然有受时势影响而增窜者"。[①]

第三，从疆域上来讲，《尧典》所述之地与汉武帝时之疆域"几于不差累黍"。首先，"朔方之名，最早见于《诗》"。至于"方在何处，前人无能指言之"。直到王国维作《周莽京考》，"据《井鼎》《静彝》《史懋壶》等'王在莽京'之文，谓莽即《小雅》之方，秦、汉之蒲坂"。而根据《左传》昭九年，王使詹桓伯辞于晋曰："武王克商……肃慎、燕、亳，吾北土也。""不言及河套，亦不言有朔方。"而"秦有泾、洛、渭诸水上游之地实在战国中叶之后。然是时拓地虽广，尚不能至河套"。其实，"汉族始有河套地者为赵武灵王"。但"其地名曰榆中，曰九原，曰高阙，不闻有朔方"。其后，"始皇使蒙恬北击胡，《本纪》云'略取河南地'，《匈奴列传》云'悉收河南地'，亦不云

① 顾颉刚：《尧典著作时代考》，《顾颉刚古史论文集》第 8 卷，第 66—70 页。

朔方也。自秦得其地，名之曰北河"。而至元朔二年，卫青"取河南地，为朔方郡"。因为，"当时为儒家全盛时代，《六艺》具有无上之权威，故武帝取《诗》语以美卫青，亦取《诗》语以名所筑之城与所立之郡；至于《诗》之朔方在此与否，固所不计"。要而言之，"《小雅》朔方一名最在前，其地在河曲；汉朔方郡之名次之，其地在河套；《尧典》'宅朔方'出最迟，乃在朔方郡既立之后"。其次，"《禹贡》南至衡山，不知有交趾。秦定南越之地，立桂林、南海、象郡，至交趾矣，而不以'交'名其他。至汉武元鼎六年平南越，以其地为交阯等九郡。越五年，置十三州刺史，乃以此九郡总为交州。故'宅南交'者，亦置交阯郡与交州后之产物"。再次，"尧命羲仲宅嵎夷，嵎夷见于《禹贡·青州章》，当是山东海畔夷人，原非甚远之地。惟至汉而其意义改变"。"西汉之言今虽不可见"，但根据东汉《说文》"崵"字和"堣"字条，"则嵎夷不在青州而在碣石之北，幽、冀之间"。"若仍欲纳之于青州，惟有说为越海而有之。然辽西及冀州皆在北而羲仲测候之所应在东，颇不合契。"而根据《后汉书·东夷列传》，以"嵎夷为九夷之总称，亦即以嵎夷指朝鲜等地"。此说"若以解《尧典》之嵎夷，尤其于明白羲叔、和叔所宅在汉武立朔方、交阯诸郡之后，则甚是"。因为，根据《汉书·武帝纪》，"元封二年，朝鲜王攻杀辽东都尉，延募天下死罪击朝鲜。明年，朝鲜斩其王右渠降，以其地为乐浪、临屯、玄菟、真番郡"。因此，"所谓'宅嵎夷'者，亦即汉武新辟之朝鲜四郡"。最后，《尧典》云："分命和仲，宅西。"此甚怪事。而"欲剖析此疑案，又不得不据汉武帝时之情势以度之"。当时，"汉西辟之地，本皆在蛮夷中，经典所不见"，"率随意呼之"；"曰西北国，曰西国，曰西海，曰西极，名虽有异，要必有一'西'字在"。

因此，"《尧典》所以言'分命和仲宅西'，而不从《禹贡》言'宅流沙'，亦不从《秦纪》言'宅临洮'"。总之，"《尧典》所述之地，以汉武帝时之疆域度之，几于不差累黍"。①

第四，在文辞上，今本《尧典》存在袭《王制》之处，故其文为武帝时作。比如，巡守之章，《王制》本文云："命典礼，考时月定日，同律礼乐制度衣服正之。""文辞殊不修洁。"一入《尧典》，则为"协时月正日，同律度量衡，修五礼"，"其言明且清"，修改之迹显而易见。又云："五月，南巡守，至于南岳，如东巡守之礼。八月，西巡守，至于西岳，如南巡守之礼。十有一月，北巡守，至于北岳，如西巡守之礼。""其文式画一而无变化。"一入《尧典》，则南巡守曰"如岱礼"，西巡守曰"如初"，朔巡守曰"如西礼"，视《王制》为简练，修改之迹又显而易见。而"《王制》根据《孟子》之言以成书，且谓'古者以周尺八尺为步，今以周尺六尺四寸为步'，其著作时代明已入汉，而善于修辞之《尧典》乃更在其后"。由此来看，"《王制》为文帝时作而《尧典》为武帝时作"。又如，舜年之章，《五帝德》文云："二十以孝闻乎天下，三十在位，嗣帝所五十乃死。"至于《尧典》，乃改其文曰："舜生三十征庸，三十在位，五十载陟方乃死。"②

由上可知，从意义、制度、疆域以及文辞等四个方面来看，今本《尧典》作于汉武帝之时。而顾颉刚之所以能够建立这一"疑古"之说，主要在于其运用了"审定史料之法"。进言之，正是这一史学方法的有效运用，使得顾颉刚的《尧典》著作时代考辨取得了超越前人的研究成绩。

① 顾颉刚：《尧典著作时代考》，《顾颉刚古史论文集》第 8 卷，第 70—80 页。
② 顾颉刚：《尧典著作时代考》，《顾颉刚古史论文集》第 8 卷，第 114—115 页。

四、"今本《尧典》作于汉武帝时"说的影响与意义

最后,有必要考察一下顾颉刚"今本《尧典》作于汉武帝时"说的反响,进而探讨顾颉刚的《尧典》著作时代考辨在中国现代学术史上的意义。

较早对该说提出质疑的是叶国庆。1931 年,叶国庆在写给顾颉刚的信中首先表示:"今本《尧典》信非当时之记载,然谓其伪作于汉武时",则并不正确。之后,则针对顾颉刚的若干说法进行了批驳。最后,叶国庆提出:"《尧典》类一百衲衣,色彩错杂,难指为某一时代之作品。"①

继叶国庆之后,对该说进行公开批评的是童书业。1934 年,童书业发表《评顾著尚书研究讲义第一册》,首先指出该书作者所用之方法为"考证法",更准确地说是"背景之考察法","此种之考证方法,确为作者生平一大贡献"。当然,这一"背景之考察法""应用到极致,固不免少有流弊","然其发现之精深,固有非寻常考证家所能梦见者"。之后,则认为"本书之考证,则今本《尧典》十分之九皆汉人之文,此则有困难问题起焉"。最后,童书业提出了自己的观点,即"战国中世人先造一部分,而西汉人足成之"。②

除叶国庆和童书业之外,对该说提出非议的还有孟森和劳幹。1934 年,孟森在写给顾颉刚的信中认为,此说不能成立,并从中

---

① 《尧典著作时代问题之讨论·叶国庆与顾颉刚书》,《禹贡半月刊》第 2 卷第 9 期,1935 年 1 月。
② 童书业:《评顾著尚书研究讲义第一册》,《童书业著作集》第 3 卷,第 624—642 页。

星、交趾、朔方以及文字四个方面进行了反驳。① 劳幹在写给顾颉刚的信中一方面则表示："先生之论证《尧典》为秦以后人所作部分，至当至确，虽起伏、孔于九原，恐不能易一字。"另一方面则认为，《尧典》非汉武帝时人所作，而为秦人所作。②

与上述学者不同，张西堂对该说持正面肯定态度。1938 年，张西堂撰成一部《尚书研究讲义》，③认为顾颉刚在《尚书研究讲义第一册》中所说，"虽不无枝节的可议之处，然而引据赅博，辨析精详，实不愧为胆大心细的考证，从文辞上看来，《王制》的纂辑者不抄《尧典》，而偏要自造拙劣之语，可见实未见过今本《尧典》，已可为《尧典》为汉武时改作之确证。再由疆域、制度等等来看，他的意见大概是不错的。我们可说《孟子》所引为战国之《尧典》，吾侪所见为汉武之《尧典》"。④

由上可知，顾颉刚提出"今本《尧典》成于汉武帝时"说之后，即在当时学术界产生了强烈的反响。当然，这一观点不能成为定论。不过，若从现代学术的背景来看，顾颉刚对于《尧典》著作时代的考辨却具有较大的学术史意义。归纳起来，其学术史意义有以下两点。

首先，在观念上，主张对《尚书》"去经典化"，初步实现了《尚

---

① 《尧典著作时代问题之讨论·孟森与顾颉刚书》，《禹贡半月刊》第 2 卷第 9 期，1935 年 1 月。

② 《尧典著作时代问题之讨论·劳幹与顾颉刚书》，《禹贡半月刊》第 2 卷第 9 期，1935 年 1 月。

③ 1958 年，张西堂将整理后的《尚书研究讲义》定名为《尚书引论》，由陕西人民出版社出版。

④ 张西堂：《尚书引论》，第 177 页。

书》由经典到古文献汇编的转变。在古代,自从汉武帝"罢黜百家,表彰六经"以来,儒家经学成为主流意识形态,六经遂成为神圣不可侵犯的经典。在六经之中,《尚书》的地位最尊。其原因在于,该书与上古史的关系最为密切,儒家确立的尧、舜、禹、汤、文、武这一古史骨干系统,就是由《尚书》建立起来的。而《尧典》《禹贡》《皋陶谟》则是其中的关键篇章。尤其是《尧典》,为二千多年来的读书人"提供了关于上古的比较完整的帝王系统和古代制度","涉及到中国古史的各个方面"。① 但是,新文化运动以来,学者们开始致力于对《尚书》的去经典化。顾颉刚则选择通过辨正《尧典》等《尚书》各篇的时代,进而推翻这一古史骨干系统。如前所述,顾颉刚提出,《尧典》并非是尧、舜之时的载记,而今本则作于汉武帝时。而且,其还通过比较《尧典》与《论语》中的古史观念,提出尧、舜、禹并非是真实的历史人物,而只是神话传说。如此一来,顾颉刚不仅推翻了包括以《尧典》为首篇的《尚书》的经典地位,还动摇了儒家利用以《尧典》为首篇的《尚书》所建立起来的古史骨干系统。此后,以《尧典》为首篇的《尚书》遂由经典转变为古文献汇编。

不过,顾颉刚并未真正完成对《尧典》进行"化经为史"的工作。接续其工作的是刘起釪。1984 年,刘起釪发表《顾颉刚先生与〈尚书〉研究》,指出《尧典》的内容包括三个来源。其一,"远古的素材",如远古天文资料、历法资料、祭祀自然的资料、各地各族的祖先神及神话资料、由传说保存下来的远古氏族部落政治生活的一些情况。这些是《尧典》中"最富史料价值的部分"。其二,"儒家的

---

① 参见王学典:《新史学和新汉学:中国现代史学的两种形态及其起伏》,《史学月刊》2008 年第 6 期。

思想或其理想的材料"，如德治观点、修齐治平的"《大学》之道"、虞庭各官等。这些是"对流传的一些不同历史传说所作的拼凑整齐"。其三，"汉代的影子"，"这是汉代经生重新写定《尧典》时，因没有时代观念所无意地愚昧地带进去的一些东西"。① 此后，刘起釪在《尚书校释译论》中进一步对上述观点进行了详细的论证。② 可以说，经过刘起釪的论证，《尧典》彻底被还原于古文献汇编。而诚如刘起釪坦言的，自己提出对《尧典》的这些看法，是受到了顾颉刚的启发。③

　　其次，在方法上，提倡"审定史料之法"，建立了《尚书》著作时代考辨的新范式。在中国，古书考辨工作"已有长时期的历史"，经历了战国时的萌芽，唐以后的勃兴，到了清代已日臻成熟。而清代的考辨之所以能够达到成熟的阶段，不仅在于他们"不受传统的束缚，敢于触犯当时的'离经叛道、非圣无法'的禁条，来打破封建统治阶级为了自己的利益而歪曲造成的历史"，还在于其所用的方法是"接近于科学"的。但问题在于，清代学者"还不能完全摆脱圣道的观念"，而且其所用的方法有"武断主观的成分"。④ 新文化运动以来，学者们则接受了他们的优点，改正了他们的缺点。如前所述，顾颉刚即追求"求真"的观念，运用"审定史料之法"，从意义、制度、疆域以及文辞等四个方面对《尧典》著作时代进行了系统的考辨，进而提出"今文《尧典》作于汉武帝时"。这一观点是否完全真

---

① 刘起釪：《顾颉刚先生与〈尚书〉研究》，《社会科学战线》1984 年第 3 期。

② 顾颉刚、刘起釪：《尚书校释译论》第 1 册，第 363—385 页。

③ 刘起釪：《顾颉刚先生与〈尚书〉研究》，《社会科学战线》1984 年第 3 期。

④ 顾颉刚：《古籍辨伪丛刊第一集序》，《顾颉刚古史论文集》第 7 卷，第 25—29 页；顾颉刚：《崔东壁遗书序一》，《顾颉刚古史论文集》第 7 卷，第 153—165 页。

确,尚不能"盖棺定论",甚至存在巨大的争议。但唯不能因此而否定的是,顾颉刚的这一以"求真"为目的,进而运用"审定史料之法"撰写的《尧典著作时代考》,无疑可以被视为《尚书》著作时代考辨乃至古书时代考辨的新范式。

当然,按照库恩的"范式"理论,顾颉刚虽然建立了《尚书》著作时代考辨乃至古书时代考辨的新范式,但并没有解决其中的一切问题,而是不仅"开启了无穷的法门",还"留下了无数的新问题"。① 继顾颉刚之后,一大批学者投身于《尚书》著作时代考辨。其中,最值得关注的是刘起釪。2005 年,顾颉刚、刘起釪著《尚书校释译论》在中华书局重磅推出。根据该书的"凡例",各篇分校释、今译、讨论三部分。其中的讨论,"旨在弄明白各篇存在的问题"。"首先是该篇本身的问题",而"该篇写成年代"则又是"本身的问题"的重要内容。② 值得关注的是,刘起釪对《尧典》《皋陶谟》《禹贡》的写成年代进行了详细的讨论,并对顾颉刚的具体意见作了"修订补充",认为"这三篇不是编定于战国后期,资料来源较早,大抵最后定稿于春秋时期"。③ 此外,刘起釪对其他各篇的写成年代都进行了讨论,提出了自己的看法。由此可见,刘起釪对《今文尚书》各篇成文年代的考辨,或与顾颉刚的具体观点不同,但无疑属于其建立的新范式下的"常态的研究工作"。

综上所述,顾颉刚提出"今本《尧典》作于汉武帝时"之后,在当

---

① 关于库恩的"范式"理论,可参看余英时:《近代红学的发展与红学革命》,《红楼梦的两个世界》,上海:上海社科院出版社,2002 年,第 6 页。
② 顾颉刚、刘起釪:《〈尚书校释译论〉凡例》第 1 册,第 3 页。
③ 顾颉刚、刘起釪:《尚书校释译论》第 1 册,第 511 页。

时的学术界引起了较为强烈的回响。而通过对《尧典》著作时代的考辨，顾颉刚不仅初步实现了以《尧典》为首篇的《尚书》由经典到古文献汇编的转变，还建立了《尚书》著作时代考辨的新范式。

第二节　化伪为真："伪书移置说"的建立与意义

在古书考辨工作中，考辨出古书的真伪只是初步的工作。接下来的工作则是该如何处理这些"伪书"呢？ 时人直接或间接对顾颉刚进行了批评，或批评顾颉刚等人将"伪书"弃之不用，处理不当；①抑或批评其对"伪书"的研究是"枉费力气"。② 当下一些主流学者仍不乏类似批评，或认为其将伪书"一概抹杀"，③视为"'随口编造'的废弃物"，④"缺乏史学通识"。⑤ 其实，针对这些时人批评，顾颉刚建设性提出了"伪书移置说"，主张将考辨出来的"伪书"置于"作伪的时代"，使之成为了解"作伪时代"的"真书"。当代学者则有本于这一学说，替顾颉刚的古书考辨进行辩护，认为这种批评

① 冯友兰：《中国哲学史》上册，《三松堂全集》第 2 卷，第 258—259 页；陈寅恪：《冯友兰中国哲学史上册审查报告》，《金明馆丛稿二编》，第 280 页；罗根泽：《管子探源》，上海：中华书局，1931 年，第 1 页。

② 顾颉刚：《古史辨第三册自序》，《顾颉刚古史论文集》第 1 卷，第 103 页。

③ 王汎森：《民国的新史学及其批评者》，罗志田主编：《20 世纪的中国：学术与社会（史学卷）》上册，济南：山东人民出版社，2001 年，第 64 页。

④ 葛兆光：《中国思想史》导论，上海：复旦大学出版社，2001 年，第 133 页。

⑤ 桑兵：《"了解之同情"与陈寅恪的治史方法》，《社会科学战线》2008 年第 10 期。

是一种误会。①

　　客观来讲,这些回应与辩护均能成立。但问题在于,此说究竟是如何建立的,此说在当时产生了哪些反响,顾颉刚与上述学者未能提及。当然,另有一些学者在讨论其他相关问题时则对此说的学术渊源略有提及,②但并不详尽,甚至存在一些可商榷之处。此外,此说的学术价值,过往学界虽有所认识,③但未能将其置于现代古书考辨的发展脉络中进行估定。因此,本章接下来拟对"伪书移置说"的提出缘起、学术渊源、基本特质及学术反响进行一番系统的再探讨,以期进一步丰富学界对这一学说的认识,进而客观地估定顾颉刚的古书考辨。

一、回应批评:"伪书移置说"的提出缘起

　　在某种程度上,一个突破性学说的提出,都不是一蹴而就的,而是会经历一个"破茧而出"的过程。而只有对这一过程进行一番基础性的考察,才能对这一学说有一个"近真的"认识。因此,关于"伪书移置说"的探讨,首要在于考察这一学说的形成过程。

---

① 参见顾潮、顾洪:《顾颉刚评传》,第 70—72 页;刘俐娜:《顾颉刚学术思想评传》,第 261—262 页;李政君:《变与常:顾颉刚古史观念演进之研究(1923—1949)》,北京:中国社会科学出版社,2020 年,第 132 页。

② 王嘉川:《论胡应麟对伪书价值的认识》,《图书与情报》2004 年第 5 期;卢毅:《试论钱玄同对顾颉刚的学术影响》,《东方论坛》2006 年第 6 期;李长银:《"层累说"起源新论》,《清华大学学报(哲学社会科学版)》2014 年第 5 期。

③ 有学者将"移置"视为一种认识论,认为这一认识"为了挽救康有为要丢弃的东西"。(美)施耐德:《顾颉刚与中国新史学》,梅寅生译,台北:华世出版社,1984 年,第 224—225 页。还有学者将"移置"视为一种方法,认为此法不仅是顾颉刚爱用的"独门武器",还是其辨伪学的实质起点。许冠三:《新史学九十年》,第 205 页。

　　根据现有资料，顾颉刚早在走上"疑古"之路后不久，便初步形成了"移置"的观念。1920 年 12 月 15 日，顾颉刚在写给胡适的《告拟作〈伪书考〉跋文书》中表示，自己拟编辑一册《辨伪三种》。所谓《辨伪三种》，即宋濂的《诸子辨》、胡应麟的《四部正讹》以及姚际恒的《古今伪书考》。而将这三本书合为一册，"可使人对于伪书得到更深的印象"。此外，为了加深这一"印象"，顾颉刚决定做一篇跋，里面包括五个表，[①]其中之一"表造伪书的时代"，换言之就是将"伪书"置于"造伪"的时代。

　　在《古史辨第一册自序》中，顾颉刚将这一观念说得更为具体、更为清楚。当时，其所排列的两个表，一个是依照书上说的年代编排，另一个则是按照"现在的眼光"编排。[②]今按"现在的眼光"，如果不以辞害意的话，即是后来的"移置"的观念。而正是有了这一认识之后，顾颉刚对于古史的来源，就有了"较清楚的认识"。

　　这一"较清楚的认识"成果之一即是"古史层累说"。具体而言，关于禹，最早的《商颂·长发》"把他看作一个开天辟地的神"，其次的《鲁颂》《閟宫》"把他看作一个最早的人王"，再其次的《论语》"把他看作一个耕稼的人王"，最后的《尧典》"把后生的人和缵绪的人都改成了他的同寅"。以此类推，而关"尧、舜的事迹"也是如此。出于"这一个指示"，顾颉刚初步建立了一个假设——"古史是层累地造成的，发生的次序和排列的系统恰是一个反背"。[③]由此来看，顾颉刚之所以能够初步建立这一"假设"，要在其将《尧典》

---

① 顾颉刚：《告拟作〈伪书考〉跋文书》，《顾颉刚古史论文集》第 7 卷，第 234 页。
② 顾颉刚：《古史辨第一册自序》，《顾颉刚古史论文集》第 1 卷，第 38—39 页。
③ 顾颉刚：《古史辨第一册自序》，《顾颉刚古史论文集》第 1 卷，第 45 页。

置于《论语》之后。进言之，"古史层累说"之形成，有赖于"移置"的观念。

1923 年 5 月 6 日，顾颉刚在《与钱玄同先生论古史书》的"按语"中则将上述假设正式提炼为"古史层累说"。此说发表之后，彻底摧毁了"自从盘古开天地，三皇五帝到于今"的传统上古史系统。此后，顾颉刚又发表了《答刘、胡两先生书》《讨论古史答刘、胡二先生》等文章，继续"打破假的上古史"。

不过，对于顾颉刚的古史研究，时人并不满意，甚至持批评态度。其中，部分学者对顾颉刚进行不点名的批评。1931 年 2 月，冯友兰在《中国哲学史》上册中指出："从前研究中国学问者，或不知分别真书伪书，或知分别而以伪书为无价值。"仅就哲学史而言，如果考证出一本书为"伪书"，并不是要将之"废"掉，而是要将书的时代"移后"，正可以作为"产生之时代"的"史料"。[①] 对于冯友兰的这一观点，陈寅恪在该书《审查报告》中颇表"了解之同情"，认为"其取用材料，亦具通识"，然后重申了这一观点，即古书的真伪，只是一个"相对问题"，要在考证出"伪书"的"作伪时代及作者"，然后以此来说明这一作伪的时代以及作者的思想。如此一来，"伪材料"则一变为"真材料"。[②] 要而言之，冯、陈二氏认为，顾颉刚等对古书的处理不当。[③]

根据现有资料，冯友兰曾将《中国哲学史》上册排印本送给顾

---

① 冯友兰：《中国哲学史》上册，《三松堂全集》第 2 卷，第 258—259 页。
② 陈寅恪：《冯友兰中国哲学史上册审查报告》，《金明馆丛稿二编》，第 280 页。
③ 有学者已指出，陈寅恪的这一观点即对"古史辨"的不点名批评。参见桑兵：《"了解之同情"与陈寅恪的治史方法》，《社会科学战线》2008 年第 10 期。

颉刚指正。① 因此，顾颉刚对冯、陈二氏的不点名批评应当有所了解。当然，这一批评是一种误解。但在某种程度上，正是这种误解的存在，使得顾颉刚不得不站出来，澄清自己的本意。

与上述间接批评相比，更值得关注的是时人的直接批评。1930年，一位燕京大学的学子就向顾颉刚提出质疑：有了科学，就不该再迷信，也不应该去研究迷信。比如，《世经》"完全是迷信的一个代表，它的主要点是依据着什么五德五行，相胜相生的把戏而出的。我们要去研究它，证实它，批驳它，的确是一桩徒劳而无益的事情！经过我们研究以后的它，早已被我们证实出假来了；更经过许多名人，如崔述、崔适、康有为等，驳得刘歆走投不是路了！那本来是无关重要的"。② 当然，这一批评并不只是这位燕京大学学子的个人观点，而是代表了"一般人的误解"。③ 总之，在这些人看来，《世经》等属于"迷信"，是"假"的，故没有研究的价值。

对于这一观点，顾颉刚进行了回应，认为虽然"意思是很好"，实则没有想清楚"常识和学问的分别"。就常识而言，"有了科学，就不该有迷信"，"很说得通"。但是，就学问而言，"迷信是一件东西，也是在科学家应当研究的范围之内"，故"研究科学，就不必研究迷信"，"则很说不通"。仅以《世经》为例，"对于上古史固然是假，对于汉代的史还是真的"。因此，"我们要研究汉代思想及其在

---

① 参见顾洪、张顺华编：《顾颉刚文库古籍书目》第 1 卷，北京：中华书局，2011 年，第 715 页。

② 转引自顾颉刚：《中国上古史研究讲义》，《顾颉刚古史论文集》第 3 卷，第 90—91 页。

③ 顾颉刚：《中国上古史研究讲义》，《顾颉刚古史论文集》第 3 卷，第 92 页。

上古史上所发生的影响", 就必须"理会这套把戏"。① 至此, "伪书移置说"已经呼之欲出了。

当然, 由于《中国上古史研究讲义》当时并未公开出版, 故学术界并不完全知晓上述观点。直到 1931 年 11 月, 顾颉刚在《古史辨第三册自序》中进行了公开回应。在此序中, 顾颉刚首先对上述批评进行了简要转引, 即古书中的"伪材料", "就完全没有必要枉费力气去研究"。之后, 则进一步提炼了自己的观点, 即许多"伪史料", 将其置于造伪的时代虽然不合, 但置于造伪的时代, 便将成为真实的史料, 而我们即可以通过这些史料去"了解那个时代的思想和学术"。我们破坏这些"伪史料", 决不是要将其"销毁", 而是将其时代"移后", 而置于"出现的时代"。这与其说是"破坏", 不如称之为"移置"。② 此即"伪书移置说"。

不过, 此说正式提出之后, 有部分学者仍然对顾颉刚的辨伪持有异议。其中, 较有代表性的学者是罗根泽。1931 年 4 月, 罗根泽的《管子探源·叙目》中说: "辨伪者, 每贵远贱近, 崇古卑今, 一若闲圣护道者然。真古人者, 奉为珍宝, 异于九天; 伪于后者, 视如粪壤, 抛于九渊。"在中国辨伪学史上, 自胡应麟、康有为之后, "流风所被, 成为习尚, 去取定于真伪, 是非判于古今, 辨伪之书出, 而古籍几无可读"。其实, "著书托名古人, 斯诚卑矣"。但"周秦诸子, 靡不托古改制, 苟言其之成理, 持之有故, 皆宜保存; 惟疏通明辩, 使还作主, 而不赝伪古人, 乱学术之系统"。比如, "《列子》出晋

---

① 顾颉刚:《中国上古史研究讲义》,《顾颉刚古史论文集》第 3 卷, 第 91—92 页。
② 顾颉刚:《古史辨第三册自序》,《顾颉刚古史论文集》第 1 卷, 第 103 页。

人，非列御寇作，近已渐成定谳。晋人之书，传者绝尠，据此以究战国学术固妄；据此以究晋人学术，则绝好材料，不得以其非列御寇作，而卑弃不一顾"。因此，"与其辩真伪，必益以考年代，始为有功于古人，有裨于今后之学术界"。但是，需要指出的是，"史料之书，其功用在史实，后人向壁虚造，自全无价值"。比如，"《竹书纪年》出汲冢，真伪姑不论，今本全非汲冢之旧，淆混史实，错乱年代，诚宜析辩而杂烧之"。此外，"言理之书，若《文子》之袭《淮南》，慎懋赏本《慎子》之袊百家，割裂勦同，毫无诠发，原书可读"。因此，"亦应疏通证明，无使滥竽著作之林，而耗学子披读之功"。要而言之，"考年代与辩真伪不同：辩真伪，迹追依伪，摒弃不使厕于学术界，义主破坏；考年代，稽考作书时期，以还学术史上之时代价值，义主建设"。[①] 除罗根泽之外，则还有很多人批评说："顾颉刚们说这部书伪，那部书伪；照这说法，不知再有什么书可读！"[②]

　　面对上述质疑，顾颉刚不得不在《古史辨第四册序》中予以回应。在这篇序中，顾颉刚转引了罗根泽的主要观点，然后强调说，"考年代"与"辩真伪"没有严密的界限。所谓"考年代"，就是"辨去其伪托之时代而置之于其真时代中"。换言之，"考年代是目的，辨真伪是手段"。此外，顾氏还转引了前引"无书可读"的批评，然后重申了"移置"的"旨趣"。[③]

　　如上所述，顾颉刚早在走上"疑古"的道路之后不久便初步形成了"移置"的观念，但其之所以在《古史辨第三册自序》中正式提

①　罗根泽：《管子探源》，第1—3页。
②　顾颉刚：《古史辨第四册序》，《顾颉刚古史论文集》第1卷，第121页。
③　顾颉刚：《古史辨第四册序》，《顾颉刚古史论文集》第1卷，第121—122页。

出这一学说,然后在《古史辨第四册序》中重申此说,无疑主要是针对时人的"误解"而做出的一种主动回应。而通过这两次回应,"伪书移置说"遂逐渐在学术界广泛传播开来。

二、"伪书移置说"的学术渊源

"大凡人类思想演进之迹,往往有途径可寻;在某时代之中,必须经过某种阶级而后发生某种思想,此亦科学的定理使然。由是言之,后人之思想未有不受前人之影响而成者也。"[①]因此,若想对"伪书移置说"有一个深入的了解,学术渊源的考察必不可少。

有论者指出,顾颉刚之所以能够提出"伪书移置说",最早可以上溯到胡应麟的观点。[②]胡应麟在《经籍会通》中评论陆深的《江东藏书目》时指出:"子渊别录古书,不过《三坟》《汲冢》之流,当析而附之经、史、子下,真者以作之时为次,伪者以出之时为次。"[③]这一"伪者以出之时为次"与顾颉刚的"移置"的观点较为接近。我们还可以为这一判断补充一点外证,《经籍会通》收录在《少室山房笔丛》之中,而顾颉刚在 1920 年 12 月便得到了这部书,并对其中的《四部正讹》进行了系统的标点。[④]因此,顾颉刚之所以能够提出"伪书移置说",在一定程度上是受到了胡应麟的启发。

不过,这位论者的观点存在修正的必要。因为,早在胡应麟之

---

① 陆懋德:《评顾颉刚〈古史辨〉》,《古史辨》第 2 册,第 267 页。
② 参见王嘉川:《论胡应麟对伪书价值的认识》,《图书与情报》2004 年第 5 期。
③ [明] 胡应麟:《经籍会通》,《少室山房笔丛》,上海:上海书店出版社,2001 年,第21 页。
④ 参见顾颉刚:《告拟作〈伪书考〉跋文书》,《顾颉刚古史论文集》第 7 卷,第 234 页;顾颉刚:《〈四部正讹〉序》,《顾颉刚古史论文集》第 7 卷,第 15 页;顾颉刚:《题〈少室山房笔丛〉》,《宝树园文存》第 2 卷,第 369 页。

前,欧阳修即具备了类似"移置"的观点。①《易童子问》有言:

> 童子曰:"是五说皆无取矣,然则繁衍丛脞之言与夫自相
> 乖戾之说,其书皆可废乎?"曰:"不必废也。古之学经者皆有
> 《大传》,今《书》《礼》之《传》尚存。此所谓《系辞》者,汉初谓之
> 《易大传》也,至后汉已为《系辞》矣。……《系辞》者谓之《易大
> 传》,则优于《书》《礼》之《传》远矣,谓之圣人之作,则僭伪之书
> 也。盖夫使学者知《大传》为诸儒之作,而敢取其是而舍其非,
> 则三代之末,去圣未远,老师名家之世学,长者先生之余论,杂
> 于其间者在焉,未必无益于学也。使以为圣人之作,不敢有所
> 择而尽信之,则害经惑世者多矣。此不可以不辨也。"②

要而言之,在欧阳修看来,如果将《系辞》视为"圣人之作",便是"僭
伪之书",但其书并"不必废"。因为,只要将之还原为后世"诸儒之
作",还可"益于学"。

承前所述,"伪书移置说"的要义在于将"伪书"置于造伪的
时代。对比之下,二者的观点若合符节。而且,最迟在 1920 年
12 月末,顾颉刚走上"疑古"之路不久,当注意到了欧阳修的辨

---

① 较早认识到这一点的是赵贞信。1955 年 10 月,赵贞信在为《欧阳修考辨古籍语》作
序时评论说:欧阳修"以为《系辞》不必废,但应该从汉初人的称谓,恢复它《易大传》
的原名,因为只要恢复它的原名,就可使读者知道,它是战国、秦、汉间诸儒之作而
不是圣人之作"。由此,"我们可以看出那个时候圣人的威权,也可以看出欧阳修的
说法近情合理"。(赵贞信:《〈欧阳修考辨古籍语〉序》,顾颉刚主编:《古籍辨伪丛
刊》第 2 集,北京:社会科学文献出版社,2009 年,第 26 页。)但稍嫌遗憾的是,赵贞
信未能将欧阳修的观点与顾颉刚的"伪书移置说"建立起因果联系。因此,关于这
一学术因缘,尚存在一定的开拓空间。
② [宋]欧阳修:《易童子问》,李逸安点校:《欧阳修全集》第 3 册,第 1121 页。

伪文字。① 翌年 3 月，顾氏则打算将《欧阳修集》尤其是其中的《易童子问》收录到《辨伪丛刊》乙编。② 因此，顾颉刚之所以能够建立"伪书移置说"，最早可以溯源到欧阳修的上述观点。

　　近代以来，具备这一"移置"观念的学者更不乏其人。根据现有资料，较早意识到这一观念的是钱玄同。③ 1918 年 1 月 5 日，钱玄同在日记中说，无论是古文，还是今文，"都是不对"，但"若据以考古代之社会思想及政治状况，就是那所谓今文家造了纬书，古文家造的《周礼》《左传》也有用处"。④ 此后，钱玄同多次给顾颉刚写信，向其提及这一观点。⑤

　　较之钱玄同的认识，梁启超的"移置"认识更为系统、深刻。⑥ 1922 年，梁启超在《中国历史研究法》第五章专门开列了十二种"鉴别伪书之法"。而这些方法不仅能够鉴别伪书，还可以"证明某书之必真"。所谓"证明某书之必真"，其中有一条是："书有从

① 1920 年 12 月 29 日，胡适在致顾颉刚的信中表示，选辨伪的文字，应当有一个截止的时期。因为，欧阳修、苏轼、朱熹等人均有许多辨伪文字，是否辑录就成为一个问题；之后则打算"断自宋濂，下迄姚际恒"。胡适：《致顾颉刚》，《胡适全集》第 23 卷，第 281 页。

② 参见顾颉刚：《致胡适·二二》，《顾颉刚书信集》第 1 卷，第 310 页；顾颉刚：《致钱玄同·四》，《顾颉刚书信集》第 1 卷，第 533 页。

③ 已有学者指出，在"古史辨派"之中，最早意识到这一点的是钱玄同。参见卢毅：《试论钱玄同对顾颉刚的学术影响》，《东方论坛》2006 年第 6 期。但稍嫌遗憾的是，这位学者未能指出钱玄同具备这一观点的最早时间。

④ 杨天石主编：《钱玄同日记（整理本）》上册，北京：北京大学出版社，2014 年，第 327 页。

⑤ 参见钱玄同：《答顾颉刚先生书》，《钱玄同文集》第 4 卷，第 249 页；钱玄同：《论〈说文〉及壁中古文经书》，《钱玄同文集》第 4 卷，第 265—267 页。

⑥ 已有学者指出，"移置说"的提出受到了梁启超《中国历史研究法》的直接启发。李长银：《"层累说"起源新论》，《清华大学学报（哲学社会科学版）》2014 年第 5 期。但其实，除了《中国历史研究法》之外，梁启超还在其他文本中阐述了"移置"的观点。

一方面可认为伪，从他方面认为真者。"比如，如果把《管子》和《商君书》视为"管仲、商鞅所作"，那么必然是"伪"的，但如果据此"以考战国末年思想及社会情状"，则为"绝佳的史料"。与此同理，如果谓《周礼》为周公作，那么肯定是"伪"的，但如果"据以考战国秦汉间思想制度"，则为"绝佳的史料"。①

继《中国历史研究法》之后，梁启超又撰写了《古书真伪及其年代》，系统地讲述了"伪书"的四种"功用"。其中，第三种"功用"是"保存古代的制度"。比如，我们如果把《周礼》用于研究周公时代的政治制度，就是错的，但"若跟着《周礼》去研究战国至汉初的政制"，该书则是"宝贵"的史料。而第四种"功用"是"保存古代思想"。比如，我们若拿《列子》"来当做列御寇的思想看，那便错了"；但"若拿来当做张湛的思想看"，则是再好不过的史料。②

继梁启超之后，具备这一"移置"观念的学者不乏其人。1924年7月，杨鸿烈在《晨报副刊》发表了一篇题为《中国伪书的研究》的文章，文中专门谈到了对"伪书"的"处置的态度"，认为"伪书"虽然不能代表其"所依托的时代的生活与思想的真实状况"，但完全"可以代表他们自己的时代的生活与思想的真实状况"。因此，我们可以把"伪书"作为"作伪时代"的史料。③

---

① 梁启超：《中国历史研究法》，《梁启超全集》第 7 册，第 4133 页。

② 梁启超：《古书真伪及其年代》，《梁启超全集》第 9 册，第 5038 页。

③ 杨鸿烈：《中国伪书的研究（续）》，《晨报副刊》1924 年 7 月 18 日。今按这一观点与前引胡应麟、钱玄同、梁启超的观点基本一致。而且，杨鸿烈在文中还专门提到了胡应麟的《四部正讹》、梁启超的《中国历史研究法》以及钱玄同的《答顾颉刚先生书》。如此来看，杨鸿烈之所以具备这一观点，可能是受到了胡应麟、钱玄同以及梁启超等人的启发。

　　承前所述,顾颉刚的"伪书移置说"就是将"伪书"置于造伪的时代,作为"绝好的史料"来"了解那个时代的思想和学术"。对照之下,这一观点与上述学者的观点如出一辙。而且,根据《顾颉刚日记》,顾颉刚曾认真研读过梁启超的《中国历史研究法》和《古书真伪及其年代》;① 而刊登杨鸿烈文章的《晨报副刊》是其"按月装订保存"的报纸;② 至于钱玄同,则是直接就这一观点与顾颉刚进行了交流。因此,顾颉刚之所以能够提出"伪书移置说",可以说还受到了上述学者的影响。

　　总而言之,"后人之思想未有不受前人影响而成者也"。顾颉刚之所以能够提出"伪书移置说",从远的来说是起源于欧阳修、胡应麟等古代学者的观点,从近的来说则是受到了钱玄同、梁启超、杨鸿烈等近代学者的启发。

三、历史的眼光、平等的眼光与"伪书移置说"的建立

　　不过,这里需要指出的是,顾颉刚之所以能够提出"伪书移置说",除了自觉地接受了前人的观点之外,更在于其具备了"历史的眼光"和"平等的眼光"。

　　首先,"历史的眼光"。所谓"历史的眼光",简要言之,"只是寻源溯流,认清时代的关系"。③ 在中国现代学术史上,最先自觉具备这一眼光的是胡适。早在 1917 年 1 月,胡适在《文学改良刍议》

---

① 参见顾颉刚:《顾颉刚日记》第 1 卷,第 172、219 页;顾颉刚:《顾颉刚日记》第 2 页,第 621 页。

② 参见顾颉刚:《致教育部清理战时文物损失委员会》,《顾颉刚书信集》第 3 卷,第 259 页。

③ 胡适:《戴东原的哲学》,《胡适全集》第 6 卷,第 347 页。

中就公开表示："一时代有一时代之文学：周秦有周秦之文学，汉魏有汉魏之文学，唐、宋、元、明有唐、宋、元、明之文学。此非吾一人之私言，乃文明进化之公理也。"①此后，胡适还在《历史的文学观念论》《文学进化观念与戏剧改良》《五十年来中国之文学》《〈中国新文学大系·建设理论集〉导言》《〈国学季刊〉发刊宣言》等论文中不同程度上阐述了这一观点。② 由此观之，这一观点的适用范围并不限于"文学"，而是适用于整个"国故"。

对于胡适的这一"历史的眼光"，顾颉刚是十分认同的。早在 1920 年 10 月，顾颉刚的好友叶圣陶给他写了一封信，信中说自己对于《四部丛刊》等这些书"从没留心过，今加注意，亦无甚可以有用的书籍"，其中"集部最多，而集部最多糟粕"。此外，《书目答问》所列已是多不可言，教人无从下手，最好还要去其十分之六七"。不过，顾颉刚并不同意这一说法，于是答复说，自己"对于中国旧书，不能讲他有用没有，因为一讲到用，便都是废料。我们现在做这项工夫，应当把眼光注在'史'上，还他在一个时代里的价值；那么，便是最糟粕的集，也是不当偏废的了"。③ 今按所谓"史"的眼光，即是"历史的眼光"。此后，顾颉刚又在《我的研究古史的计划》《答柳翼谋先生》等文章中对这一观点进行了不同

①　胡适：《文学改良刍议》，《胡适全集》第 1 卷，第 6 页。
②　参见胡适：《历史的文学观念论》，《胡适全集》第 1 卷，第 30 页；胡适：《文学进化观念与戏剧改良》，《胡适全集》第 1 卷，第 139 页；胡适：《五十年来中国之文学》，《胡适全集》第 2 卷，第 330—331 页；胡适：《〈中国新文学大系·建设理论集〉导言》，《胡适全集》第 12 卷，第 279 页；胡适：《〈国学季刊〉发刊宣言》，《胡适全集》第 2 卷，第 7—8 页。
③　顾颉刚：《致叶圣陶·四一》，《顾颉刚书信集》第 1 卷，第 68 页。

程度上的阐述。①

　　"伪书移置说"即是这一"历史的眼光"的产物。承前所述,顾颉刚在《古史辨第三册自序》正式提出了"伪书移置说"。为了说明问题,这里要补充具体的例证。顾颉刚指出,如果将《易传》"放在孔子时代自然错误",但"放在汉初",则能够看出"那时人对于《周易》的见解及其对于古史的观念"。与此相类似,齐、鲁、韩、毛四家诗把《诗经》"讲得完全失去了原样",对于《诗经》本身而言没有价值,但如果想"知道《三百篇》成为经典"之时,是怎样被讲授的以及原因,那么,这"四家诗"就成为了"极好的汉代伦理史料和学术史料"。总之,《易传》和四家诗虽然被一般人认为"伪材料",应该"丢弃",但如果将之置于作伪的时代,则是"保存之不暇"的史料。而"一般人以为伪的材料便可不要",则无疑是缺乏"历史观念"的表现。②

　　之后,顾颉刚又在《古史辨第四册序》中再次阐述了这一观点。简要言之,现今辨伪书,不能像秦始皇焚书一样。比如,说要"辟《周官》伪,只是辟去《周官》与周公的关系",而不是要否认该书的价值。如果这本书是战国时人或是西汉时人作的,那么,则是战国政治思想史或是西汉政治思想史的史料。又如,"辟《左传》伪,也只要辟去《左传》与孔子的关系",而不是要否定该书的历史价值、文学价值。要而言之,这即是"以汉还汉,以周还周"。③　由此来

----

①　参见顾颉刚:《我的研究古史的计划》,《顾颉刚古史论文集》第 1 卷,第 293 页;顾颉刚:《答柳翼谋先生》,《顾颉刚古史论文集》第 1 卷,第 322—323 页。

②　顾颉刚:《古史辨第三册自序》,《顾颉刚古史论文集》第 1 卷,第 103—104 页。

③　顾颉刚:《古史辨第四册序》,《顾颉刚古史论文集》第 1 卷,第 121—122 页。

看,顾颉刚之所以能够提出"伪书移置说",有赖于"历史的眼光"。

其次,"平等的眼光"。在中国现代学术史上,最先提倡这一眼光的学者也是胡适。1919 年 2 月,胡适的《中国哲学史大纲》上卷出版,该书不分经学、子学,对先秦各家的思想,一视同仁。① 如果用专业术语来说,这"一视同仁"就是蔡元培概括的"平等的眼光"。② 此后,胡适又专门从事古典小说,撰写了《〈水浒传〉考证》《〈红楼梦〉考证》等作品,主张小说与经典作品有着"同样的位置"。由此而言,若想整理国故,须具备一种"平等的眼光"。

顾颉刚是较早接受这一眼光的学者。1923 年 1 月,顾颉刚在《我们对于国故应取的态度》一文中表示:要"用平等的眼光去整理各家派或向来不入家派的思想学术"。③ 此后,顾颉刚还在《妙峰山进香专号·引言》《北京大学研究所国学门周刊一九二六年始刊词》《古史辨第一册自序》等文献中不同程度地对这一"平等的眼光"进行了宣传和表述。④ 总之,在顾颉刚看来,"平等的眼光"是整理国故应取的态度。

而"伪书移置说"即是这一"平等的眼光"之产物。承前所述,顾颉刚在《古史辨第三册自序》中正式提出了"伪书移置说",并举出《易传》与四家诗作为例证。之后,顾颉刚在《古史辨第四册序》中又将《周官》和《左传》作为例证。按照一般人的见解,《易传》是

---

① 胡适:《胡适口述自传》,《胡适全集》第 18 卷,第 378 页。

② 蔡元培:《〈中国古代哲学史大纲〉序》,高叔平编:《蔡元培全集》第 3 卷,第 189 页。

③ 顾颉刚:《我们对于国故应取的态度》,《宝树园文存》第 1 卷,第 172 页。

④ 参见顾颉刚:《〈妙峰山进香专号〉引言》,《顾颉刚民俗论文集》第 2 卷,第 327 页;顾颉刚:《北京大学研究所国学门周刊一九二六年始刊词》,《宝树园文存》第 1 卷,第 218 页;顾颉刚:《古史辨第一册自序》,《顾颉刚古史论文集》第 1 卷,第 71—72 页。

"伪材料",四家诗是"胡说";而《周官》与《左传》是"伪"书。但在顾颉刚看来,这些"伪的"或者"胡说"的书或者材料,与"真的"书或者材料一样,都有"保存"与研究的价值。要而言之,二者的价值和地位是"平等"的。由此来看,顾颉刚之所以能够提出"伪书移置说",还有赖于"平等的眼光"。

如上所述,顾颉刚之所以能够提出"伪书移置说",不仅在于自觉地接受了前人的类似观点,更在于其具备了"历史的眼光"与"平等的眼光"。正是这两种眼光的"相互作用",才将过往学者已经触及的"移置说"提升到了一个全新的认识论高度。

四、"伪书移置说"的学术影响与意义

大凡一个突破性学说问世之后,都会产生一定的反响。因此,在对"伪书移置说"的提出缘起、学术渊源与基本内涵进行了一番研讨之后,有必要对该说的反响进行一个初步的考察。

最早注意到顾颉刚"伪书移置说"的是容媛。1931 年 12 月,容媛对《古史辨》第三册进行了简要介绍,注意到顾颉刚在该书《自序》中述说的古书"建设""只是恢复其原来面目",而古书"破坏""只是移出其所托之时代而置之于出现之时代之意"。对此,容媛表示:"古史材料日出不穷,诚不当以古书自限,然古书既占古史之重要地位,则古书材料之分析及其时代之考定,确为今日急迫之需求。"[1]由此可见,容媛对于"伪书移置说"是颇表认可的。

继容媛之后,还有一些学者接受了顾颉刚的"伪书移置说"。

---

① 容媛编:《二十年国内学术界消息》,《燕京学报》第 10 期,1931 年 12 月。

1934 年 6 月,齐震在《中国社会史研究方法的商榷》一文中先是强调:"传说与伪书的本身也是具有史料的价值。"比如,"《列子》是晋人伪撰的,虽然不能代表庄周以前列御寇的学说,但用来讲魏晋间的哲学思想是极好的"。又如,"《西京杂记》是晋葛洪作的而伪托给刘歆,拿他讲西汉的历史便错了,用他来推测晋人的风俗制度便有相当可取的材料"。之后,齐震表示:"谈到史料问题则顾颉刚的《古史辨》是不可不注意的,他用校勘学做基本方法,在过去的史料(记载)中证明他所发见的'层累地造成的古史'一条定例。"本来,"顾颉刚的史学,与其说是'史学'无宁说是'史料学'。他对于古书的素养比较深,所以他关于材料整理的见解是可取的"。而《古史辨第三册自序》就是一个例证。[1] 由此来看,齐震之所以主张《列子》《西京杂记》等具有史料的价值,当是受到了顾颉刚"伪书移置说"的直接启发。

　　除齐震外,受"伪书移置说"影响的还有陈恭禄。1936 年,陈恭禄在《中国上古史史料之评论》中指出:"上古典籍存于今者,数实无几。"孔子以前之典籍存于今者,仅有《尚书》《周易》《诗》《春秋》。其中,"《尚书》之可信者不足二十篇,均为殷周文字"。至于"后人伪托之书,关于思想者,定其著作年代,尚可作为某时代之思想,伪托之史料,除特别用途而外,决无一顾之价值"。此外,陈恭禄在讨论《诗经》成书之年代及其真伪可信之价值时专门提到了《古史辨》第三册中顾颉刚、俞平伯的观点。[2] 由此可见,陈恭禄之

---

① 齐震:《中国社会史研究方法的商榷》,《文史》第 1 卷第 2 期,1934 年 6 月。
② 陈恭禄:《中国上古史史料之评论》,《国立武汉大学文哲季刊》第 6 卷第 1 期,1936年 7 月。

所以认为，伪托之书有特别用途，在一定程度上应该是受到了顾颉刚"伪书移置说"的影响。

不过，较之这些正面回应，我们更关注的是此说在中国古书考辨上的学术史意义。

其一，纠正了过往学者关于"伪书"的认识偏差。近代以来，在中国古书考辨工作上，最先具有自觉意识的是胡适。1919 年 2 月，胡适在《中国哲学史大纲·导言》中说："审定史料乃是史学家第一步根本工夫。"但是，要将假史料完全弃去不用。就中国哲学史而言，《易经》"乃是一部卜筮之书"，故"全无哲学史料可说"；《尚书》"没有信史的价值"；而只有《诗经》因书中的日食得到了证实，才"算得是中国最古的史料"。因此，"作哲学史"，"只可从老子、孔子说起"。[①]

蔡元培认为，胡适的这一"截断众流"的做法，是一种"扼要的手段"，[②]但实则缺乏彻底的"历史的眼光"与"平等的眼光"。早在 1924 年 7 月，杨鸿烈在《中国伪书的研究》中即指出："自来处置伪书的态度有两个不同的派别"，一是"放任派"，"这派对于真的古书和伪的古书都一视同仁，毫无偏私，他们以为读书便是读书，何必劳精费神去管他是真是假"。与这一派不同的是"排斥派"，"这派对于已证实的伪书固然是严格的排斥，就是疑性很大的古书也不征引"。其中，胡适是以"排斥伪书""求得信史"为目的的"先觉"，其"在所著《中国哲学史大纲》卷上就连《左传》《周礼》《尚书》等可疑的书都一概不征引"。这种办法虽"是得当是合理的"，但"我们

---

① 胡适：《中国古代哲学史》，《胡适全集》第 5 卷，第 211—215 页。
② 蔡元培：《〈中国古代哲学史大纲〉序》，高叔平编：《蔡元培全集》第 3 卷，第 188 页。

还想进一步来将所有伪书像废物似的利用来丰富史料的内容,设法把所有伪书造作时代的'或然数'考证出来"。① 杨鸿烈的批评颇能成立。要而言之,胡适在"审定史料的真伪"之后,不仅没有以"平等的眼光"看待"伪书"和"真书",更没有以"历史的眼光"将之置于"作伪"的时代,从而使之成为一种可靠的"真书"。

较之胡适,顾颉刚的这两种眼光则有过之而无不及了。早在1921 年 1 月,顾颉刚在写给钱玄同的信中说:"因为想做史学,所以极要搜集史料,审定史料。"②1935 年 9 月,顾颉刚在《战国秦汉间人的造伪与辨伪》中则直言:"研究历史,第一步工作是审查史料。"③不过,承前所述,"审查史料"之后,顾颉刚并不主张将之"除去不用",而是将之置于造伪的时代,使其成为"绝好的史料"。由此来看,"伪书移置说"之提出,不仅消极地纠正了此前胡适的"伪书"认识偏差,更积极地深化了人们对"伪书"的科学认识。而科学的认识一般会得到人们认可。因此,顾颉刚"伪书移置说"提出之后,才得到了上述部分学者的正面回应。

其二,激发并世学者进一步挖掘"伪史"的价值。其中,较有代表性的学者是吕思勉。④ 1941 年 12 月,吕思勉在《先秦史》中对"古史材料"进行"料检"时批评说,近二十年来,"疑古"之风盛行,

---

① 杨鸿烈:《中国伪书的研究(续)》,《晨报副刊》1924 年 7 月 18 日。
② 顾颉刚:《致钱玄同·三》,《顾颉刚书信集》第 1 卷,第 530 页。
③ 顾颉刚:《崔东壁遗书序一》,《顾颉刚古史论文集》第 7 卷,第 52 页。
④ 已有学者观察到,吕思勉曾指出"伪书"仍有其用。参见邹兆琦:《吕思勉先生与古代史料辨伪》,俞振基:《嵩庐问学记——吕思勉生平与学术》,北京:生活·读书·新知三联书店,1996 年,第 73 页。但未能指出吕思勉与顾颉刚关于"伪书"认识的联系。

"学者每訾古书之不可信，其实古书自有其读法"。而且，"伪书仍
有其用"。比如，在经书之中，《尚书》中《尧典》《禹贡》等，"决为后
人所作，然亦可见其时之人所谓尧、舜、禹者如何"；《周官》"盖战国
时学者所述"，"信为周公致太平之书"固"诬"，然"战国时制者，独
赖此书之存"。又如，在子书中，"《家语》《孔丛子》虽为伪物，然古
书无全伪者，除以私意窜入处外，仍多取古籍为资，实足与他书相
校勘"；"《列子》乃晋人伪书，然亦多有古书为据，善用之，固仍有裨
史才，而尤可与《庄子》相参证"。① 不过，吕思勉对"疑古"的这一
不点名批评，或是一种误解。其提出的"伪书"存有作伪时代的观
念或制度，与前述顾颉刚的"伪书移置说"并不冲突。不过，吕思勉
并不囿于这一认识，而是进一步认为"伪书"之中"多有古书为据"。

　　除吕思勉之外，进一步发挥"伪书移置说"的代表性学者还有
翦伯赞。② 1946 年 10 月，翦伯赞在《略论搜集史料的方法》中讲到
"史料择别与辨伪学"的时候指出："到近代，辨伪学仍在继续发
展。"其中，"顾颉刚编的《古史辨》，对于辨伪也有不少的贡献"。而
"辨别了书的真伪以后，我们就可以从真书上找史料。但这并不是
说，伪书完全无用。伪书之所以不能用，是因为著作者不用他自己
的名字，而要伪托古人，以致使作品的时代不明。因而只要我们确
知了伪书的作伪时代，则伪书还是可以用作作伪时代的史料"。而

① 吕思勉：《先秦史》，《吕思勉全集》第 3 册，上海：上海古籍出版社，2015 年，第 11—
　17 页。
② 自 1944 年 5 月至 1946 年 4 月这一段时间，翦伯赞与顾颉刚来往较为密切，而且顾
　颉刚还专门在复旦大学主持了翦伯赞《史料与历史科学》的学术讲座。此后，翦伯
　赞在这次讲座的基础上，撰写了《略论搜集史料的方法》。参见汤莹：《"不打不相
　识"：翦伯赞与顾颉刚的学术交往》，《读书》2017 年第 4 期。

且，"研究史前时代的历史，伪书上的史料也可以引用"。因为，"史前时代的人，尚无文字。没有文字时代的人，当然不能留下任何文字的记录"。"今日所有关于史前时代之文字的记录，不论是载于真书，抑或载于伪书，都是有文字以后的人伪托的。"因此，"辨别史前史料之是否确定，不能依于文献的真伪，而是要以这种史料是否与考古学的发现相符以为断。合于考古学发现的，就是伪书上的传说，也可以用为旁证；反之，即使是真书上的史料，也要存疑"。① 由此而言，翦伯赞不仅认识到"伪书"置于作伪时代的史料价值，还进一步提出了"伪书"在史前时代的"旁证"作用。

综上所述，顾颉刚正式提出"伪书移置说"之后，不仅纠正了胡适对"伪书"的认识偏差，还深化了"伪书"的认识。因此，此说得到了容媛、齐震、陈恭禄等人的基本认可。而吕思勉、翦伯赞则在批评或认同此说的基础上进一步提出了"伪书"中还有"真史料"的观点。要而言之，顾颉刚的"伪书移置说"是一个科学的认识，推进了中国现代古书考辨工作的发展。

余　论

行文至此，我们基本完成了对顾颉刚古书考辨的专题考察。简要言之，顾颉刚以"审定史料之法"对古书的年代问题进行了考辨，为后之学者继续考辨古书的年代问题提供了示范性思路。更

---

① 翦伯赞：《略论搜集史料的方法》，《翦伯赞全集》第 3 卷，石家庄：河北教育出版社，2008 年，第 335—338 页。

为关键的是,顾颉刚还提出了"伪书移置说",对"伪书"的价值进行了重估。可以说,正是这一"破"一"立",使得顾颉刚不仅突破了传统意义上的古书考辨工作,还建立了现代古书考辨工作的新范式。

不过,这里还有最后一个相关问题值得再讨论,即顾颉刚在建设性地提出"伪书移置说"之时,是否放弃了之前的"疑古"立场。早在《古史辨》第三册甫一出版之际,即有学者对该书进行了简要的评论,其中有言:"此书编制与以前各编大致不殊,唯顾君在此册所有精神上之转变,则似有异",即其古史研究"从全部整理,退而至于秦汉一期,从秦汉一期而更集中全力于几部古书"。而这一研究路径为"最切实之方法,最正当之精神"。简而言之,在这位评论者看来,《古史辨》第三册出版之后,顾颉刚的古史研究,已"从破坏而入于建设"。①

此后不久,罗根泽则在《古史辨第四册自序》中强调说,考辨古书,与其说是"辨真伪",不如说是"考年代",即将"伪书"以究作伪时代的学术。而这一工作,决不是"破坏"的,而是"建设"的。② 这一看法还得到了时人的认可。郭湛波在《近五十年中国思想史》一书即指出,"罗根泽编著《古史辨》第四、六册,但其古书考辨与顾颉刚存在'不同之处',即顾先生在辨伪,而罗先生考年代,一是破坏,一是建设,一是'反',一是'合'"。③

几十年之后,当下学术界又提出了类似的观点。2003 年,张

---

① 《新书介绍·〈古史辨〉第三册》,《国立北平图书馆馆刊》第 5 卷第 6 号,1931 年 11—12 月。
② 罗根泽:《古史辨第四册自序》,第 23 页。
③ 郭湛波:《近五十年中国思想史》,上海:上海古籍出版社,2005 年,第 202—203 页。

京华在《由先商王亥史事论顾颉刚先生的古史建设》一文中首先指出，顾颉刚"辩证古史"，有所谓"移置法"，并转述了《古史辨第三册自序》中关于"移置法"的阐述。之后，则指出"移置"，主要是考辨而将"这些经典'时代移后'"。但是，顾颉刚在《〈周易卦爻辞〉中的故事》一文中却将《易经》"移前"到西周的初叶。而按照"东周以前无史"的标准，与普通的移置不同。因此，这篇文章"实为顾颉刚先生在古史建设方面最重要的成就之一"。[①] 要而言之，在这位学者看来，顾颉刚将《易经》"移前"到"西周初叶"，是其"古史建设方面最重要的成就之一"，但其"建设"之时，却放弃了之前主张的"东周以前无史"的"疑古"立场。

但事实上，这一观点不能成立。在正式讨论这一问题之前，我们有必要指出这样一个历史事实，即顾颉刚虽然一度认为"东周以上并无信史"，但最迟在 1923 年便放弃了这一观点，而认为殷周一代有史。[②] 因此，我们要讨论的问题，准确地说，应该是顾颉刚将《易经》"移前"到"西周初叶"，是否就意味着其放弃了"疑古"立场了呢？

答案是否定的。诚如这位学者所指出的，顾颉刚在《周易卦爻辞中的故事》一文中指出，《易经》的"著作时代在西周的初叶"。这样一来，顾颉刚即将《易经》"移前"了。这其实是基于《易经》为孔子所作这一判断得出来的认识。其实，诚如顾颉刚所言，"一部《周易》的关键全在卦辞和爻辞上"，"而古今来聚讼不决的也莫过于卦

---

① 张京华：《由先商王亥史事论顾颉刚先生的古史建设》，《史学月刊》2003 年第 6 期。
② 参见李长银：《"结论"还是"假设"："东周以上无史论"新议》，《第十九届全国史学理论研讨会论文集》，第 147—150 页。

爻辞",有人认为是文王作的,有人认为是周公作的,还有人认为是孔子作的。[①] 换言之,若是按照《易经》为文王或周公所作的观点,"移前"之说或就不能成立了。

当然,我们可以退一步,按照这位学者的看法,顾颉刚的观点是将《易经》的年代"移前"了,但这并不就意味着其放弃了之前的"疑古"立场。原因很简单,顾颉刚在《周易卦爻辞中的故事》一文中还指出,该书的著作人无考,"当出于那时掌卜筮的官即巽爻辞所谓'用史巫纷若'的史巫"。要而言之,"《易》本来只是一部卜筮之书","没有圣人的大道理在内"。[②] 如此来看,顾颉刚将《易经》"移前"到"西周的初叶"的根本目的,并非是放弃了其"疑古"的立场,而是不仅破坏了该书的"圣经"的地位,而且建设了其卜筮的地位。

总之,"伪书移置说"的提出,要在对"伪书"进行价值重估,洗刷了这些古书的"原来的面目"。其中,将一些"伪书""移前"而将其认定为先秦旧书的做法,并非意味着其放弃了之前的"疑古"立场。由此而言,在中国古书考辨领域,顾颉刚不仅完全突破了传统考辨的范畴,还进一步开创了现代考辨的新范式。

---

① 顾颉刚:《周易卦爻辞中的故事》,《顾颉刚故事论文集》第 11 卷,第 4 页。
② 顾颉刚:《周易卦爻辞中的故事》,《顾颉刚古史论文集》第 11 卷,第 40—41 页;顾颉刚:《中国上古史研究讲义》,《顾颉刚古史论文集》第 3 卷,第 231 页。

结　语

在中国现代古史学上，关于顾颉刚的古史学及其学术评价是一个存在较大争议的问题。时至当下，学界都未能达成一个基本的共识。当然，在学术界，一个问题存在争议是一个常态的事情。但问题在于，这一争议问题不仅关系到对其本人古史学的理解，还关系中国古史学的现代转型问题。因此，本书从学术史的角度对这一不得不解决的问题进行了较为深入的再探讨。具体结论如下：

首先，在中国古史学上，顾颉刚最先扮演的角色是传统古史学的主要终结者。关于这一点，过往学界几乎没有异议。具体而言，在古史传说方面，顾颉刚提出"古史层累说"，颠覆了"自从盘古开天地，三皇五帝到如今"的传统上古史系统；在古代民族方面，提出"古代民族不出于一元论"，打破了牢不可破的"古代民族出于一元论"；在古代疆域方面，提出"古史地域非向来一统论"，打破了根深蒂固的"地域向来一统论"；在古书方面，提出"今本《尧典》成于汉武帝时"之说，推翻了"《尧典》即是尧时记载"的传统观念。可以说,正是这一系列"疑古"学说的推出,从根本上颠覆了传统古史学的主体认识。

不过,问题在于,"我们的史学中,有相当一些问题,涉及的内容人人认为应知,且往往感觉已知,实则所知不详"。[①] 仅就上述观点而言,大多数人只知道,顾颉刚是通过提出上述的一系列"疑古"学说,从而彻底颠覆了传统古史学的原有认知。但是,对于这些学说究竟是如何被提出来的,则"所知不详"。因此,本书对这些学说的渊源流变进行了专题再探讨。

简要言之,上述这一系列"疑古"学说的提出,都决非是一蹴而就的,而是经历了一个深思熟虑的过程。而顾颉刚之所以能够提出这些学说,首要在于其继承了中外学人尤其是本土学者的若干"疑古"成果。不过,这些学者的"疑古"并不彻底,故这些反传统的破坏言论问世之后,被历史固定下来的传统之论并没有被抛弃,而是依旧安然无恙。直到顾颉刚以"古史层累说"或"史料审定之法"对古史、古书、古代民族、古代疆域进行考察与分析,进而提出上述系统"疑古"学说之后,才彻底推翻了中国传统古史学的主体结构。

其次,在中国古史学上,顾颉刚还应该被视为现代古史学的初步建立者。关于这一点,过往学界存在一定分歧。一部分学者认为,顾颉刚的古史学偏重于破坏,而建设不足。另一部分学者则表示,其古史学不仅有破坏,还有建设。客观来讲,后一种观点接近历史真相。要而言之,与其提出的一系列破坏性学说相对应,顾颉

---

① 参见罗志田:《重访家庭革命:流通中的虚构与破坏中的建设》,《社会科学战线》2020年第1期。

刚在古史方面通过编纂《中国上古史讲义（云南大学）》，初步重建了真实的上古史；在古代民族方面，建构了"中华民族是一个"的民族理论，捍卫中国在民族上的统一性；在古代疆域方面，通过撰写《中国疆域沿革史》，恢复了历代疆域的真实情形；在古书考辨方面，提出了"伪书移置说"，重新估定了"伪书"的真实价值。

　　但问题在于，由于前一部分学者的观点尚停留在认识阶段，有的甚至往往一笔带过，以致前一种观点依旧"大行于世"，牢不可破。因此，本书对这些具有建设性的古史学观点与著作进行了系统的专题研究。简而言之，这些建设性观点与著作的形成，导源于上述的系列"疑古"学说，其中的"中华民族是一个"理论与《中国疆域沿革史》更是受到了民族危机的影响。而顾颉刚之所以能够提出这些建设性观点，不仅在于其从前人的相关论述中汲取了一定的学术资源，更在于其以"历史的眼光"或"历史的角度"对其中的问题进行分析与考察。至于其编纂的《中国上古史讲义》和与史念海共同撰写的《中国疆域沿革史》，则充分贯彻了"学以致用"的著作宗旨和科学的研究方法。因此，这些古史学观点和著作问世之后，便初步建立了中国现代古史学的主体框架。

　　其实，在我们的史学中，有相当一些问题，涉及的内容人人感觉已知，实则除了"所知不详"之外，还有"所知不确"。[①] 仅就本书而言，除了上述两种观点之外，还有一部分学者持有这样一种观点，即顾颉刚的古史学虽然不仅有破坏，还有建设；但其进行建设之时，却放弃了之前的破坏观点。但征诸史实，这一观点同样不能

---

① 参见罗志田：《重访家庭革命：流通中的虚构与破坏中的建设》，《社会科学战线》2020 年第 1 期。

成立。因此，本书又对这一"所知不确"的观点进行了简要的辨正。

　　具体而言，在古史方面，顾颉刚编纂的《中国上古史讲义（云南大学）》，并非放弃了"疑古"之大成的"古史层累说"，而是以此为中心理论重建了真实的中国上古史；在古代民族方面，其主张的"中华民族是一个"，则是在还原中华民族由多元（不出于一元）向一元发展的基础上，建构出来的捍卫中华民族一统性的民族理论；在古代地域方面，其与史念海共同撰写的《中国疆域沿革史》，是以"古史地域非向来一统"这一"疑古"观点为起点，如实地建设了历代疆域的变迁情况；在古书方面，其提出的"伪书移置说"，虽然存在将"伪书"移前而将其认定为先秦旧书的特例，但实则是其在破坏该书原有价值的基础上进行的价值重估。总之，顾颉刚进行古史学重建之时，并未放弃之前的"疑古"观点，而是以此为前提，从古史研究、古书考辨、古代民族研究以及古代疆域研究等四个方面重建了中国现代古史学。

　　综上所述，在中国古史学的现代转型过程中，顾颉刚无疑扮演了一个中心枢纽的角色，起到了"破坏"与"建设"双重的作用。要而言之，在中国古史学上，顾颉刚不仅是传统古史学的主要终结者，还是现代古史学的初步建立者。

附录一

矜尚考史且著史：顾颉刚与
《现代本国史》的编纂

在中国近现代史学史上，顾颉刚不仅是一位矜尚考史的知名古史研究专家，还是一位擅长著史的中国通史编纂者。[①] 早在20世纪20年代初，顾颉刚即与王伯祥编纂出了一部具有通史性质的《现代初中教科书本国史》（以下简称《现代本国史》），初步重排了中国历史。[②] 该书出版之后，不仅风行教育界，还得到了学术界的好评，甚至被称为当时最好的中国史纲要。可以说，《现代本国史》是顾颉刚致力于中国通史编纂的重要成果。

关于此书的学术史考察，过往学界已经取得了一定的研究成

---

① 其实，考史与著史并不矛盾，而是紧密相关。比如，1927年2月，顾颉刚在写给冯友兰的信中说，自己这四五年来，"立志研究古史"。而"要研究中国古史，不可不联带研究"中国通史。参见顾颉刚：《致冯友兰·三》，《顾颉刚书信集》第2卷，北京：中华书局，2011年，第229页。

② 1931年2月5日，顾颉刚在写给谭惕吾的信中说："我抑不住的野心，总想把中国历史重新排过。"顾颉刚：《致谭惕吾·一〇》，《顾颉刚书信集》第2卷，第258页。

果。其中,大部分成果对此书引发的教科书案进行了考察,[1]只有较少成果就此书的本身进行了讨论。[2] 因此,本文不揣鄙陋,拟在过往研究成果的基础上对该书的编纂过程、学术渊源、学术特征以及影响与意义进行一番较为系统的梳理、分析与阐释,进而客观地估定该书在中国近现代史学史上的价值与意义。

一、编纂过程

如所周知,"疑古"是顾颉刚走上学术道路的真正起点。1920年11月,胡适向顾颉刚询问姚际恒的著述情况。[3] 此后,在胡适的引导下,顾颉刚由"辨伪书"走向"辨伪史",进而发起了一场声势浩大的"古史辨运动"。

与此同时,顾颉刚还打算编纂一部中国通史。[4] 1921年6月,顾颉刚在写给王伯祥的信中说,自己"日来在家里做《辨伪丛刊》的事情"。此外,打算读一遍《二十二史》,"既可随时记录,立一个规模",又可"对于中国史事立一个确实的骨干"。而"所记录的,不仅

---

[1]　参见刘超:《学术与政治:〈现代本国史〉教科书案》,《史学月刊》2006年第7期;张京华:《顾颉刚遭受"中华民国"文字狱问题述论》,《长沙大学学报》2006年第6期;李长银:《一件关乎民国年间政、学、商三界的重大事件——1929年〈本国史〉教科书案新探》,《历史教学(下半月刊)》2014年第5期;李帆:《求真与致用的两全和两难——以顾颉刚、傅斯年等民国史家的选择为例》,《近代史研究》2018年第3期。

[2]　参见龚鹏程:《中国史读本·推荐序》,北京:中国工人出版社,2007年,第8—13页;王红霞:《〈现代初中教科书本国史〉与顾颉刚的史学思想》,《史学月刊》2014年第8期;徐凤:《探析顾颉刚为商务印书馆编书始末》,《兰州学刊》2019年第3期。

[3]　参见胡适:《询姚际恒著述书》,《古史辨》第1册,海口:海南出版社,2005年,第1页。

[4]　其实,最迟在1920年,顾颉刚即打算作一部"中国文明史"。参见顾颉刚:《致罗家伦·三》,《顾颉刚书信集》第1卷,第237页。

是表,也想同时记录史料,预备重编国史"。① 由此来看,此时的顾颉刚即有了"重编国史"的愿望。

不久之后,顾颉刚则开始有了实践的机会。1921 年 7 月,商务印书馆拟编一套"新"的教科书,遂开始寻找能够胜任这一工作的人选。7 月 3 日,郭绍虞向商务印书馆编辑李石岑推荐了自己的好友顾颉刚。② 7 月 7 日,二人就这件事进行了商讨,顾颉刚答应"担任本国史地教科参考书",李石岑"许以一年半事地理,二年事历史"。③ 翌日,顾颉刚还专门给李石岑写了一封信,"论编辑教科书事",④ 开列了编辑本国地理历史教科书的大纲。⑤ 但是,这份大纲未得到商务印书馆方面的认可。于是,顾颉刚决定不参与"此次编中学教科书"的工作。⑥ 不过,十几天之后,事情便发生了转机。7 月 26 日,顾颉刚接到了胡适的来信。胡适希望顾颉刚"答应编《中国历史》",并开示了"编辑格式"。⑦ 8 月 12 日,顾颉刚还

---

① 顾颉刚:《致王伯祥·一五》,《顾颉刚书信集》第 1 卷,第 116—118 页。

② 参见顾颉刚:《顾颉刚日记》第 1 卷,第 138 页;顾颉刚:《致李石岑·二》,《顾颉刚书信集》第 2 卷,第 87 页;顾颉刚:《致胡适·三九》,《顾颉刚书信集》第 1 卷,第 364 页。

③ 顾颉刚:《顾颉刚日记》第 1 卷,北京:中华书局,2011 年,第 139 页。顾颉刚之所以答应编辑教科书,主要原因有三:第一,"想把自己的零碎知识,经过这几年的功夫,穿到一根索子上"。第二,"见到教科书的不好,颇想做一番改革的试验"。第三,"极欲好好的读几年书","倘能将编书一件事谢绝其他的人事,倒也是一桩很好的机会"。参见顾颉刚:《致李石岑·二》,《顾颉刚书信集》第 2 卷,第 87 页。

④ 顾颉刚:《顾颉刚日记》第 1 卷,第 139 页。

⑤ 顾颉刚:《致李石岑·一》,《顾颉刚书信集》第 2 卷,第 85—86 页。

⑥ 顾颉刚:《顾颉刚日记》第 1 卷,第 140—141 页;顾颉刚:《致李石岑·二》,《顾颉刚书信集》第 2 卷,第 86 页。

⑦ 胡适:《日记(1919~1922)》,《胡适全集》第 29 卷,合肥:安徽教育出版社,2003 年,第 385 页。

专门与胡适前往商务印书馆,接洽历史教科书编辑工作。① 但根据现有资料,顾颉刚接受这份工作之后,便返回北大工作。而在北大期间,顾颉刚虽然搜集了一些资料,但始终没有着手开始编辑。

直到 1922 年,顾颉刚才正式将这一计划提到日程上来。是年 3 月,顾颉刚因其祖母病重,不得不返回苏州老家。此后,为了解决生计问题,正式着手编纂《现代本国史》。是月 24 日至 31 日,顾颉刚应李石岑之请,撰写了《对于中国历史教材的商榷》。② 4 月 13 日至 21 日,顾颉刚拟定了历史教科书目录。③ 之后,顾颉刚便按照目录,搜集资料。至 7 月,开始起草正文。但不幸的是,其祖母于是月 16 日病逝,由于"这一刺激来得太厉害了",故其只能"在不定心中勉强探讨"。④ 自 9 月 22 日起,顾颉刚不得不再次起草正文及附文。但由于"不争气的身体作梗",其"失眠之疾又作"。10 月 9 日,顾颉刚只好致信朱经农,请自己的好友、时任商务印书馆史地部编辑的王伯祥共同编纂《现代本国史》。⑤ 数天后,朱经农同意

---

① 参见顾颉刚:《顾颉刚日记》第 1 卷,第 149 页;顾颉刚:《侍养录(四)》,《顾颉刚读书笔记》第 1 卷,北京:中华书局,2011 年,第 180 页;胡适:《日记(1919～1922)》,《胡适全集》第 29 卷,第 416 页。

② 此文后以《中学校本国史教科书编纂法的商榷》为题刊于《教育杂志》第十四卷第四号。胡适认为,此文"甚好,中多创见"。胡适:《日记(1919～1922)》,《胡适全集》第 29 卷,第 566 页。

③ 参见顾颉刚:《顾颉刚日记》第 1 卷,第 225—227 页。这个目录共计八十个题目,详参顾颉刚:《编纂国史讲话的计划》,《宝树园文存》第 3 卷,北京:中华书局,2011 年,第 50—51 页。

④ 顾颉刚:《致胡适·五七》《顾颉刚书信集》第 1 卷,第 385 页。

⑤ 顾颉刚认为:"伯祥作此,原是最适宜的。"缘由主要有两个:第一,王伯祥"已经教过四五年的中小学校历史教科,在课程上有了经验"。第二,王伯祥"曾经定出一个教科纲要",与顾颉刚所拟的大略相同。参见顾颉刚:《致朱经农·二》,《顾颉刚书信集》第 2 卷,第 125 页。

了这个请求。^① 于是，顾颉刚便将"已成之稿及所辑之材料"交给了王伯祥，并交代了一些编辑事宜。^②

但实际上，顾颉刚并未停止编纂《现代本国史》的工作。截止到 11 月 3 日，该书上册三十六课正文及附文全部完成。之后，顾颉刚进一步修正、誊清，并拟历史测验题及说明。至 12 月 29 日，将上册全部"交出"至上海。^③ 因此，原始本《本国史》第一册可以说是由顾颉刚一人编纂完成的。

至于该书的后续工作，则与顾颉刚的关系并不大，而应该是由王伯祥一人处理完成的。但遗憾的是，由于《王伯祥日记》1923 年的部分已经丢失，我们尚不能知王伯祥的具体处理。不过，根据其1924 年的日记及相关材料，能够知道下列事实：1923 年 9 月，《现代本国史》上册出版发行。1924 年 2 月，中、下册的编辑工作基本完工。^④ 因此，是年 2 月末，《现代本国史》中册出版发行；6 月，该书下册出版发行。至此，《现代本国史》的编纂、出版工作全部结束。

由上可知，顾颉刚在走上"疑古"道路的同时，还热衷于中国通史编纂。自 1922 年 3 月起，顾颉刚即开始为商务印书馆编纂《现代本国史》。此后，由于祖母的过世而受到"刺激"，顾颉刚不得不找到王伯祥，共同编纂此书。至 1924 年 6 月，《现代本国史》三册

①　参见顾颉刚：《顾颉刚日记》第 1 卷，第 284 页。

②　参见顾颉刚：《致胡适・五七》，《顾颉刚书信集》第 1 卷，第 385 页；顾颉刚：《致王伯祥・一七》，《顾颉刚书信集》第 1 卷，第 122—123 页。

③　参见顾颉刚：《顾颉刚日记》第 1 卷，第 275—306 页。

④　参见张建安：《中国出版家・王伯祥》，北京：人民出版社，2018 年，第 46 页。

全部出版。而此书的全部出版,标志着顾颉刚初步实践了自己重排中国历史的学术愿望。

二、学术渊源

自《史记》成书之后,"成一家之言"便成为历史学工作者的追求。顾颉刚即是其中一位。早在 1921 年 7 月,顾颉刚在写给胡适的信中表示,这次要"编一部较好的教科书","将从前老样子改换过"。① 1926 年 5 月,顾颉刚在《古史辨第一册自序》中说,自己的根性"是不能为他人做事的","就是编纂教科书也要使得它成为一家著述"。② 不过,要想"成为一家著述",就需要承继前人的成果,进而推陈出新。

顾颉刚着手编纂《现代本国史》之后,首先重点参考了梁启超的《中国历史研究法》。1921 年 10 月 16 日,顾颉刚在日记中提到,梁启超在《中国史学研究法讲义》中表达的若干"意见",如自己"心中说出",遂决定有本于这些"意见"来编纂《现代本国史》。③ 今按《中国史学研究法讲义》即是梁启超《中国历史研究法》的原稿本。具体到二者的学术关联,主要有以下两个方面:

第一,整体意见。梁启超在《中国历史研究法》第一章"史之意义及其范围"中强调说:"今欲成一适合于现代中国人所需要之中国史",其"重要项目"主要有四个:第一,"说明中国民族成立发展

---

① 顾颉刚:《致胡适·四一》,《顾颉刚书信集》第 1 卷,第 366 页。
② 顾颉刚:《古史辨第一册自序》,《顾颉刚古史论文集》第 1 卷,北京:中华书局,2011年,第 44 页。
③ 顾颉刚:《顾颉刚日记》第 1 卷,第 172 页。

之迹，而推求其所以能保存盛大之故，且察其有无衰败之征"。第二，"说明历史上曾活动于中国境内者几何族，我族与他族调和冲突之迹何如？其所产结果何如？"第三，"说明中国民族所产文化，以何为基本，其与世界他部文化相互之影响何如"。第四，"说明中国民族在人类全体上之位置及其特性，与其将来对于人类所应负之责任"。总之，"现代之史，必注目于此等事项，校其总成绩以求其因果，然后史之为物，乃与吾侪之生活不生距离，而读史者乃能亲切而有味"。①

再看《现代本国史》，顾颉刚在该书第一编《总说》中指出："研究本国史时，对于域外的情形，不问他在上古、中古、近古、近世或现代，凡与本国有关系的，总得诠叙他的事类，钩次他的本末，至少要究明他何以与本国发生关系的几要点；同时也得注意本国境内各地域逐步开化的经过。"由此做去，"可以得到下列几个问题的答案"。第一，"中华民族是怎样组合的"。第二，"中国的文化受到外缘的影响怎样"。第三，"中国势力影响到域外，起怎样的变化"。第四，"中国现有的领域，由怎样的蜕变而成"。如果"把这四个答案找了出来，那么中国地理上发生的中国历史便得明白"。同时，"于中国历史影响到中国地理的关系也就明白了"。② 对照之下，顾颉刚要找的四个"答案"，与梁启超开示的"重要项目"基本一致。

其次，具体论述。比如，顾颉刚在《现代本国史》第三编谈及"域外交通的发展"时说，汉武帝时，"卫青、霍去病又大举出伐，破

---

① 梁启超：《中国历史研究法》，《梁启超全集》第 7 册，北京：北京图书馆，1999 年，第 4090—4091 页。

② 顾颉刚、王钟麒：《现代初中教科书本国史》，《顾颉刚古史论文集》第 12 卷，第 6 页。

匈奴,封狼居胥山而还,自此匈奴远遁,别取一个方向去发展"。所谓匈奴"别取一个方向去发展",即"匈奴既不能南下得志,便西向侵略,直接影响当时中亚、印度诸国的兴衰,间接且及于欧洲西罗马的灭亡"。① 根据注释的提示,②顾颉刚这一叙述直接参考了梁启超《中国历史研究法》第六章"史迹之论次"的部分论述。③ 又如,顾颉刚在该书第五编"近世——清朝"第八章"民教冲突和枝节的改革"中叙述了义和团运动的始末。④ 根据《顾颉刚日记》,⑤顾颉刚的叙述则直接参考了梁启超《中国历史研究法》第六章"史迹之论次"中对义和团运动的分析。⑥ 由此可见,顾颉刚《现代本国史》的部分论述源于梁启超的《中国历史研究法》。

除《中国历史研究法》之外,《现代本国史》重点参考的著作,当属夏曾佑的《中国历史教科书》。1936 年,顾颉刚在《三皇考自序》中说:"近几十年来,受了海通的影响","三皇五帝就等着打倒了"。其中,放"第二声炮的"是夏曾佑的《中国历史教科书》。于是,当自己编纂《现代本国史》之时,不能违背自己的信念,便"学了夏曾佑的办法",列了一章"传说中的三皇五帝"。⑦ 但其实,二者的学术

---

① 顾颉刚、王钟麒:《现代初中教科书本国史》,《顾颉刚古史论文集》第 12 卷,第 51—53 页。

② 参见顾颉刚、王钟麒:《现代初中教科书本国史》,《顾颉刚古史论文集》第 12 卷,第 53 页。

③ 参见梁启超:《中国历史研究法》,《梁启超全集》第 7 册,第 4140—4141 页。

④ 参见顾颉刚、王钟麒:《现代初中教科书本国史》,《顾颉刚古史论文集》第 12 卷,第 186—189 页。

⑤ 1922 年 6 月 2 日,《顾颉刚日记》载:"钞《中国历史研究法》中论义和团一篇入史料。"顾颉刚:《顾颉刚日记》第 1 卷,第 239 页。

⑥ 参见梁启超:《中国历史研究法》,《梁启超全集》第 7 册,第 4151—4152 页。

⑦ 顾颉刚:《三皇考自序》,《顾颉刚古史论文集》第 2 卷,第 20—22 页。

因缘并不限于此。归纳起来，这一因缘主要可以分为以下两个方面：

首先，史期区分。顾颉刚在《现代本国史》第一编《总说》中强调说："我们现在研究的范围是本国史，当然把中国的史事做我们研究的中心。""今且就前后因果最切，事实联络最密的若干年括作一期，全史便分括五期。"其中，秦以前为上古，从秦初到五代之末为中古，从宋初到明末为近古，清朝为近世，中华民国为现代。① 有论者认为，顾颉刚"虽未说明其分期之依据，但当时胡适写《中国哲学史大纲》《中国中古思想小史》，用时也是这样的分期"。② 但事实并非如此。胡适在《中国哲学史大纲》中是将中国哲学史分为三个时代，"自老子至韩非"为古代哲学，自汉至五代末为中古哲学，自宋至清为近世哲学；③而在《中古思想小史》中则将中古的时限定为"从秦始皇到宋真宗"。④ 因此，这一观点不能成立。

其实，夏曾佑的这一"史期区分"源于夏曾佑的《中国历史教科书》。夏曾佑在该书第一编第一章第四节"古今世变之大概"中指出："中国之史，可分为三大期。自草昧以至周末，为上古之世；自秦至唐，为中古之世；自宋至今，为近古之世。"其中，"近古之世，可分为二期。五季、宋、元、明为退化之期"，清代为"更化之期"。⑤ 经过对比，除中古之世的下限略有不同之外，二者的"史期

① 顾颉刚、王钟麒：《现代初中教科书本国史》，《顾颉刚古史论文集》第 12 卷，13 页。
② 参见龚鹏程：《中国史读本·推荐序》，第 8 页。
③ 胡适：《中国古代哲学史》，《胡适全集》第 5 卷，第 201—202 页。
④ 胡适：《中国中古思想小史》，《胡适全集》第 6 卷，第 261 页。
⑤ 夏曾佑：《中国古代史》，石家庄：河北教育出版社，2003 年，第 9 页。

区分"基本一致。

其次,具体论述。比如,顾颉刚在《现代本国史》第三编中谈及"尊重儒术的影响"时提出:"到了公元前一四〇以后,儒家更得奋起独霸,几乎把中国全部的学术思想统一在一尊之下。""后世有儒教的名目出现,其实就是汉儒与方士杂糅的自然结果。"①而夏曾佑在该书第二篇第一章第六十节"儒家与方士之糅合"中说:"观秦、汉时之学派,其质干有三。一儒家,二方士,三黄老。一切学术,均以此三者离合而成之。"其中,儒家与方士"同为王者之所喜,则其势必相妒,于是各盗敌之长技,以谋独擅,而二家之糅合成焉"。② 又如,顾颉刚在该书第三编中谈及"道教的创兴"时指出:"道教的来源,本出于秦、汉的方士。东汉时,他们便杂糅佛教的形式,而中国唯一自创的宗教遂得乘时兴起。"其中,"首创道教的,便是留侯张良的九世孙张陵"。③ 而夏曾佑在该书第二篇第一章第六十二节"儒家与方士之分离即道教之原始"中指出:"及张道陵起,众说乃悉集于张氏,遂为今张天师之鼻祖,然而与儒术无与矣。"④由此可见,顾颉刚《现代本国史》的若干论述是参考了夏曾佑的《中国历史教科书》。

其实,除了梁启超的《中国历史研究法》与夏曾佑的《中国历史教科书》之外,顾颉刚在编纂《现代本国史》的过程中还参照了一些其他论著。这些论著主要包括崔述的《考信录》、张相文的《中国地

---

① 顾颉刚、王钟麒:《现代初中教科书本国史》,《顾颉刚古史论文集》第12卷,第47页。
② 夏曾佑:《中国古代史》,第301—303页。
③ 顾颉刚、王钟麒:《现代初中教科书本国史》,《顾颉刚古史论文集》第12卷,第64页。
④ 夏曾佑:《中国古代史》,第309页。

理沿革史》、胡适的《诸子不出于王官论》、王国维的《秦郡考》、柳诒徵的《文化史讲义》以及稻叶君山的《清朝全史》等。[①]

由上可知，顾颉刚、王钟麒在编纂《现代本国史》之时，主要参照了梁启超的《中国历史研究法》、夏曾佑的《中国历史教科书》等论著，而这些论著无疑为该书的编纂提供了充分的学术资源。

三、学术特征

当然，若想进一步了解《现代本国史》，不仅要考察其承继的学术资源，更要分析该书的学术特征。归纳起来，该书具备以下六个学术特征：

第一，在历史观上，该书贯彻了进化史观。进化史观的引入，是中国史学科学化的主要标志。1922 年 4 月，顾颉刚在《中学校本国史教科书编纂法的商榷》中指出，中国人向来信仰"历史退化观"，"承认唐虞三代为黄金时代，中国的最古时候就是最好时候"。但实际上，在三代，并没有"彬彬的礼乐"，"政治只有黑暗，思想只有野蛮"。要而言之，"三代之为三代"，根本比不上"秦汉以来"。因此，顾颉刚决定改变这一历史观念，"使学生知道黄金时代不在过去而在未来"。[②]

具体到《现代本国史》，顾颉刚在该书第二编中专门谈及"社会的进化"，认为"社会的进化确有一定的历程，从狩猎时代进为畜牧时代，又进为耕稼时代"。"大概古代传说的帝王，都只可说是文化史上几个重要变迁的象征。"简要言之，"伏羲氏代表游牧时代，神

---

① 参见顾颉刚：《顾颉刚日记》第 1 卷，第 229—261 页。
② 顾颉刚：《中学校本国史教科书编纂法的商榷》，《宝树园文存》第 3 卷，第 23—26 页。

农氏代表耕稼时代,黄帝代表政治组织的时代"。至于尧舜"揖让之世"的"黄金时代",并没有"特别的圣明",仅是"时势使然的自然结果"。① 由此来看,"指示进化的径路"是该书的要旨之一。

第二,在史学方法上,该书运用了实证主义史学方法。继进化史观之后,实证主义史学方法的引入,是中国史学科学化的又一主要标志之一。所谓实证主义史学方法,要在搜集史料与审定史料。1922 年 4 月,顾颉刚《中学校本国史教科书编纂法的商榷》中指出:"不去寻求史料,则只得到了表面的事实而止",而"不去审定史料,则有得辄信,不但记得失真,并且混乱了进化的阶段"。②

这一史学方法在《现代本国史》中有着充分的体现。比如,一般认为,三皇五帝是黄金时代的"理想人物",但是顾颉刚在该书第二编中指出:"这些理想人物,也许并无其人,只是社会背景里的一种精神。"换言之,"我们应当承认那时确有此等由无至有,由简至繁的事实,却不能完全相信这班神体的圣人"。而"尧、舜的故事,一部分属于神话,一部分出于周末学者'托古改制'的捏造"。③ 又如,一般认为,孔子的大功在"考定《六经》",但顾颉刚在该书第二编中谈及儒家时指出:"孔子的删述,至今还是异说纷纭,聚讼不休,很难置信。"因为,"《书》《诗》都是旧文,《乐》又不传于后,《易传》是否全出孔子尚有问题,则较可信的,只有《春秋》一书或者曾经过他的整理而已"。进言之,"《易》本是当时卜筮的占繇","《书》

① 顾颉刚、王钟麒:《现代初中教科书本国史》,《顾颉刚古史论文集》第 12 卷,第 16—20 页。

② 顾颉刚:《中学校本国史教科书编纂法的商榷》,《宝树园文存》第 3 卷,第 23 页。

③ 顾颉刚、王钟麒:《现代初中教科书本国史》,《顾颉刚古史论文集》第 12 卷,第 17—20 页。

只是片段的古史"，"《诗》是当时民谣俗歌和祭祀用的祷词、乐词的总集"，"《礼》是那时社会风尚逐渐造成的仪式"，只有"《春秋》是本着鲁国旧藏的史册来推衍成书"。① 可以说，《现代本国史》正是实证主义史学方法的学术产物。

第三，在编纂旨趣上，该书旨在通史致用。一般认为，顾颉刚的学术旨趣在于"为学问而学问"，其在《古史辨第一册自序》中强调说："在学问上则只当问真不真，不当问用不用。"②但其实，顾颉刚并不排斥致用。1939 年 5 月，顾颉刚在《我为什么要写"中华民族是一个"》中回忆说，自己当年编纂《现代本国史》，并"不愿意随便钞书"，而是打算在这部教科书中"给予中学生一些暗示"，从而使这些中学生"增进对于自己民族前途的自信力"。③

顾颉刚所言不虚。其在该书第一编《总说》中指出，在中古时期，"其间最重要的大事，便是五胡乱华和外教的传入"。④ 具体而言，在民族方面，"中国北部被北方许多新民族征服了几百年，中原的文化南迁避乱，但后来中国文明终究同化了那些新民族"，从而"造成隋、唐的统一帝国"。在思想方面，"印度的宗教和思想，杂着精华、糟粕一齐侵入，中国民族几乎应接不暇，但几百年后，中国人居然能从中提出精华来，造成中国的宗派，——天台宗、禅宗，——以为后来近古期本国哲学的基础"。总之，中古时期是"中国民族

---

① 顾颉刚、王钟麒：《现代初中教科书本国史》，《顾颉刚古史论文集》第 12 卷，第 32—33 页。

② 顾颉刚：《古史辨第一册自序》，《顾颉刚古史论文集》第 1 卷，第 22 页。

③ 顾颉刚：《我为什么要写"中华民族是一个"》，《宝树园文存》第 4 卷，第 109 页。

④ 顾颉刚、王钟麒：《现代初中教科书本国史》，《顾颉刚古史论文集》第 12 卷，第 14 页。

文化的蜕变时代"。① 而与这一"蜕变"相类似,自中古之后至现在,"辽、夏、金、元、清的大量同化已历千年,我们的民族必将又有一度光辉的创造,说不定揭幕之期即在我们这一世"。② 要而言之,《现代本国史》旨在增进中国人"对于自己民族前途的自信力"。

第四,在著作内容上,该书"注意历史的各方面"。近代以前,人们要想了解历史,主要通过《二十四史》《九通》等史书,但是这些史书"只是整齐故事,排比材料",而不能运用这些材料,呈现出"各时代的活动状况"。而且,这些史书"只向政治社会中搜去",而完全忽略了"政治以外的社会"。因此,人们"希望有一部完善的中国史",即"记载全人类的活动的""普通的历史"。至于近代以来的"历史教科书","实在只可说为完全的政治史"。③ 但是,顾颉刚认为:"编起教科书来,与其详载官制的变迁,不如记载科举情形,因为循资陞迁无甚可记,而选举科第等事几乎笼罩着读书人的全部思想";与此相类似,"与其详载国家组织,不如详载家庭组织,因为国家组织及于人民的力量,不如家庭组织的深而且广";"至于各代的兴亡,是帝王的家事,远不及民族离合的关系重要"。要而言之,"历史的记述"不当"专记朝廷事实",应该"偏重于社会状况、政治制度、学术派别等等"。④

上述认识在《现代本国史》中得以付诸实践。首先,顾颉刚在该书"编辑大意"中强调说:"时代精神是历史的主线,如民族的分

① 顾颉刚、王钟麒:《现代初中教科书本国史》,《顾颉刚古史论文集》第 12 卷,第 14 页。
② 顾颉刚:《我为什么要写"中华民族是一个"》,《宝树园文存》第 4 卷,第 111 页。
③ 顾颉刚:《中学校本国史教科书编纂法的商榷》,《宝树园文存》第 3 卷,第 19—20 页。
④ 顾颉刚:《致李石岑·一》,《顾颉刚书信集》第 2 卷,第 85 页。

合，政治的设施，社会的风尚，学术的嬗迁，凡足以表现当时的特征而影响及于后世的，本书便取材于此，都为简单的系统的介绍。"①之后，顾颉刚则在该书第一编中进一步指出："研究历史的，一定要注意历史的各方面，而不容仅偏一隅去记诵几个朝家的隆替和几辈英雄的成败"，"至少要顾及民族的、社会的、政治的、学术的四方面"。具体而言，在"民族的方面"，自秦以来，"秦拒匈奴，汉通西域，西晋五胡的骚扰，辽、夏、金的宰割中原，元、清的土司世官，清代的改土归流"，这些"于民族性的冲突、调和与影响，关系甚巨"。在"社会的方面"，主要包括"春秋时的阶级森严，战国时的游说任侠，和六朝的门阀，宋后的义庄"，从中"便可察出各时代的生活概况"。在"政治的方面"，包括"官制、地方制、税制、刑律、兵制"等，"单就参政所由的选举制度说"，"如汉、魏的荐举召对，两晋的乡评里选，唐以来直到清季的科举，支配了当时的政治不少"。在"学术的方面"，"单就思想的转变说，有先秦的诸子哲学，有两汉的儒学，有六朝的玄学，有宋明的理学"；又就文学的潮流说，有"两汉的赋颂，魏、晋的藻绘，唐朝的古文运动，宋朝的词，元朝的曲，明、清的传奇"；而研究这些，便可了解"先民思想的转变和表现"。② 最后，顾颉刚在正文中对上述概说进行了较为系统的阐述。

第五，在编纂体裁上，该书采用了西方的章节体。在中国古代，史书体裁主要有三种，分别是编年体、纪传体以及纪事本末体，但这三种体裁已不能适应于近代史学的发展。因此，清末以来，即

① 顾颉刚、王钟麒：《现代初中教科书本国史》，《顾颉刚古史论文集》第12卷，第3页。
② 顾颉刚、王钟麒：《现代初中教科书本国史》，《顾颉刚古史论文集》第12卷，第7—8页。

引入了西方的章节体。1922 年 4 月，顾颉刚在《中学校本国史教科书编纂法的商榷》中即强调：“为说明的便利计，时代固不能不分。但我们应该注意的，就是分了时代，还得处处顾全他们承前启后的关系，总要使学生读了，仍旧觉得一贯，确知分期之为假定。章节亦然，也须使人知道只是题目的分别，并非内容的隔阂。”换言之，“我们一定要存了‘打统账’的心，而去做分期，分章，分节的事业”。[①] 所谓“分期，分章，分节”，无疑指的是章节体的设计。由此可见，顾颉刚颇认可章节体。

具体到《现代本国史》，全书首列“编辑大意”，之后“共分六编”，“第一编总说，第二编上古史，第三编中古史，第四编近古史，第五编近世史，第六编现代史”。[②] 各编之下，开列目录，虽未以章为名，但与章无异。比如，该书第四编“近古”共计十二“章”，分别是“群雄的削平和澶渊”“西夏勃兴和推行新法”“书院的建立和学派的蔚起”“金兴辽亡和宋室南渡”“蒙古的兵力和亚欧的交通”“元朝的政治与特种文学”“君主淫威的膨大”“海上交通”“明代的思想与士风”“天主教的影响”“流寇的酿成”“北族的侵扰和满洲的兴起”。此外，为了“以省说明之烦，且使读者于条理线索上容易领会”，[③]该书还设置了十一幅历史地图和三个表。[④] 经过这样编纂设置，《现代

---

① 顾颉刚：《中学校本国史教科书编纂法的商榷》，《宝树园文存》第 3 卷，第 22 页。

② 顾颉刚、王钟麒：《现代初中教科书本国史》，《顾颉刚古史论文集》第 12 卷，第 3 页。

③ 顾颉刚：《致胡适·四一》，《顾颉刚书信集》第 1 集，第 367 页。

④ 具体而言，这十一幅历史地图分别为“两汉时代图”“淝水战前图”“淝水战后图”“唐代图”“宋辽时代图”“宋金时代图”“蒙古全盛时代疆域图”“明代图”“清季全盛时代图”“清季疆域图”“中华民国现域图”；至于三个表，分别是“两晋南北朝的分合大势表”“五代的兴衰和列国的大势表”“宋金历次和约的概况表”。

本国史》系统地呈现了"历史的过程"。①

　　第六，在叙述风格上，该书采用了通俗易懂的白话文。近代以来，为了能够让中学生更好地了解中国历史，大部分中学历史教科书采用了较为浅显的文言文。但是，直到新文化运动之前，大部分教科书都十分得呆板、枯燥。1922 年 4 月，顾颉刚在《中学校本国史教科书编纂法的商榷》中指出："从前教科书上的文字太呆板了。"推论此中缘由，在于这些作者打算将自己的书"做成全部正史的缩本"，故"总勉力做到'文省而事繁'这个地步"。不过，这些教科书在叙事上虽然"简极"，但"也枯燥极了"。②

　　《现代本国史》则一改上述情况。受"文学革命"的影响，该书采用了通俗易懂的白话文。比如，该书在"总说"中开篇即说："历史是什么？大家都知道是人类亲历过来的经验，是一切事物进化的过程。从广义说，由天体的构成到初有人类，由人类的初祖到现在，一切活动演化的迹象都是历史。但人类是社会的生物，必需发生了社会活动才有影响及到当时和后来；如果各各独立地自生自灭，决不会有多大的关系，确占一个明了的地位的。所以从狭义说，只能注意在社会活动的事迹上面，而把荒远难凭的传说存而不论。"③可以说，这一段叙述通俗易懂，将"历史是什么"这一历史学经典问题解释得一清二楚。其实，《现代本国史》对中国历史的进

①　顾颉刚在《现代本国史》中指出："历史是连续不断的过程，不但前因后果有互相相承的关系，就是同一时代，也不能不与近旁诸事发生影响。"顾颉刚、王钟麒：《现代初中教科书本国史》，《顾颉刚古史论文集》第 12 卷，第 12 页。

②　顾颉刚：《中学校本国史教科书编纂法的商榷》，《宝树园文存》第 3 卷，第 26—27 页。

③　顾颉刚、王钟麒：《现代初中教科书本国史》，《顾颉刚古史论文集》第 12 卷，第 5 页。

程都进行了类似的叙述。更难能可贵的是,该书还做到了言简意赅。第一,据统计,该书仅有约二十万字,即对自上古到现代以来中国历史进行了提纲挈领、不蔓不枝的叙述。第二,具体到各个历史时期,就算像五胡乱华、五代十国这般纷纭的变局,该书都用简练的笔法讲得十分清楚。① 总之,《现代本国史》是较早采用白话文而将中国历史叙述得简要又通俗的教科书。

综上所述,顾颉刚在《现代本国史》中不仅充分贯彻了近代的历史观与史学方法,还在编纂旨趣、著作体裁、著作内容以及叙述风格等方面进行了有益的探索。因此,该书可说是一部守先待后的中国通史类著作。

四、影响与意义

最后,我们要考察一下《现代本国史》的影响与意义。该书出版之后,风行教育界。据统计,该书上册于 1923 年 9 月出版发行,至 1927 年 9 月发行 55 版;中册于 1924 年 2 月出版发行,至 1926 年 1 月发行 25 版;下册于 1924 年 6 月出版发行,至 1926 年 5 月发行 24 版。② 直到半个世纪之后,王锺翰还回忆说,其当时初入中学,用的即是《现代本国史》,而其"迄今记忆犹新的是:书中讲的尧舜禅让和大禹治水都未必真有其人其事!"③

与此同时,该书还受到了当时学术界的称赞。1925 年 8 月,

---

① 参见龚鹏程:《中国史读本·推荐序》,第 11 页。
② 参见张守智:《民国时期总书目·中小学教材》,北京:书目文献出版社,1995 年,第 217 页。
③ 王锺翰:《顾颉刚先生杂忆》,王煦华编:《顾颉刚先生学行录》,北京:中华书局,2006 年,第 201 页。

中国新闻学家戈公振在致顾颉刚的信中说，《现代本国史》"一扫以前作史旧法，见人所未见，言人所未言"。① 1926 年 11 月，美国汉学家恒慕义则撰文指出，《现代本国史》是截止到目前为止出现的最好的中国史纲要。②

不过，《现代本国史》出版之后，却遭到了一些基督教育人士的抵制。1924 年 3 月，谢宪章发表《〈现代初中教科书本国史〉的小调查》，指出《本国史》中的叙述，有数处不相信《圣经》与上帝。因此，根据该书教授时不可不注意。否则，"那属世界的假理想，羼杂其间，很足摇动信仰不坚固的学生们"。此外，该书中"其他如抬高政治，讲完兴衰，对于宗教方面不过略略有头无尾的叙及"。"这都是不合乎基督教育之宗旨的"。③ 要而言之，由于信仰不同，谢宪章对该书提出了批驳。

继这一批评之外，《现代本国史》还遇到了南京国民政府的打压。南京国民政府成立之后不久，山东参议员王鸿一"提出专案，弹劾此书，说它'非圣无法'，要加以查禁"。④ 之后，戴季陶在国民政府第十七次国务会议上认定该书"是一种惑世诬民的邪说，足以动摇国本"。⑤ 最后，会议决议，"严令禁止发行及学校之使

---

① 《学术通讯·戈公振—顾颉刚》，《国立第一中山大学语言历史学研究所周刊》第 1 集第 9 期，1927 年 12 月。
② （美）恒慕义：《〈古史辨〉第一册》，《古史辨》第 2 册，第 265 页。
③ 谢宪章：《〈现代初中教科书本国史〉的小调查》，《中华基督教育》第 4 卷第 9 期，1924 年 3 月。
④ 顾颉刚：《我是怎样编写〈古史辨〉的?》，《顾颉刚古史论文集》第 1 卷，第 165 页。
⑤ 阿斗（左舜生）：《近事杂评·一件比蒋桂战争还要重要的事》，《醒狮周报》第 198 期，1929 年 3 月 25 日。

用"。① 《现代本国史》逐渐退出教育界。

不过,较之上述的赞誉、批驳与打压,我们更关注《现代本国史》在中国近现代史学史上的意义。归纳起来,该书的意义主要体现在以下两个方面:

第一,推进了 20 世纪上半期中国通史编纂的进程。20 世纪初年,梁启超先后发表《中国史叙论》和《新史学》,拉开了"新史学"的帷幕。之后,在梁启超的倡导下,夏曾佑、刘师培、曾鲲化、陈庆年等人开始了编纂"新史"的初步尝试,推出了一批"中国通史""中国历史教科书"性质的著作。然而,进入 20 年代之后,中国通史编纂进入低谷。当然,仍有学者在这一阶段从事中国通史编纂。最为学界关注的是吕思勉于 1923 年出版了《白话本国史》。1947 年,顾颉刚在谈及"通史的撰述"时说,吕思勉"以丰富的史识与流畅的笔调来写通史,方为通史写作开一个新的纪元"。② 其实,根据前面的分析,这一评价几乎同样适用于顾颉刚的《现代本国史》。③ 可以说,顾颉刚的《现代本国史》与吕思勉的《白话本国史》共同推进了 20 世纪中国通史编纂的进程。

第二,完善了 20 世纪上半期中国实证主义史学的建设。五四运动之后,实证主义史学逐渐成为学术界主流。一般认为,这派学者在为学基准上"矜尚考史但不著史",但其实,他们"虽然注重考史,但并不排斥建立在实证基础上的著史","所反对的只是以己见

---

① 《江西省教育厅训令》,《江西省政府公报》第 8 期,1929 年 2 月。
② 顾颉刚:《当代中国史学》,《顾颉刚古史论文集》第 12 卷,第 394 页。
③ 参见龚鹏程:《中国史读本·推荐序》,第 11 页。

疏解史实，甚至以理论取代史实的著史"。① 仅就中国通史编纂而言，傅斯年、陈寅恪等虽然都注重考史，但实则都打算写一部中国通史或中国史通论。② 不过，稍嫌遗憾的是，二人都未能如其所愿。而只有顾颉刚于 1920 年代初在"实证基础上"编纂出了一部完整的《现代本国史》，初步重排了中国历史。由此而言，顾颉刚《现代本国史》的编纂在一定程度上完善了 20 世纪上半期中国实证主义史学的建设。

此外，通过对《现代本国史》的探讨，至少还可以为当下的中国近现代史学史研究提供两点研究启示。

其一，在顾颉刚史学研究上，需要澄清一些固有认识。比如，相当一部分学者认为，顾颉刚主要是一位矜尚考史的知名古史研究专家，其古史研究宗旨在于打破伪古史。但实际上，顾颉刚还是一位擅长著史的中国通史编纂者，其目标是重排中国历史。《现代本国史》即是一个最好的例证。又如，部分学者认为，顾颉刚追求"为学问而学问"，其名言是"在学问上则只当问真不真，不当问用不用"。但实际上，顾颉刚并不排斥致用，其编纂《现代本国史》的宗旨即在增进中学生对于"自己民族前途的自信力"。要而言之，无论在治学旨趣上，还是在治学路径上，对于顾颉刚的认识都需要进一步澄清。

其二，在近现代史学史叙事上，需要修正一种看法。有部分学

① 参见王学典：《20 世纪史学进程中的"乾嘉范式"》，《新史学与新汉学》，上海：上海古籍出版社，2013 年，第 135 页。

② 参见江湄：《傅斯年的"中国大历史"》，《读书》2011 年第 8 期；俞大维：《怀念陈寅恪先生》，钱文忠编：《陈寅恪印象》，北京：学林出版社，1997 年，第 15 页。

者认为,在中国近现代史学变迁的过程中,首先走上学术前台的是由梁启超等人倡导的"新史学"思潮,此后则是以胡适、顾颉刚、傅斯年为代表的民国实证主义史学,二者是"两个并列的、起初没有任何直接联系的史学形态"。① 这一学术判断有一定道理,但过于绝对。梁启超不仅倡导"新史学",此后还参与了民国实证主义史学的建设,其所作《中国历史研究法》,即是其"新史学"理念的进一步深化。② 而前已指出,顾颉刚正是有本于此书的"大意"而编纂《本国史》的,其还重点参考了夏曾佑的《中国历史教科书》。最为关键的是,《本国史》的学术特征与清末民初"新史学"的共同趋向基本一致。由此而言,清末民初的"新史学"思潮与民国实证主义史学之间,并非"没有任何直接联系",而是存在一定的关联。

---

① 参见王学典:《新史学和新汉学:中国现代史学的两种形态及其起伏》,《史学月刊》2008 年第 6 期。

② 梁启超在《中国历史研究法补编》中强调说,自己的《中国历史研究法》所述,"极为简单,不过说明一部通史应如何作法而已"。参见梁启超:《中国历史研究法补编》,《梁启超全集》第 8 册,第 4794 页。

附录二

困中前行：顾颉刚与全面抗战时期中国民俗学的发展

　　中国民俗学的建立与发展，与著名学者顾颉刚的引领与推动密切相关。在中国民俗学兴起之时，顾颉刚不仅撰写了《吴歌甲集》《妙峰山的香会》《孟姜女故事的转变》等一系列具有示范性质的经典之作，还积极参与或组织歌谣研究会、中国民俗学会等学术机构，并主持或主编《歌谣周刊》《民俗》等刊物，打造了民俗学的园地。全面抗战爆发之后，顾颉刚继续带动着中国民俗学在困境中前行。直到晚年，顾颉刚还领衔向中国社科院递交了《建立民俗学及有关研究机构的倡议书》。由此而言，在中国民俗学领域，顾颉刚是当之不愧的主要开拓者和推动者之一。

　　过往学界对此予以充分关注，并取得了较为丰富的研究成果。①

---

① 较为系统的论述有王煦华：《顾颉刚先生对民间文学、民俗学的研究及贡献》，《文史哲》1993 年第 2 期；吕静：《"筚路蓝缕以启山林"——顾颉刚先生与中国民俗学》，《史林》1993 年第 3 期；顾潮、顾洪：《顾颉刚评传》，南昌：百花洲文艺出版（转下页）

不过,对于全面抗战时期顾颉刚的民俗学研究及其活动,现有研究成果则基本语焉不详,往往一笔带过,或提及顾颉刚在抗战时期成立过中国民俗学会,主编过《风物志集刊》与《文史杂志》的"民俗学专号";①或关注到《浪口村随笔》以及该书修订本《史林杂识》中有一些与民俗学相关的文章。② 因此,本文拟在前人研究成果的基础上,对这一课题进行一次较为系统的分析与考察,以期彰显顾颉刚在全面抗战时期取得的民俗学成绩,进而揭示其忧心民族前途的家国情怀。

一、以民俗学的方法重建神话与传说中的上古史

在中国现代学术史上,顾颉刚以古史研究闻名于世。打破伪古史则是其古史研究的真正起点。1923 年 5 月 6 日,顾颉刚在《努力》周报所附月刊《读书杂志》上发表《与钱玄同先生论古史书》,认为中国古史是"层累地造成的"。③ 此文发表之后,引发了一场声势浩大的"古史辨运动"。学界基本认定,"层累说"的提出,初步推翻了三皇五帝的传统上古史系统。而民俗学的眼光则是顾

(接上页)社,1995 年,第 106—121 页;王文宝:《一代民俗学巨擘顾颉刚》,《文化学刊》2006 年第 2 期;施爱东:《倡立一门新学科:中国现代民俗学的鼓吹、经营与中落》,北京:中国社会科学出版社,2011 年,第 174—202 页。

① 参见吕静:《"筚路蓝缕以启山林"——顾颉刚先生与中国民俗学》,《史林》1993 年第 3 期;王丹、张瑜:《抗日战争时期"自觉图存"的民俗学术实践》,《民俗研究》2020 年第 6 期。

② 参见周励恒:《西北民族考察与顾颉刚的学术研究》,《民族研究》2013 年第 6 期。

③ 顾颉刚:《与钱玄同先生论古史书》,《顾颉刚古史论文集》第 1 卷,北京:中华书局,2011 年,第 181 页。

颉刚建立"层累说"的主要学术思想资源之一。①

　　1937 年"七七事变"爆发之后，顾颉刚的古史研究逐渐由推翻伪古史转向重建古史。② 事变爆发之后，顾颉刚因主持通俗读物编刊社，"大量播传抗日思想"③，而被日人列入"欲捕者之名单"④，遂被迫离开北平。此后不久，受管理中英庚款委员会邀请，前往西北进行教育考察。直到 1938 年 10 月，顾颉刚由兰州抵达昆明，任云南大学教授，开设了一门"中国古代史"，最后编成一部约九万言的《中国上古史讲义》。这部讲义的编纂，标志着顾颉刚初步完成了中国上古史的重建。

　　而民俗学的方法正是顾颉刚重建上古史的一件利器。这一点，集中地体现在该讲义第一章"中国一般古人想象中的天和神"之中。顾颉刚在该章中讲述，在古人的想象中，天上的神过的就是人间的生活，天上的神和地下的人彼此都有交通的办法。地下的人是从地面上最高的地方——昆仑山一直往上走去。当初，人和神本都是互相往来而且是杂乱不分的，只为蚩尤造反才把这条道路截断了。但是，地面上还有很多杂居的神。上帝和鬼神的生活同凡人一样，喜欢吃东西，谈恋爱。比如，上帝丹朱与周昭王的房后生了穆王，楚怀王梦见巫山之神的女儿向他荐枕席。于是，这些神们还有了家属。比如，帝俊的妻子羲和生了十个太阳，另一个妻

---

① 参见顾颉刚：《古史辨第一册自序》，《顾颉刚古史论文集》第 1 卷，第 32—36 页；顾颉刚：《我的研究古史的计划》，《顾颉刚古史论文集》第 1 卷，第 294 页。

② 参见刘俐娜：《抗日战争时期顾颉刚的史学思想》，《史学史研究》2005 年第 3 期。

③ 顾颉刚：《皋兰读书记》，《顾颉刚读书笔记》第 4 卷，北京：中华书局，2011 年，第 3 页。

④ 参见顾颉刚：《顾颉刚日记》第 3 卷，北京：中华书局，2011 年，第 667 页。

子常羲生了十二个月亮。① 当然,这些"天"和"神"在事实上是不确的,但在"一般古人的想象中"是有这回事的。

根据该章的注释,正文内容主要依据的是《山海经》与《楚辞》。顾颉刚指出,前人都是以史实的眼光来看《山海经》,认为记载的都是"荒唐之言",但如果改用民俗学的眼光,则可知该书中记载的奇怪故事非常接近民众的想象。与此相近,《天问》一篇就像民间的"对山歌",其中"所举古事,为神话与传说之总汇"。② 要而言之,以民俗学的眼光来看,《山海经》与《天问》保留了大量的神话传说,而这些神话传说在一定程度上即是"社会情状的反映"。③ 因此,顾颉刚即主要根据《山海经》和《楚辞》的记载,讨论了"中国一般古人想象中的天和神",重建了商周以前神话与传说中的中国上古史。

此外,能够体现这一民俗学方法的,还有该讲义中关于商、周两个种族起源的认识。顾颉刚首先在该讲义第四章"商王国的始末"中说,商朝是有史时代的开头。据商人自己说,他们这个种族是上帝降下来的。有娀氏的国君生了两位美丽的姑娘,大的叫简狄,小的叫建疵。有一天,她们到河里洗澡,然后简狄吞了燕子下的一个五彩的卵,就怀了孕。后来,她生下一个儿子,取名叫契,就是商人的始祖。④ 此后,顾颉刚在该讲义第五章"周人的崛起及其

---

① 顾颉刚:《中国上古史讲义(云南大学)》,《顾颉刚古史论文集》第3卷,第445—449页。

② 参见顾颉刚:《中国上古史讲义(中山大学)》,《顾颉刚古史论文集》第3卷,第27—28页。

③ 顾颉刚:《崔东壁遗书序一》,《顾颉刚古史论文集》第7卷,第60页。

④ 顾颉刚:《中国上古史讲义(云南大学)》,《顾颉刚古史论文集》第3卷,第468页。

克商"中则说,据周人说:"古时有一个女子名唤姜嫄,她的德行为上帝所赏识。她诚心祭祀,祈求上帝赐给她一个儿子。有一天,她在野里走路,瞥见路上留着很大的脚印,一时高兴,踏在上面走过去,就觉得肚子里怀了孕。足月之后,很顺利地产下一个男孩。"这个男孩就是稷,是周人的始祖。[①]

其实,早在1924年,顾颉刚在《我的研究古史的计划》中就以周人的起源来谈过应用民俗学来解释古代史话的意义。比如,"《大雅·生民篇》中说姜嫄生后稷由于'履帝武',这原是一段神话,很可能且极平常,但自古至今终不曾给他一个适当的地位"。如果用了民俗学的眼光,"这种故事,在事实上是必不确的,但在民众的想象里是确有这回事的"。最后,顾颉刚表示,自己打算在1938年到1940年做这项工作时,"能处处顺了故事的本有的性质去研究,发见他们在当时传说中的真相"。[②]由此而言,顾颉刚在《中国上古史讲义》中对商、周两个种族起源的阐述,正是将十多年前的民俗学认识付诸学术实践之中。

由上可知,民俗学的方法是顾颉刚古史研究的一个重要方法。尤其是全面抗战爆发之后,顾颉刚编纂了旨在古史重建的《中国上古史讲义》。在该讲义中,顾颉刚不仅在开篇以民俗学的方法讨论了"一般古人想象中的天和神",还以民俗学的方法审视了商、周两个种族的起源。于今来讲,这一民俗学的研究路径与方法,还开辟了重建中国上古史的一个新方向。

---

① 顾颉刚:《中国上古史讲义(云南大学)》,《顾颉刚古史论文集》第3卷,第477—478页。
② 顾颉刚:《我的研究古史的计划》,《顾颉刚古史论文集》第1卷,第294—295页。

二、依据民俗资料考察古书记载与西部风俗

除古史研究之外,顾颉刚的学术成就还在于古书考辨。"活"的民俗资料无疑是弄明白古书本身问题的重要参考。而要想获得"活"的民俗资料,则需要实地调查。1924 年,顾颉刚发表《东岳庙的七十二司》,即是根据自己前往苏州、北京东岳庙的调查,并征引了《汉书》《日知录》的相关记载。[①] 1927 年,顾颉刚前往厦门大学任教,发表《泉州的土地神》,则是根据自己前往泉州的调查,又征引了《庄子》《后汉书》的相关记载。[②] 要而言之,顾颉刚正是通过实地调查获得了"活"的民俗资料,进而弄明白了古书本身问题。

1937 年全面抗战爆发之后,顾颉刚前往西北进行教育考察。此后,顾颉刚"跋涉于河、湟、洮、渭之间";[③]直到 1938 年 9 月,离开西北。1944 年,顾颉刚出版《西北考察日记》,记录了这长达一年之久的西北之行。根据此书记载,顾颉刚非常注意西北民俗的调查。1937 年 10 月 8 日,在临洮观剧,"觉甘肃腔与陕西腔有异"。1938 年 1 月 30 至 31 日,在临洮上街观新年风俗。2 月 7 日,在当地看社火。5 月 14 日,在临潭新城的阎家寺,"观跳神礼",发现"仪式较北平雍和宫、黄寺等处所见者为繁重"。7 月 11 日,在夏河观看藏女在新年中歌舞的风俗。[④] 总之,顾颉刚在西北考察期

---

① 顾颉刚:《东岳庙的七十二司》,《顾颉刚民俗论文集》第 2 卷,第 476—480 页。

② 顾颉刚:《泉州的土地神》,《顾颉刚民俗论文集》第 2 卷,北京:中华书局,2011 年,第 500—508 页。

③ 顾颉刚:《西北考察日记》,《宝树园文存》第 4 卷,北京:中华书局,2011 年,第 408 页。

④ 顾颉刚:《西北考察日记》,《宝树园文存》第 4 卷,第 425、437—438、461、493 页。

间搜集了一些较为珍贵的民俗文化资料。

　　除了上述实地调查之外，顾颉刚还进一步考究典籍与西部当地风俗。这一作法在《浪口村随笔》中有着集中的呈现。该书虽然发行于 1949 年，但主体内容基本完成于全面抗战时期，并曾发表于《责善半月刊》等期刊。因此，顾颉刚本人将该书视为自己"八年乱离之纪念"。① 而民俗学的参与是《浪口村随笔》的特色之一。

　　首先，卷二论制度，共计二十二则，其中与民俗学直接相关者有五则。《歌诵谱牒》以爨人的家谱风俗证《国语》《周礼》等古书记载的汉族古代笃重谱牒；《夫妇避嫌》以蒙、番之俗证《国语》《淮南子》等古书记载的"夫妇避嫌"或并不"虚诞"；《赘婿》以视赘婿为奴的"藏民风俗"证《史记》《汉书》等古书记载的"赘婿"苛待；《蒸报》以川北的"大转房"之俗证《左传》《汉书》等古书记载的"蒸报"；《一妻多夫》以"一妻畜夫四五"的西藏之俗证《后汉书》记载的西汉燕、赵间尚行的"一妻多夫"现象。② 总而言之，上述学术小品文都以西部风俗钩沉了若干"周秦之政治制度与社会制度"。③

　　其次，卷三考名物，共计二十二则，其中与民俗学直接相关者有五则。《中霤》以四川人家在几下左端别供"中霤之神"的风俗证《礼记》中记载的供"中霤"为家之土神的古风；《"造舟为梁"》根据西北当地的"造舟为梁"指出，《诗经》中的"造舟为梁"仅为"渡水"；《"被发左衽"》指出，蒙、番诸地的人因工作的便利，仅穿左臂，由此可知《论语》中的"被发左衽"只是"左臂穿入袖中"，"其襟固仍在

---

① 顾颉刚：《史林杂识初编》，《顾颉刚读书笔记》第 16 卷，第 263 页。
② 顾颉刚：《浪口村随笔》，《顾颉刚读书笔记》第 16 卷，第 80、86—91 页。
③ 顾颉刚：《浪口村随笔·序》，《顾颉刚读书笔记》第 16 卷，第 11 页。

右";《饮器》以喇嘛寺中以人头盖骨作鼓的风俗证《史记》中记载的"饮器"是酒器,而非溺器;《氐羌火葬》以拉卜楞火葬的风俗证《墨子》《庄子》等古书记载的"氐羌火葬"。[①] 要而言之,上述小品文都以当时的西部风俗证实或解释了古代的一些名物,其中不乏"创为新解者"。[②]

再次,卷四评史事,共计二十一则,其中与民俗学直接相关者有四则。《二女在台》以民俗学的眼光解释了商人的祖先传说;《徐偃王卵生》以图腾说解释了徐君卵生的传说;《〈蜀王本纪〉与〈华阳国志〉所记蜀国史事》指出,扬雄的《华阳国志》"所录固多不经之言,而皆为蜀地真实之神话传说";《尾生故事》则对绵延二千余年的尾生故事的始末进行了叙次。[③] 总而言之,这些小品文"衍《古史辨》之绪",对若干史事进行了洗刷工夫。[④]

最后,卷六记边疆,共计二十则,其中与民俗学直接相关者有二则。《"吹牛、拍马"》指出,"吹牛"与"拍马",来源于西北方言,"吹牛"的本义是吹一种用牛羊皮做成的筏子,西北地区黄河两岸经营此种生计,故以此来讽刺"夸口"者;"拍马"的本义则是西北地区"平常牵马与人相遇,恒互拍其马股","表其欣赏赞叹之意",后"流于奉承趋附之途"。《抛彩球》则指出弹词、平剧中的"抛彩球"虽然在史书中"未绝一见",但并非"纯出想象",而是源自西南边裔

---

① 顾颉刚:《浪口村随笔》,《顾颉刚读书笔记》第 16 卷,第 102—104、107—108、128—129、133—134 页。

② 顾颉刚:《浪口村随笔·序》,《顾颉刚读书笔记》第 16 卷,第 11 页。

③ 顾颉刚:《浪口村随笔》,《顾颉刚读书笔记》第 16 卷,第 139—141、159—160、165—166、167—172 页。

④ 顾颉刚:《浪口村随笔·序》,《顾颉刚读书笔记》第 16 卷,第 11 页。

的一种风尚。① 要而言之，这些学术小品文"活泼泼地叙述民风"，稽考了社会生活。②

由上可知，顾颉刚在全面抗战期间一方面通过实地调查搜集了一批珍贵的民俗资料，另一方面则在自己的代表作《浪口村随笔》中考究典籍与西部风俗，提出了诸多"新解"。因此，有学者强调说，顾颉刚在抗战期间写出《浪口村随笔》，"使许多本来僵死的古代记载都获得了新的生命"。③ 而这一研究路径与方法，还开创了中国民族考古学的新领域。④

三、打造大后方的民俗学园地

在中国现代学术史上，顾颉刚不仅以精深的学术研究名世，还以擅长办学术刊物、组织学术机构蜚声学界。⑤ 仅就与民俗学相关者而言，1920 年代初，顾颉刚在北京大学积极参与歌谣研究会，主持编辑《歌谣周刊》；1926 年，到厦门大学，发起成立风俗调查会；1927 年，到广州中山大学之后，发起组织民俗学会，主编《民间文艺》；1929 年，回北平执教于燕京大学，至 1935 年，发起组织风谣学会，次年在南京《中央日报》副刊创办《民众周刊》。可以说，这

---

① 顾颉刚：《浪口村随笔》，《顾颉刚读书笔记》第 16 卷，第 251—258 页。
② 顾颉刚：《浪口村随笔》，《顾颉刚读书笔记》第 16 卷，第 256 页。
③ 余英时：《文史传统与文化重建》，北京：生活·读书·新知三联书店，2004 年，第412 页。
④ 参见汪宁生：《多所见闻 以证古史——记顾颉刚先生对我的启迪和帮助》，《社会科学战线》1984 年第 3 期；汪宁生：《论民族考古学》，《社会科学战线》1987 年第2 期。
⑤ 王学典主撰：《顾颉刚和他的弟子们（增订本）》，北京：中华书局，2011 年，第 76 页。

些民俗学机构与民俗学刊物的有效经营,推动了中国民俗学的兴起与发展。

　　1937 年全面抗战爆发之后,顾颉刚并没有因学术生态的恶化而打消组织学术机构、创办学术期刊的热情。1939 年 9 月,顾颉刚任齐鲁大学国学研究所主任。随后,即与上海开明书店进行出版洽谈。① 截止到 1941 年 1 月,研究所拟出版专著汇编十种;至 7 月,又增加至十二种。其中,与民俗学相关的有两种,一是王兴瑞著、刘咸校的《海南岛黎人调查》,一是刘历莹的《西康旧宁属概况》。② 不过,稍嫌遗憾的是,这两部著作虽都已在印刷中,但因"日寇侵入上海租界,形势恶劣,书局改变出版计划",③以致当时未能出版。

　　除支持著作出版之外,顾颉刚还为研究所办了《责善半月刊》等学术刊物。该刊虽然不是民俗学专业期刊,但却刊发了许多与民俗学相关的文字。除了顾颉刚的《浪口村随笔》之外,还有张政烺的《玉皇姓张考》、王树民的《陇岷日记》与《洮州日记》、杨向奎的《〈李冰与二郎神〉自序》与《杜宇开明的故事》、廖友陶的《倮苏族的火把节》、李安宅的《拉卜楞藏民年节》与《拉卜楞寺公开大会》、李鉴铭的《康俗杂记》与《康游杂记》、冯沅君的《南戏拾遗补》、岑家梧的《槃瓠传说与傜畬的图腾崇拜》与《灯影戏杂记》等。这些文字的刊发,无疑缘于主编顾颉刚对民俗学的密切关注。

---

① 张廷银、刘应梅整理:《王伯祥日记》第 6 册,北京:中华书局,2020 年,第 2796、2826 页。

② 参见钱穆主编:《齐鲁学报》1941 年第 1 期、第 2 期。

③ 王兴瑞:《海南岛黎族研究叙说》,《南方杂志(广州)》第 1 卷第 3、4 期合刊,1946 年 11 月。

1942年11月，《责善半月刊》停刊，但顾颉刚打造民俗学园地的热情没有消退。1943年12月29日，顾颉刚、娄子匡、黄芝冈、罗香林、于飞、樊缜等"同工"在重庆召开座谈会，一致认为应该筹立中国民俗学会。[①] 诚如有学者指出的，中国民俗学会的成立离不开顾颉刚与娄子匡的倡议与领导。[②] 值得关注的是，这次座谈会受到了即时关注，《益世报》于两天后就刊出了顾颉刚等筹组民俗学会的"中央社讯"。[③]

1944年1月31日，由顾颉刚、娄子匡主编的《风物志集刊》正式出版。该刊共计刊发十八篇文字。顾颉刚在开篇的《序辞》中简要地回答了《风物志集刊》刊出的理由，呼吁"我们一面要欢迎全国道一风同的新风俗的实施，一面要赶紧搜罗那已经实施了千百年而现在奄奄欲绝的旧风俗而加以整理和研究"。[④] 后面的文字则依次是罗香林的《制礼与作乐》、娄子匡的《岁时序的移易》、王兴瑞的《黎人的文身·结婚·丧葬》、郑师许的《中国古史上神话与传说的发展》、于飞的《重庆歌谣的研究》、李友邦的《台湾风物志》、黄灼耀与褐毓枢的《傜人的要歌堂节》、屈万里的《五月子》、樊缜的《凤凰来仪》、黄芝冈的《谭蛊》、汪祖华的《陇西南藏民风物》、孙福熙的《修编县志》、岑家梧的《黔南仲家的祭礼》、胡耐安的《谈八排傜的"死"仪》、李禺的《伊索寓言与百喻经》以及《纪在渝同仁两次的座

---

① 《纪在渝同仁两次的座谭》，《风物志集刊》第1期，1944年1月。
② 王丹、张瑜：《抗日战争时期"自觉图存"的民俗学术实践》，《民俗研究》2020年第6期。
③ 《民俗学会》，《益世报（重庆版）》1943年12月31日第3版。
④ 顾颉刚：《〈风物志集刊〉序辞》，《顾颉刚民俗论文集》第2卷，第587页。

谭》和《学林动态》。① 由此可知,这些学者并未因抗战而中缀"风物"的整理与研究,而是取得了较为丰富的收获。而顾颉刚、娄子匡主编的《风物志集刊》,无疑给这些学者提供了公开发表自己成果的平台。

《风物志集刊》创刊之后,引起了较为广泛的关注。1944 年 3 月 11 日,有学者发表评介文章,认为其中的文章是在"建国建礼的任务里,研究风物,创化现代的中国的新风物"。② 同年 3 月,还有学者发表评论,认为《风物志集刊》创刊号以王兴瑞的《黎人的文身・结婚・丧葬》与屈万里的《五月子》最为"可观"。③ 同年 3 月 25 日,《联合周报》刊载《风物志集刊》出版的消息。④ 直到 1947 年 3 月,还有学者对 1946 年再版的《风物志集刊》进行评论。⑤ 由此而言,由顾颉刚、娄子匡主编的《风物志集刊》可以说带动了抗战时期民俗学的风气。

除了主编《风物志集刊》之外,顾颉刚还主持了《文史杂志》。1941 年 6 月,顾颉刚由成都飞抵重庆,任文史杂志社副社长,接管《文史杂志》的编辑工作。此后,顾颉刚虽然遭遇了经费、印刷、人手等诸多困难,但还是凭借着自己的学术声望与锲而不舍的工作态度,为文史杂志社赢得了较高声誉,各方来稿遂不断增多。最后,顾颉刚在史念海的建议下,"多出专号"。⑥ 其中,该刊第五卷

---

① 参见顾颉刚、娄子匡主编:《风物志集刊》第 1 期,1944 年 1 月。

② 《读〈风物志〉评介》,《中央日报(重庆)》1944 年 3 月 11 日第 4 版。

③ 《风物志(创刊号)》,《图书季刊》新第 5 卷第 1 期,1944 年 3 月。

④ 《风物志》,《联合周报》1944 年 3 月 25 日第 4 版。

⑤ 《风物志再版》,《国立中央图书馆馆刊》复刊第 1 号,1947 年 3 月。

⑥ 史念海:《回忆文史杂志社在北碚的旧事》,王煦华编:《顾颉刚先生学行录》,北京:中华书局,2006 年,第 272—276 页。

第九、十合刊即是"民俗学专号"。①

除了"社论""学术消息""通讯""编后记"之外，这期的"民俗学专号"文章共计有十三篇文字，与民俗学相关的有朱锦江的《中国古史中羽翼图腾之探究》、岑家梧的《中国民俗艺术概说》、马长寿的《中国四裔的幼子承继权》、梁钊韬的《古代的馈牲祭器及祖先崇拜》、郑德坤的《古玉通论》、任乃强的《喇嘛教民之转经生活》、于式玉的《"浪帐房"》、李承祥的《缅铃》、宋蜀青译的《龙舟节龙舟与龙》、李鉴铭的《康属见闻》等十篇文章。② 已有学者注意到，这些文章主要是由华西大学博物馆民族学研究室梁钊韬代为征集，③但绝不能忽视的是，梁钊韬的征集与这些文章的发表主要缘于顾颉刚对民俗学的热爱。而这些文章发表之后，不仅为当时学术界所关注，还对后来的民族民间物质文化研究产生了积极影响。④

由上可知，组织学术机构与办刊物是顾颉刚学术人生的一项重要工作。仅就全面抗战时期而言，顾颉刚先是任职齐鲁大学国学研究所，主编《责善半月刊》，刊发一系列与民俗学相关的文字；此后，又与娄子匡等人组建中国民俗学会，主编《风物志集刊》；与此同时，顾颉刚还接手文史杂志社，主编《文史杂志》，推出"民俗学专号"。这些学术机构或刊物无疑为当时的民俗学者提供了平台，

---

① 该期出版于 1945 年 10 月，但按照期刊的运行来讲，可以视为考察顾颉刚抗战时期主编《文史杂志》的资料。

② 参见顾颉刚主编：《文史杂志》第 5 卷第 9、10 期合刊，1945 年 10 月。

③ 王丹、张瑜：《抗日战争时期"自觉图存"的民俗学术实践》，《民俗研究》2020 年第 6 期。

④ 徐艺乙：《中国民俗文物概论：民间物质文化的研究》，上海：上海文化出版社，2007 年，第 212 页。

进而推动着抗战时期民俗学的发展。

四、鼓励青年才俊进行民俗资料整理与研究

除了"为他人作衣裳"的办刊物、组织学术机构之外,顾颉刚的学术贡献还在于培养出一大批知名的专家学者。仅就全面抗战之前的民俗学而言,钟敬文、钱南扬等青年学人就在顾颉刚的支持和鼓励下,走上了民俗学的道路,并迅速成长为学有成就的民俗学家。[①]

1937 年全面抗战爆发之后,顾颉刚不忘初心,不仅自己继续民俗学相关研究,还一如既往地支持和鼓励青年学人从事民俗学工作。兹举几例,以证其实。

最先能够证实这一判断的例子是王树民。王树民,直隶武清县人,1936 年毕业于北京大学史学系。1938 年 1 月至 7 月,跟随顾颉刚前往西北各地进行考察。王树民晚年深情地回忆说,顾颉刚"虽为考察地方教育",但"其目光所及与精神所注远出其外",民间文艺即是其所重视事情之一。期间,王树民"搜集了许多有关地方史的资料,和儿歌、山歌以及一种俗称倒浆水者"。后来,"写成为《洮州土司僧纲之源流与世系》《临洮的儿歌》《莲花山的山歌》和《乾隆年间撒拉回民起义》等文,分别发表于《大学》月刊、《新西北》月刊、《风土》杂志和《西北通讯》等刊物上"。而这些"都是和(顾颉刚)先生分不开的"。[②]

---

① 参见施爱东:《钟敬文与中山大学民俗学会》,《西北民族研究》2002 年第 2 期;钱南扬:《我的书是颉刚老友鼓励下写出来的》,王煦华编:《顾颉刚先生学录》,第 31 页。
② 王树民:《顾颉刚先生甘青之行的轶事》,王煦华编:《顾颉刚先生学行录》,第 214 页。

能够证明这一判断的例证还有杨向奎。杨向奎,河北丰润人,是顾颉刚的知名弟子之一。1940 年 2 月,杨向奎辞去甘肃学院的教职,前往齐鲁大学国学研究所,向顾颉刚问学。就在此之前,顾颉刚正在搜集李冰治水与二郎神故事的材料,并拟专门写一本《二郎考》。[①] 但是,因自己工作繁忙,身体又不健康,遂将这份工作委托给了杨向奎。[②] 此后,杨向奎集中精力致力于这一课题的研究。期间,其时常与顾颉刚讨论。[③] 最后,杨向奎不负重托,用了仅仅半年多的时间,便写出了二十万字的《李冰与二郎神》。顾颉刚看到这部书稿后,非常高兴;[④]此后,还称赞该书是可以"纪念的作品"。[⑤] 而诚如杨向奎在《〈李冰与二郎神〉自序》中坦言的,"假如不是顾颉刚先生的督促和指导",该书是难以成功的。[⑥] 时人甚至表示,"这个研究课题的完成,不但是出于颉刚先生的鼓励,而且是他们共同讨论的结果"。[⑦]

受顾颉刚鼓励进行民俗整理与研究的还有李文实。李文实,青海化隆人。1935 年,被保送至南京蒙藏学校读高中。1937年 2 月 1 日,李文实在该校开学式上结识了顾颉刚。顾颉刚得知其是西北青年,"热情给予鼓励",并嘱其"为民俗学会搜集有关民

---

① 顾颉刚:《顾颉刚日记》第 4 卷,第 339 页。

② 参见顾颉刚:《顾颉刚日记》第 4 卷,第 339 页;杨向奎:《〈李冰与二郎神〉自序》,《责善半月刊》第 1 卷第 19 期,1940 年 7 月。

③ 杨向奎:《〈李冰与二郎神〉自序》,《责善半月刊》第 1 卷第 19 期,1940 年 7 月。

④ 杨向奎:《杨向奎自述》,杭州:浙江人民出版社,2000 年,第 35 页。

⑤ 顾颉刚:《古代巴蜀与中原的关系说及其批判》,《顾颉刚古史论文集》第 5 卷,第 291 页。

⑥ 杨向奎:《〈李冰与二郎神〉自序》,《责善半月刊》第 1 卷第 19 期,1940 年 7 月。

⑦ 方诗铭:《记顾颉刚先生在齐鲁大学国学研究所》,王煦华编:《顾颉刚先生学行录》,第 259 页。

俗资料"。① 是年 7 月,李文实毕业后回西宁从教。1941 年,李文实考入齐鲁大学历史社会学系,受业于顾颉刚门下,颇得其赏识,被认为是"边疆工作可用人才"。② 值得关注的是,受顾颉刚的鼓励和启发,李文实撰写了《释"白教"与"吹牛拍马"》《补释"吹牛"及"嘉麻若"》《青海杂话》《青海风俗杂记》等文字。顾颉刚颇为欣赏这些文字,将其刊发在自己主编的《责善半月刊》或《文史杂志》上。

值得一提的还有李鉴铭。李鉴铭,山东寿光人。1935 年毕业于山东大学文学院。1937 年,参加张怡荪在成都主持的西陲文化院,从事藏事的研究。1940 年,游历西康,作更进一步的研究。③ 此后,与顾颉刚有书信来往。至西康后,李鉴铭撰写了《西康牧区之游》《康游杂记》《康俗杂记》《康属见闻》等十余篇涉及西康风俗的文字。顾颉刚收到这些文字后,亲自进行修改,④然后将之刊发于自己主编的《责善半月刊》或《文史杂志》。而且,顾颉刚还在《浪口村随笔》中直接引用李鉴铭关于西康"赘婿"风俗的两封来信对"赘婿"进行了考察。⑤ 要而言之,在顾颉刚的引导与支持下,李鉴铭逐渐成为了一名"边疆可用人才"。⑥

由上可知,顾颉刚在全面抗战期间还不忘支持与培养青年俊才从事民俗资料的整理与研究。可以说,正是在顾颉刚的直接支

---

① 李得贤:《顾颉刚先生与西北》,王煦华编:《顾颉刚先生学行录》,第 228 页。
② 顾颉刚:《顾颉刚日记》第 4 卷,第 466 页。
③ 吴乃越:《"甲喇嘛"李鉴铭》,《中央日报》1947 年 11 月 21 日第 7 版。
④ 顾颉刚:《顾颉刚日记》第 4 卷,第 404、427 页。
⑤ 顾颉刚:《浪口村随笔》,《顾颉刚读书笔记》第 16 卷,第 88 页。
⑥ 顾颉刚:《顾颉刚日记》第 4 卷,第 466 页。

持与鼓励下，王树民、杨向奎、李文实、李鉴铭等这些并不是完全以民俗学为专业的青年才俊，都撰写出了较高学术价值的民俗学文字，从而推动着全面抗战时期民俗学的发展。

五、结语

综上所述，中国民俗学在全面抗战时期的艰难发展，与顾颉刚的努力与引导紧密相关。顾颉刚不仅在《中国上古史讲义》中以民俗学的方法重建了神话与传说中的上古史，还在《浪口村随笔》中依据民俗资料对古书记载与西部当地风俗进行了探讨。与此同时，顾颉刚还主持或组织齐鲁大学国学研究所、中国民俗学会，主编《责善半月刊》《风物志集刊》《文史杂志》，为大后方的民俗学者提供了公开出版或发表的园地。此外，顾颉刚还鼓励与支持王树民、杨向奎、李文实、李鉴铭等青年才俊从事民俗研究工作。总之，正是在顾颉刚的示范与带领下，中国民俗学在全面抗战时期的艰难环境中取得了进一步的发展。

顾颉刚在这一特殊时期对民俗学的学术热爱，还充分体现了一个知识分子忧心民族前途的家国情怀。1939 年，顾颉刚在《责善半月刊》发刊词中即说："方今敌寇凶残，中原荼毒，我辈所居，离战场千里而遥，犹得度正常之生活，作文物之探讨，苟不晨昏督责，共赴至善之标，俾在将来建国之中得自献其几微之力，不独无以对我将士，亦复何颜以向先人！"[①]1944 年，顾颉刚在《〈风物志集刊〉序辞》中强调说，"风物志"是"想从搜集风俗资料，探究她（民俗）的

---

① 顾颉刚：《责善半月刊发刊词》，《宝树园文存》第 1 卷，第 9 页。

成长、展布和存在价值,因势利导的来移风易俗,创化出现时代适应于中国的新风气"。① 而如上所述,顾颉刚可以说相当出色地实践了这些学术宣言。这无疑是更值得我们当下"鉴观"的珍贵遗产。

---

① 顾颉刚:《〈风物志集刊〉序辞》,《顾颉刚民俗论文集》第 2 卷,第 587 页。

参考文献

一、古籍

[汉] 司马迁：《史记》，北京：中华书局，1982 年。

[宋] 欧阳修：《欧阳修全集》，北京：中华书局，2001 年。

[宋] 刘恕：《通鉴外纪》，上海：商务印书馆，1932 年。

[宋] 洪迈：《容斋随笔》，北京：中华书局，2005 年。

[宋] 王柏：《书疑》，北京：中华书局，1991 年。

[明] 胡应麟：《少室山房笔丛》，上海：上海书店，2001 年。

[清] 姚际恒：《古今伪书考》，北京：景山书社，1929 年。

[清] 崔述：《崔东壁遗书》，上海：上海古籍出版社，1983 年。

[清] 梁玉绳：《史记志疑》，北京：中华书局，1981 年。

[清] 阮元校刻：《十三经注疏》，北京：中华书局，1980 年。

二、民国报刊

《北京大学日刊》　　　　　《晨报副刊》

《大公报·文学副刊》　　　《东方杂志》

《读书杂志》　　　　　　　　　《努力周报》

《北京大学研究所国学门月刊》　《北京大学研究所国学门周刊》

《国立中央图书馆馆刊》　　　　《国学丛刊》

《国文学会丛刊》　　　　　　　《国学季刊》

《国学会丛刊》　　　　　　　　《京报副刊》

《蒙藏月报》　　　　　　　　　《清华学报》

《史地学报》　　　　　　　　　《史学年报》

《说文月刊》　　　　　　　　　《图书季刊》

《社会科学丛刊》　　　　　　　《社会学刊》

《文史杂志》　　　　　　　　　《文学杂志》

《现代评论》　　　　　　　　　《新民丛报》

《新中华》　　　　　　　　　　《学林》

《学术世界》　　　　　　　　　《燕京社会科学》

《燕京学报》　　　　　　　　　《益世报(上海)》

《益世报》　　　　　　　　　　《禹贡半月刊》

《语丝》　　　　　　　　　　　《中央研究院历史语言研究所集刊》

三、文集

陈其泰、张京华主编:《古史辨学说评价讨论集》,北京:京华出版
　　社,2001年。

冯友兰:《三松堂全集》,郑州:河南人民出版社,2000年。

季羡林主编:《胡适全集》,合肥:安徽教育出版社,2003年。

姜义华、张荣华编校:《康有为全集》,北京:中国人民大学出版社,
　　2007年。

高叔平编：《蔡元培全集》，北京：中华书局，1984 年。

顾颉刚等：《古史辨》，海口：海南出版社，2005 年。

顾颉刚：《顾颉刚全集》，北京：中华书局，2011 年。

梁启超：《梁启超全集》，北京：北京出版社，1999 年。

欧阳哲生主编：《傅斯年全集》，长沙：湖南教育出版社，2003 年。

钱穆：《钱宾四先生全集》，台北：联经出版事业公司，1998 年。

钱玄同：《钱玄同文集》，北京：中国人民大学出版社，1999 年。

童教英整理：《童书业杂著辑存》，北京：商务印书馆，2018 年。

童教英整理：《童书业著作集》，北京：中华书局，2008 年。

洛阳大学东方文化研究院主编：《疑古思潮回顾与前瞻》，京华出
　　版社，2003 年。

朱维铮编校：《周予同经学史论》，上海：上海人民出版社，2010 年。

四、著作

陈志明：《顾颉刚的疑古史学——及其在中国现代思想上的意
　　义》，台北：商鼎文化出版社，1993 年。

葛剑雄：《悠悠长水·谭其骧前传》，上海：华东师范大学出版社，
　　1997 年。

顾潮、顾洪：《顾颉刚评传》，南昌：百花洲文艺出版社，2015 年。

顾颉刚、刘起釪：《尚书校释译论》，北京：中华书局，2005 年。

郭湛波：《近五十年中国思想史》，上海：上海古籍出版社，
　　2005 年。

黄海烈：《顾颉刚"层累说"与 20 世纪中国古史学》，北京：中华书
　　局，2016 年。

黄兴涛：《重塑中华：近代中国"中华民族"观念研究》，北京：北京
　　师范大学出版社，2017年。

江勇振：《舍我其谁：胡适》第1部，北京：新星出版社，2011年。

蒋善国：《尚书综述》，上海：上海古籍出版社，1988年。

李泰棻：《中国史纲》第1卷，北京：武学书馆，1922年。

李孝迁：《域外汉学与中国现代史学》，上海：上海古籍出版社，
　　2014年。

李学勤：《走出疑古时代》，沈阳：辽宁大学出版社，1994年。

梁韦弦：《古史辨伪学者的古史观与史学方法》，哈尔滨：黑龙江人
　　民出版社，2014年。

刘俐娜：《顾颉刚学术思想评传》，北京：北京图书馆出版社，
　　1999年。

刘起釪：《顾颉刚先生学述》，北京：中华书局，1986年。

刘起釪：《尚书学史》，北京：中华书局，1989年。

刘起釪：《古史续辨》，北京：中国社会科学出版社，1991年。

刘师培：《中国历史教科书》，扬州：广陵书社，2016年。

刘巍：《中国学术之近代命运》，北京：北京师范大学出版社，
　　2014年。

柳诒徵：《中国文化史》，北京：中国人民大学出版社，2012年。

卢毅：《整理国故运动与中国现代学术转型》，北京：中共中央党校
　　出版社，2008年。

路新生：《中国近三百年疑古思潮研究》，上海：上海人民出版社，
　　2001年。

罗根泽：《管子探源》，上海：中华书局，1931年。

吕振羽：《史前期中国社会研究》，石家庄：河北教育出版社，
　　2000 年。

彭明辉：《疑古思想与现代中国史学的发展》，台北：商务印书馆，
　　1991 年。

彭明辉：《历史地理学与现代中国史学》，台北：东大图书有限股份
　　公司，1995 年。

桑兵：《晚清民国的学人与学术》，北京：中华书局，2008 年。

孙喆、王江：《边疆、民族、国家：〈禹贡〉半月刊与 20 世纪 30—40
　　年代的中国边疆研究》，北京：中国人民大学出版社，2013 年。

田旭东：《二十世纪中国古史研究主要思潮概论》，北京：中华书
　　局，2003 年。

王汎森：《古史辨运动的兴起》，台北：允晨文化事业股份有限公
　　司，1987 年。

王汎森：《中国近代思想与学术的系谱》，长春：吉林出版集团有限
　　责任公司，2011 年。

王国维：《观堂集林》，石家庄：河北教育出版社，2003 年。

王学典、陈峰：《二十世纪中国历史学》，北京：北京大学出版社，
　　2009 年。

王学典主撰：《顾颉刚和他的弟子们（增订版）》，北京：中华书局，
　　2011 年。

吴少珉、赵金昭主编：《二十世纪疑古思潮研究》，北京：学苑出版
　　社，2003 年。

夏曾佑：《中国古代史》，石家庄：河北教育出版社，2003 年。

徐旭生：《中国古史的传说时代（增订本）》，北京：科学出版社，

　　1960年。

许冠三:《新史学九十年》,长沙:岳麓书院,2003年。

杨宽:《历史激流:杨宽自传》,台北:大块文化出版股份有限公
　　司,2005年。

杨新勋:《宋代疑经研究》,北京:中华书局,2007年。

余英时:《现代学人与学术》,桂林:广西师范大学出版社,
　　2006年。

张京华:《古史辨派与中国现代学术走向》,厦门:厦门大学出版
　　社,2009年。

张西堂:《尚书引论》,西安:陕西人民出版社,1958年。

张越:《新旧中西之间——五四时期的中国史学》,北京:北京图书
　　馆出版社,2007年。

周书灿:《20世纪中国上古民族文化形成发展的理论建构研究》,
　　北京:科学出版社,2019年。

(法)朗格诺瓦·瑟诺博司:《历史研究导论》,李思纯译,北京:中
　　国人民大学出版社,2011年。

(美)鲁滨逊:《新史学》,何炳松译,上海:上海古籍出版社,
　　2012年。

(美)施耐德:《顾颉刚与中国新史学——民族主义与取代中国传
　　统方案的探索》,梅寅生译,台北:华世出版社,1984年。

(英)拉斯基:《政治典范》,张士林译,上海:商务印书馆,1930年。

五、论文

付春、付建光:《抗日战争时期顾颉刚先生的民族思想探析》,《西

南学刊》2013 年第 2 期。

葛兆光:《徘徊到纠结——顾颉刚关于"中国"与"中华民族"的历史见解》,《书城》2015 年第 5 期。

郭沂:《从"疑古"走向"正古"——试论中国古典学的发展方向》,《孔子研究》2002 年第 4 期。

黄克武:《民族主义的再发现:抗战时期中国朝野对"中华民族"的讨论》,《近代史研究》2016 年第 4 期。

李锐:《经史之学还是西来之学:"层累说"的来源及存在的问题》,《学术月刊》2009 年第 8 期。

李长银:《"层累说"起源新论》,《清华大学学报(哲学社会科学版)》2014 年第 5 期。

李长银:《西方汉学与古史辨运动》,《史学理论研究》2017 年第 2 期。

李吉东:《顾颉刚:现代〈尚书〉学的全面开创者》,《清华大学学报(哲学社会科学版)》2008 年第 3 期。

李政君:《顾颉刚的沿革地理研究与"古史辨"关联发覆》,《史学史研究》2018 年第 2 期。

李政君:《1940 年前后顾颉刚古史观念转变问题考析》,《史学理论研究》2019 年第 4 期。

刘重来:《中国二十世纪文献辨伪学述略》,《历史研究》1999 年第 6 期。

刘俐娜:《顾颉刚与古史辨派》,《近代史研究》1988 年第 4 期。

刘俐娜:《论顾颉刚的史料学思想》,《史学史研究》2003 年第 2 期。

刘俐娜:《抗日战争时期顾颉刚的史学思想》,《史学史研究》2005

年第 3 期。

罗志田:《检讨〈古史辨〉学理基础的一项早期尝试》,《社会科学研
　　究》2008 年第 3 期。

马大正:《二十世纪的中国边疆史地研究》,《历史研究》1996 年第
　　4 期。

马戎:《如何认识"民族"和"中华民族"——回顾 1939 年关于"中
　　华民族是一个"的讨论》,《中南大学学报(人文社会科学版)》
　　2012 年第 5 期。

饶宗颐:《由牙璋分布论古史地域扩张问题》,《中华文化论坛》
　　1994 年第 1 期。

桑兵:《"了解之同情"与陈寅恪的治史方法》,《社会科学战线》
　　2008 年第 10 期。

沈长云:《古史辨派的史学遗产与中国上古史体系的建设》,《史学
　　集刊》2006 年第 4 期。

孙喆:《顾颉刚的民族观与民族自信》,《中州学刊》2013 年第 5 期。

史念海:《我与〈中国疆域沿革史〉》,《历史学家茶座》2006 年第
　　4 辑。

王传:《学术与政治:"中华民族是一个"的讨论与西南边疆民族研
　　究》,《中国边疆史地研究》2018 年第 2 期。

王嘉川:《论胡应麟对伪书价值的认识》,《图书与情报》2004 年第
　　5 期。

王煦华:《〈古史辨〉派与先秦史研究》,《文史知识》1986 年第 6 期。

王学典、李扬眉:《"层累地造成的中国古史"——一个带有普遍意
　　义的知识论命题》,《史学月刊》2003 年第 11 期。

谢明宪:《论顾颉刚对于〈书序〉作者的质疑》,《汉学研究》第 25 卷第 2 期,2007 年 12 月。

谢维扬:《"层累说"与古史史料学合理概念的建立》,《社会科学》2010 年第 11 期。

许华峰:《顾颉刚的〈尧典〉著作时代研究及其意义》,《政大中文学报》第 18 期,2012 年 12 月。

杨春梅:《走向堪忧的中国古典学——"走出疑古时代"述评》,《文史哲》2006 年第 2 期。

杨宽:《顾颉刚先生和〈古史辨〉》,《光明日报》1982 年 7 月 19 日。

周书灿:《"层累说"与古史重建》,《南都学坛(人文社会科学版)》2010 年第 6 期。

周书灿:《大禹传说的流变与整合——"层累说"的再检讨》,《文史》2011 年第 1 辑。

周文玖:《从"一个"到"多元一体"——关于中国民族理论发展的史学史考察》,《北京大学学报(哲学社会科学版)》2007 年第 4 期。

周文玖、张锦鹏:《关于"中华民族是一个"学术论辩的考察》,《民族研究》2007 年第 3 期。

周振鹤:《范式的转换——沿革地理—政区地理—政治地理的进程》,《华中师范大学学报(人文社会科学版)》2013 年第 1 期。